跟踪审计

GEN ZONG SHEN JI

崔振龙　王长友　主编

中国时代经济出版社

前　言

　　跟踪审计是审计机关依据法律法规，在被审计事项（活动）实施过程的某个环节介入，持续监督被审计事项（活动）的一种审计方式，其目的是促进重大政策、重点项目或重要事项的顺利实施和目标实现，预防问题的发生。我国审计机关对跟踪审计的探索起源于20世纪80年代末，但在随后很长的一段时间内，这种审计方式并未得到广泛应用。2008年5月，四川汶川发生特大地震，中央和地方各级政府为抗震救灾拨付了大量资金，社会各界和国外也捐赠了很多款物。审计署首次大规模采取了事中介入、全程跟踪的审计方式，组织全国审计机关对地震救灾资金、物资进行审计。此后，这种审计方式在特大型投资项目、特殊资源开发与环境保护事项、重大突发性公共事项、国家重大政策措施执行的审计中得到了广泛应用，并取得了较好的成效。

　　为了总结近年来跟踪审计的经验，提高跟踪审计水平，我们组织审计署和地方审计机关的理论和实务人员，对跟踪审计进行了系统研究，编写了《跟踪审计》一书。本书包括跟踪审计的理论分析、组织实施、审计内容和成果利用、发展完善、典型案例介绍等内容，初步回答了跟踪审计理论和实践问题。值得注意的是，本书在跟踪审计内容的论述和案例的选择上，依照《审计署"十二五"审计工作发展规划》的规定，按跟踪审计的不同类别，分别选取了关系国计民生的重大建设项目、特殊资源开发与环境保护事项、重大突发性公共事项、国家重大政策措施的执行等五种类型进行内容论述和案例介绍。

　　参加《跟踪审计》编写的同志有崔振龙、王长友、王彪华、崔丰、杨献龙、孙亚男、邹小平、张彦、谭志武、谢胜利、汪伟等，全书由崔振龙、王长友同志总纂。由于时间仓促和作者水平有限，难免存在许多缺陷和不足，恳请广大理论和实务工作者批评指正。

审计署审计科研所

2013年11月

目　　录

第一章　跟踪审计概述 ……………………………………………… 1

　第一节　我国跟踪审计的起源及发展 …………………………… 1

　第二节　跟踪审计的含义及特点 ………………………………… 4

　第三节　跟踪审计的理论定位 …………………………………… 6

　第四节　跟踪审计的作用 ………………………………………… 13

第二章　跟踪审计的对象、目标和组织方式 …………………… 18

　第一节　跟踪审计的对象 ………………………………………… 18

　第二节　跟踪审计的目标 ………………………………………… 32

　第三节　跟踪审计的组织方式 …………………………………… 40

第三章　跟踪审计的程序 …………………………………………… 48

　第一节　跟踪审计的选择与立项 ………………………………… 48

　第二节　跟踪审计准备 …………………………………………… 53

　第三节　跟踪审计的现场实施 …………………………………… 56

　第四节　跟踪审计成果的编审程序 ……………………………… 65

第四章　跟踪审计的内容 …………………………………………… 74

　第一节　公共工程项目实施、管理和效果的跟踪审计 ………… 74

　第二节　民生项目实施、管理和效果的跟踪审计 ……………… 85

　第三节　资源开发与环境保护事项管理和效果的跟踪审计 …… 93

　第四节　突发公共事件应对措施的跟踪审计 …………………… 101

　第五节　宏观政策贯彻落实及执行效果的跟踪审计 …………… 108

第五章　跟踪审计成果及其运用 ………………………………… 117

　第一节　跟踪审计成果概述 ……………………………………… 117

　第二节　审计情况通报 …………………………………………… 122

第三节　跟踪审计报告 …………………………………………… 126

第四节　跟踪审计结果公告 ……………………………………… 132

第五节　跟踪审计信息 …………………………………………… 135

第六节　跟踪审计成果的运用 …………………………………… 139

第六章　跟踪审计的管理 ………………………………………… 147

第一节　跟踪审计资源管理 ……………………………………… 147

第二节　跟踪审计质量管理 ……………………………………… 153

第三节　跟踪审计的现场管理 …………………………………… 159

第七章　跟踪审计的发展与完善 ………………………………… 167

第一节　跟踪审计的现状 ………………………………………… 167

第二节　跟踪审计存在的问题和挑战 …………………………… 169

第三节　健全完善跟踪审计的对策和建议 ……………………… 176

附录　跟踪审计案例 ……………………………………………… 187

案例1　重建规划投资一减一增　彰显跟踪审计实事求是 ……… 187

案例2　大爱无疆显真情　跟踪审计促重建 …………………… 199

案例3　中央扩大内需促进经济平稳较快发展有关政策措施
　　　　实施情况及效果跟踪审计 ……………………………… 213

案例4　湖北省南水北调中线工程丹江口库区移民资金跟踪审计 … 225

案例5　中央部门预算执行跟踪审计 …………………………… 236

参考文献 …………………………………………………………… 242

第一章　跟踪审计概述

第一节　我国跟踪审计的起源及发展

新中国审计监督制度是依据 1982 年宪法的规定确立的，审计署和地方审计机关从 1983 年起陆续成立。审计机关成立初期，边组建、边工作，审计的内容、重点和方式都在摸索中。因此，尚不具备产生跟踪审计的条件。据《中国审计年鉴》等资料显示，我国审计机关对跟踪审计的探索起源于 20 世纪 80 年代末期，在四川汶川抗震救灾和灾后恢复重建审计中得到全面实施。

1985 年，以城市为重点的经济体制改革全面展开。1985—1988 年，随着经济体制改革的进行，经济过热的问题一直没有得到有效遏制，通货膨胀呈明显加剧之势。为了实现财政收支平衡，狠刹铺张浪费风，堵塞"跑、冒、滴、漏"，1985 年 8 月，在总结财政部 1981 年、1984 年两次开展全国范围企业财务大检查经验的基础上，国务院决定设立非常设机构——国务院税收、财务大检查办公室，专门负责一年一度的税收、财务、物价大检查工作。1986 年增加了物价检查后，该机构更名为"国务院税收、财务、物价大检查办公室"。1988 年不适当的价格改革，8 月 19 日清晨，中央人民广播电台播发价格闯关消息，触发了持续一个月的全国性抢购风潮。面对当时供求关系不平衡、较高的通货膨胀率以及混乱的经济环境，9 月，党的十三届三中全会做出"治理经济环境、整顿经济秩序、全面深化改革"的决定，把 1989 年、1990 年两年改革和建设的重点突出地放到治理经济环境和整顿经济秩序上来。治理经济环境，主要是压缩社会总需求，抑制通货膨胀，即做到控制投资规模和社会集团购买力，严格控制货币发行，克服经济过热现象。整顿经济秩序，就是要整顿当时经济生活中特别是流通领域中出现的各种混乱现象，做好刹住乱涨价风、整顿公司、确立重要产品的流通秩序、加强宏观监督体系四个方面的工作；深化改革，从理顺价格着手，特别注重深化大中型国有企业的改革，企业改革从推动政企分开、完善承包制、建立在国家宏观控制下的企业自主经营、自负盈亏、自我约束的机制三个方面进行。根据十三届三中全会精神，国务院和地方各级人民政府大力压缩固定资产投资规模，增加储蓄和稳定金融，压缩社会集团购买力，继续开展财务税收物价大检查，清理整顿公司，增加有效供给，遏制物价上涨势头，稳定城乡市场。

为贯彻落实党中央、国务院的战略部署，审计署1989年1月召开的全国审计工作会议决定，审计机关在政府的领导下，继续参加固定资产在建项目的清理工作，并对决定停缓建项目进行跟踪审计。2月，审计署、国家计委下发《关于对停缓建项目进行跟踪审计的联合通知》，明确各级审计机关对已决定停缓建项目进行跟踪审计，主要检查是否执行政府停缓建的决定真停、真缓，对不执行的，依法通知银行等单位停止拨付相关款项；检查停缓建中和停缓建后，有无严重损失浪费和趁机私分、贪污的问题。全国各级审计机关按照审计署的统一部署，积极参加了全国性的跟踪审计活动，由此跟踪审计应运而生。8月，审计署向国务院提交了《关于对停缓建固定资产投资项目跟踪审计情况的报告》。与此同时，地方审计机关也独自对跟踪审计进行了独立的探索，如辽宁审计机关从1988年开始对支农资金开展的"周期审计"，浙江审计机关对支农企业开展的行业"同步审计"，山东、江苏审计机关开展的重点建设项目从开工到竣工的"全过程审计"，福建、湖南审计机关对金融机构落实整顿金融秩序进行的跟踪审计，江苏审计机关对专项资金和基金开展的跟踪审计等。

跟踪审计的发展最初从建设项目开始，逐步向其他领域延伸，最终定位于特大型投资项目、特殊资源开发与环境保护事项、重大突发性公共事项、国家重大政策措施的执行等。1998年，时任国务院总理的朱镕基在其政府工作报告中提出了"对重大项目要进行专项审计和跟踪审计"。1999年，《国务院办公厅关于加强基础设施工程质量管理的通知》进一步明确，"审计部门要依据《中华人民共和国审计法》对国家拨款的基础设施建设项目加强审计，对重大项目要进行专项审计和跟踪审计"。审计署在

《1999 至 2003 年审计工作发展纲要》中进一步明确：对关系国计民生、建设周期长的重大建设项目实行跟踪审计。此后，审计署及北京、上海、天津、江苏等地方审计机关，对奥运场馆、世博会场馆、奥体中心等重点建设项目开展了全过程跟踪审计或跟踪审计调查。2003 年"非典"发生后，全国各级审计机关按照政府的要求和审计署的统一部署，广泛开展了对防治非典型肺炎专项资金和社会捐赠款物分配使用情况的跟踪审计，并向社会公告审计结果。

2008 年 6 月 8 日，在国务院总理温家宝签署的《汶川地震灾后恢复重建条例》中明确规定："审计机关应当加强对地震灾后恢复重建资金和物资的筹集、分配、拨付、使用和效果的全过程跟踪审计，定期公布地震灾后恢复重建资金和物资使用情况，并在审计结束后公布最终的审计结果。"2008 年 7 月 12 日发布的《审计署 2008 至 2012 年审计工作发展规划》明确指出："积极探索跟踪审计。对关系国计民生的特大型投资项目、特殊资源开发与环境保护事项、重大突发性公共事项、国家重大政策措施的执行试行全过程跟踪审计。"跟踪审计在汶川抗震救灾和灾后恢复重建中得到全面实施。2008 年 5 月 12 日，四川汶川发生里氏 8 级强烈地震，审计署组织全国审计机关把审计工作提前介入到抗震救灾捐赠物资接收、分配、管理的过程当中，提前到管理部门对这些有关的规章制度建立完善过程之中，对这些救灾款物实施全过程、同步骤、嵌入式的跟踪审计。从 2008 年 6 月 12 日审计署发布《关于汶川地震抗震救灾资金物资审计情况公告》第 1 份公告，至 2010 年 1 月 6 日审计署发布《汶川地震社会捐赠款物审计结果》，审计署已先后 4 次向社会公告了汶川地震社会捐赠款物的管理使用情况。从 2009 年 9 月 14 日审计署发布《汶川地震灾后恢复重建跟踪审计结果（第 1 号）》，至 2012 年 4 月 20 日审计署发布《汶川地震灾后恢复重建 2011 年度跟踪审计结果（第 5 号）》和《审计署关于汶川地震抗震救灾"特殊党费"跟踪审计结果（第 6 号）》，审计署先后 6 次向社会公告了不同阶段的跟踪审计结果。3 个受灾省和 20 个对口支援省市审计机关也先后发布了 102 期审计结果公告。

第二节　跟踪审计的含义及特点

一、跟踪审计的含义

目前，审计理论界和实务界对跟踪审计的概念并没有形成完全一致的结论。从字面上理解，"跟"指在后面紧接着向同一方向行动，"踪"即踪迹，"跟踪"即紧紧跟随在后面。这样看来，跟踪审计是跟随被审计行为同步进行的一种审计方式。判断一种审计是否属于跟踪审计，主要看审计实施过程是否跟随被审计行为及其发展来确定。因此，跟踪审计是指审计机关依据法律、法规，在被审计事项（活动）实施过程的某个环节介入，持续监督被审计事项（活动）的一种审计方式，其目的是促进重大政策、重点项目或重要事项的顺利实施和目标实现，预防问题的发生。

理解上述含义需要把握以下几点。

第一，跟踪审计是一种审计方式，它与其他审计方式一样，都要按照有关法律法规的规定组织实施，如审计对象的选择应属于国家审计的范畴，审计判断的做出应符合法律法规的规定，审计程序的安排应适合审计工作的特点等。

第二，跟踪审计有多种审计类型。按照不同的视角，被审计行为可以区分为事项、项目、政策、资金、单位等，当审计的目的是监督和规范特定事项的运行时，被审计行为就是事项，如汶川地震灾后恢复重建跟踪审计；当审计的目的是监督和规范特定项目时，被审计行为确定为项目，如三峡工程审计；当审计的目的是监督和规范政策执行时，被审计行为就是政策，如中央扩内需促发展有关政策措施实施情况及其效果审计；当审计的目的是监督和规范特定资金的运行时，被审计行为就是资金，如环保资金审计、社保资金审计；当审计的目的是监督和规范特定单位职责的履行时，被审计行为就是单位活动，如预算执行审计等。

第三，相同的被审计单位，不同的审计目的决定不同的审计方式。如当审计的目的是监督和规范预算单位一个预算年度的财政财务收支行为，并在预算年度结束时介入，这种审计就不是跟踪审计；当审计的目的是监督和规范预算单位若干年的职责履行，这种年度预算执行审计就是在中间环节介入，若干年预算执行审计的行为就是跟踪审计。

二、跟踪审计的特点

从以上跟踪审计的概念可以看出，跟踪审计既有审计的共性特征，又有自己鲜明的个性特征。从共性特征来看，跟踪审计只是一种审计方式上的创新，从本质上讲它仍然是审计，仍具有审计的共性特征。开展跟踪审计，要始终保持审计的独立性，准确把握跟踪审计的定位，合理界定审计与被审计的责任，不参与被审计行为的业务活动和生产经营活动，防范审计风险。

从个性特征来看，跟踪审计的特点主要体现在：

一是审计对象的重要性。由于跟踪审计花费的审计成本和占用审计资源较大，跟踪审计一般选择那些对经济社会运行影响大、社会需求高、持续时间长、一旦造成损失无法弥补的项目进行跟踪审计。通过跟踪审计，便于决策和管理部门及时、准确地了解被审计事项的进展情况和存在的问题，及时调整政策或措施；有关部门及时向社会公告有关信息，满足公众的知情权。

二是审计目标的预防性。跟踪审计不仅关注被审计事项的结果，更加关注被审计事项发展过程，以被审计事项的预期结果为导向，监督和规范被审计行为的实施，其目标是及时发现实施项目偏离预期结果的情况，及时提出整改意见，使被审计事项运行在正确的轨道上，防止或避免不良结果的出现，更能体现审计的"免疫系统"功能。

三是审计介入的及时性。事后审计是在被审计事项结束后实施审计，对被审计事项的运行来说，在时间上具有滞后性。跟踪审计介入时间更早，关口更加前移，更加强调事中审计与事后审计的有效结合，以事中审计为主，与被审计事项的发展同步，甚至贯穿于被审计事项发展的全过程，具有时效性强的特点。

四是审计过程的持续性。跟踪审计全过程介入被审计事项，实现全过程监控，提高审计的频率，强调审计过程的持续性，形成了不同时点对同一事项的多次审计，审计的周期一般比较长，到现场审计的次数比较多，有的甚至常驻现场审计。

五是审计内容的广泛性。一般来讲，跟踪审计是全方位的审计监督，除了审查财政财务收支的真实合法性之外，更加关注被审计事项的管理和绩效情况，更加关注权力的运行，审计的范围和内容更加广泛、全面。

传统审计主要是事后的静态审计，介入时间滞后，介入形式被动，虽然有利于分清审计与被审计的责任，促进节约资金、提高效益，但对被审计事项发生的过程不了解，难以及时发现问题，致使许多违法行为已经成为事实，损失也无法挽回，亡羊补牢，秋后算账，不利于从根本上研究解决问题，存在着固有的局限性和不足。

跟踪审计则突破了传统的事后审计的局限性，实现了事中审计与事后审计相结合，强调关口前移，全程监控，把问题消灭在萌芽状态；介入审计事项的全过程，有利于准确掌握信息，找准管理的薄弱环节，及时准确认定问题，提出有针对性的建议；介入内容全面，这种全方位的审计监督，拓展了审计思路，拓宽了审计领域，深化了审计内容，有效地发挥了审计的"免疫系统"功能。因此，跟踪审计是现代审计的一种新模式，是传统审计模式的发展与完善，它实现了从事后审计向事中审计与事后审计相结合、以事中审计为主的转变，从静态的被动审计向全过程动态审计的转变，从局部审计向全方位审计的转变。其审计行为贯穿于被审计事项的全过程，辐射的范围更宽广、更全面，内容更细化、更丰富，更有利于实现审计的目标。通过跟踪审计，关口前移，可以及时阻止违法行为，防患于未然，可以促进规范资金使用，减少损失浪费，督促加强管理，提高工程质量，提高投资效益。

第三节　跟踪审计的理论定位

从政治学视角研究国家审计，国家审计是国家政治制度的重要组成部分，它依法用权力监督制约权力。国家审计是国家治理这个大系统中的一个内生的具有预防、揭示和抵御功能的"免疫系统"，其作用在于推动实现国家的良好治理，保证国家经济社会健康运行和科学发展，从而更好地保障人民的利益和权益。跟踪审计作为一种审计方式，也应当定位于发挥"免疫系统"功能，促进国家良好治理的实现和维护。

一、跟踪审计是审计机关推进国家治理的重要途径

国家治理是个宽泛的概念，广义上是指主权国家的执政者及其国家机关（包括行政、立法和司法等机关）为了实现社会发展目标，通过一定的制度安排和体制设置，协同经济组织、政治组织、社会团体和公民社会一起，共同管理社会公共事务、推动经济和社会其他领域发展的过程。它是多层管理主体共同管理社会公共事务、处理社会冲突、协调不同利益的一系列制度、体制、规则、程序和方式的总和。狭义上是指通过配置和运作国家权力，对国家和社会事务进行控制、管理和提供服务，确保国家安全，捍卫国家利益，维护人民权益，保持社会稳定，实现科学发展。

良好国家治理或者善治的构成包括如下六个基本要素①：

第一，合法性（legitimacy）。它指的是社会秩序和权威被自觉认可和服从的性质和状态。它与法律规范没有直接的关系，从法律的角度看是合法的东西，并不必然具有合法性。只有那些被一定范围内的人们内心所体认的权威和秩序，才具有政治学中所说的合法性。合法性越大，善治的程度便越高。取得和增大合法性的主要途径是尽可能增加公民的共识和政治认同感。所以，善治要求有关的管理机构和管理者最大限度地协调各种公民之间以及公民与政府之间的利益矛盾，以便使公共管理活动取得公民最大限度的同意和认可。

第二，透明性（transparency）。它指的是政治信息的公开性。每一个公民都有权获得与自己的利益相关的政府政策的信息，包括立法活动、政策制定、法律条款、政策实施、行政预算、公共开支以及其他有关的政治信息。透明性要求上述这些政治信息能够及时通过各种传媒为公民所知，以便公民能够有效地参与公共决策过程，并且对公共管理过程实施有效的监督。透明程度愈高，善治的程度也愈高。

第三，责任性（accountability）。它指的是人们应当对自己的行为负责。在公共管理中，它特别指与某一特定职位或机构相连的职责及相应的义务。责任性意味着管理人员及管理机构由于其承担的职务而必须履行一

---

① 俞可平：《治理与善治》，第9至11页。

定的职能和义务。没有履行或不适当地履行他或他应当履行的职能和义务，就是失职，或者说缺乏责任性。公众，尤其是公职人员和管理机构的责任性越大，表明善治的程度越高。在这方面，善治要求运用法律和道义的双重手段，增大个人及机构的责任性。

第四，法治（rule of law）。法治的基本意义是：法律是公共政治管理的最高准则，任何政府官员和公民都必须依法行事，在法律面前人人平等。法治的直接目标是规范公民的行为，管理社会事务，维持正常的社会生活秩序；但其最终目标在于保护公民的自由、平等及其他基本政治权利。从这个意义说，法治和人治相对立，它既规范公民的行为，但更制约政府的行为。法治是善治的基本要求，没有健全的法制，没有对法律的充分尊重，没有建立在法律之上的社会秩序，就没有善治。

第五，回应（responsiveness）。这一点与上述责任性密切相关，从某种意义上说是责任性的延伸。它的基本意义是，公共管理人员和管理机构必须对公民的要求做出及时的和负责的回应，不得无故拖延或没有下文。在必要时还应当定期地、主动地向公民征询意见、解释政策和回答问题。回应性越大，善治的程度也就越高。

第六，有效（effectiveness）。这主要指管理的效率。它有两方面的基本意义，一是管理机构设置合理，管理程序科学，管理活动灵活；二是最大限度地降低管理成本。善治概念与无效的或低效的管理活动格格不入。善治程度越高，管理的有效性也就越高。

跟踪审计在被审计事项的某个中间环节介入，及时查处和纠正实施过程中的问题，促进国家良好治理的实现。

一是跟踪审计能够及时督促有关的管理机构和管理者最大限度地协调各种公民之间以及公民与政府之间的利益矛盾，以便使公共管理活动取得公民最大限度的同意和认可。跟踪审计与被审计事项的发展同步，能够及时发现管理机构和管理者管理活动中的问题，督促通过行政或司法的方式解决存在的问题，并将结果及时通知利益相关者，化解公民之间以及公民与政府之间的利益矛盾，提高被审计事项及其活动获得公民同意和认可的程度。

二是跟踪审计能够督促被审计事项的管理者及时公告被审计事项的信息，使利益相关者对公共管理过程实施有效的监督。如对公路建设工程进行跟踪审计时，审计机关通过督促有关单位通过适当方式向公民公告建设工期、建设标准、建设责任、预期效果等方面的信息，极大地调动了公民监督的积极性，取得了良好的建设效果；再如，对支农资金的跟踪审计，审计机关通过督促有关单位向公民公告资金的规模、结构及预期绩效，极大地方便了公民的监督。

三是跟踪审计通过界定和评价责任履行，提高被审计机构及管理者的责任意识。一般来说，跟踪审计的对象是公共部门，这些部门都被授予一定的职责并承担相应的义务，审计机关通过运用法律和提高道德水平，增大个人及机构的责任性。

四是跟踪审计通过查处违法行为、完善法律制度、提高法律意识，从而保护公民的自由、平等及其他基本政治权利。查错纠弊是跟踪审计的基本任务，审计机关通过督促政府官员依法行事，有效管理社会事务，维持正常的社会生活秩序，实现国家的良好治理。

五是跟踪审计本身就是审计机关对公民要求对被审计事项进行监督的回应，跟踪审计同时也督促被审计单位对公民的要求做出及时的和负责的反应，解释政策和回答问题。如汶川地震救灾款物的跟踪审计就是审计机关对公民强烈要求监督的回应，随着审计监督结果的公开，被监督单位也对公民的要求进行了回应，尽管这些回应并非情愿。

六是跟踪审计通过发现管理和制度上的漏洞，提出完善制度和加强管理的建议，发挥建设性作用。使管理机构设置合理，管理程序科学，管理活动灵活，并最大限度地降低管理成本，提高管理的有效性。

二、跟踪审计是审计机关发挥"免疫系统"功能的有效方式

（一）国家审计作为保障经济社会健康运行的"免疫系统"，对经济社会运行中的风险具有揭露、抵御和预防功能

1. 揭露功能

揭露的基本含义是"使隐蔽的事物暴露出来"[①]"把矛盾、问题、丑

[①]《现代汉语词典》，商务印书馆，1995 年。

事或罪恶摆出来"① 等。审计的揭露功能是指审计通过一定的方法与途径，向委托人揭示和公开代理人履行委托代理责任情况的特性和功能。1973年，美国会计学会（AAA）在其发布的《基本审计概念说明》（*A State-ment Of Basic Auditing Concepts*）中认为，"审计是一种客观的收集和评价有关经济活动和事项的断言（Assertions）证据以确定其断言与既定标准之相符程度并将其结果传递给利害关系人的系统过程"。从政治学视角来看，审计首先是一种制度安排，出现在国家治理层面。"一开始，政府就关心核算收支和征收税赋。体现这种关心的一个重要方面是建立控制，包括审计，减少因官员不称职或欺诈所造成的错误和弊端"。② 从我国的审计发展史来看，我国国家审计随着国家的产生一直发展至今，无论是古代审计，关注臣民对君王的责任，如周王真抓实管的赋税审计、西汉时期的君主"授计"、宋代对审计的强化、元代户部监管会计报告的审核、清代专设会考府等，还是近现代审计，在民主政治制度诞生的情况下，关注政府运行管理的绩效，关注政府对社会公众的责任等，都无一例外的是通过发挥审计的揭露功能，向特定的对象揭示或公开审计结果，以达成审计目标、发挥审计作用。揭露功能伴随着审计的产生而产生，伴随着审计的不断发展而发挥着越来越重要的作用。揭露功能是审计与生俱来的基本功能之一。审计的揭露功能受经济社会发展程度、外在审计环境变化等因素影响，其发挥作用的范围、方式、重点和程度也都会有所不同。

根据法律规定，审计的基本职责是监督，监督就必须查错纠弊。审计发挥其揭露功能的内涵是：大力查处违法违规、经济犯罪、损失浪费、奢侈铺张、破坏资源、污染环境、损害人民群众利益、危害国家安全、破坏民主法治等各种行为，并依法处置；揭示体制障碍、制度缺陷和管理漏洞，以保护经济社会运行的安全健康。

---

① 《现代汉语辞海》，延边人民出版社，2002年9月第一版。
② 《蒙哥马利审计学（第十版）》［Montgomery's Auditing（10th Ed）］（杰里·D. 沙利文＆理查德·A. 格诺斯佩利奥斯＆菲利普·L. 德弗利斯＆亨利·R. 贾克尼）第10版。

2. 抵御功能

抵御的基本含义是"抵挡、抵抗"①"抵挡、防御"② 等。审计抵御功能是指审计通过处理处罚、提出审计建议等方式，促进健全制度、规范机制、完善体制，从而使被审计对象增强防止代理人损害其利益的能力的特性和功能。马克思主义认为，生产力与生产关系的矛盾、经济基础与上层建筑的矛盾是经济社会运动的基本矛盾，它们的存在和发展，决定着其他社会矛盾的存在和发展。这两对矛盾存在于各种社会形态及社会形态发展的不同阶段，并在不同的社会形态及发展阶段表现出不同的特点。从当前经济社会发展形势看，我国仍处于并将长期处于社会主义初级阶段，经济体制深刻变革，社会结构深刻变动，利益格局深刻调整，思想观念深刻变化，将是相当长一段时间内我国社会发展的一个基本特征，发展中不平衡、不协调、不可持续问题依然突出，机制、体制、制度方面的缺陷和问题仍大量存在，如果不能得到及时妥善处理，将对我国经济社会科学发展带来很大的负面影响。

基于上述我国经济社会发展的大背景，审计发挥其抵御功能的内涵是：在全面揭露问题的基础上，对产生这些问题的原因，进行从现象到本质、从个别到一般、从局部到全局、从苗头到趋势、从微观到宏观的深层次分析，提出改革体制、健全法制、完善制度、规范机制、强化管理、防范风险的建议，以提高经济社会运行质量和绩效，推动经济社会全面协调可持续发展。

3. 预防功能

预防的基本含义是"事先防备、防止"③ 等。审计预防功能是指审计凭借其内生性的威慑作用及独立性的优势，对危害委托人的行为进行震慑和及时发现苗头性、倾向性问题并发出预警的特性和功能。审计的威慑作用源于审计对象对审计活动的可能后果的认知，审计活动已成为审计机关和被审计对象的"共同知识"（common knowledge），即被审计对象知道审计机关会对自己的经济活动进行审计，审计机关也知道被审计对象在经济活动中可能存在的问题和对问题进行的掩饰。博弈论研究证明，建立在

---

① 《现代汉语词典》，商务印书馆，1995 年。
② 《现代汉语辞海》，延边人民出版社，2002 年 9 月第一版。
③ 《现代汉语辞海》，延边人民出版社，2002 年 9 月第一版。

"共同知识"基础上的博弈均衡（纳什均衡）在得益、信息和博弈方的选择受到不大的干扰时能够保持稳定，具有抗干扰和自我强制的性质，这种强制对被审计对象来说就是威慑。我国国家审计作为一种制度安排，具有内生的威慑作用，其在履行监督职责时，通过对违法违规问题的揭露和处理，能达到查处一个、震慑一片、"免疫"一方的目的。同时，审计机关具有超脱经济社会各方面具体事务的独立、客观、公正的特性，能够及时发现苗头性、倾向性问题，及早感知风险，并提前发出警报，起到预警作用。

国家审计发挥"免疫系统"功能，就是通过审计监督对影响经济社会健康运行的事件进行预警，对危害经济社会健康运行的行为进行震慑，防止苗头性问题转化为趋势性问题，防止违法违规意念转化为违法违规行为，防止局部性问题演变为全局性问题。在揭露和查处重大违法违规问题的同时，及时跟进、密切关注整个经济运行安全、财政、金融、民生、国有资产、能源和资源环境等方面存在的薄弱环节和潜在风险，密切关注经济问题可能引发的社会不稳定因素，及时提出对策性建议，以增强经济社会健康运行的"免疫力"，促进国家政策措施的贯彻落实，推动依法行政，维护人民群众的根本利益。

由此可见，在国家这个生命有机体中，国家审计就相当于"免疫系统"，二者存在高度的相似性，主要表现在以下四个方面：一是国家审计作为国家政治制度的重要组成部分，是国家这一生命机体的重要元件，与免疫系统一样具有内生性；二是国家审计存在的价值在于其保障国家经济社会健康运行，这与人体免疫系统维护人体健康的价值定位是一致的；三是国家审计是国家经济社会运行中专门负责防御的体系，与人体的免疫系统一样具有不可或缺的重要性；四是国家审计活动本身具有专业性，审计机关通过与其他职能部门协调配合、有效发挥作用的机制，与免疫系统的作用机理具有相似性。

（二）跟踪审计是审计机关发挥"免疫系统"功能的有效方式

跟踪审计凭借其全天候监督的威慑及独立、客观、公正、超脱、综合的优势，能够及时预防和预警经济社会健康运行中的风险，增强经济社会运行系统的"免疫力"。

通过对重大政策的跟踪审计，检查各项政策措施的贯彻执行情况，跟踪审计能够起到反映真实情况和揭示客观问题的功能，促进政策措施落实到位。跟踪审计通过及时发现违法违规、经济犯罪、损失浪费、奢侈铺张、损坏资源、污染环境、损害人民群众利益、危害国家安全、破坏民主法治等各种行为，分析问题的原因，能够揭示体制障碍、制度缺陷、机制扭曲和管理漏洞。

跟踪审计通过促进健全制度、规范机制、完善体制，能够起到抑制和抵御经济社会运行中的各种"病害"的功能，提高经济社会运行绩效。

预防、揭示和抵御是跟踪审计发挥"免疫系统"功能的三种方法或手段，共同保障国家经济社会的健康运行，统一于审计工作的实践之中。其中，揭示是基础，没有揭示，就不能进行抵御和预防；抵御是重点，没有抵御就不会形成威慑，揭示的问题得不到纠正，发现的漏洞得不到完善，预防也无从谈起；预防是目的，保障经济社会的健康运行就是使经济社会不出问题或少出问题，这需要事前的预防，预防的深度和广度在一定程度上决定着审计的作用能否得到根本发挥。

在审计实践中，跟踪审计发挥预防功能要求突出前置性，既体现在审计的组织实施中，也体现在审计作用的发挥上，要求及时跟踪，适时提出对策建议，避免时过境迁、于事无补；发挥揭示功能要求突出准确性，审计时不仅要有敏感性，更要有判断力，能够在纷繁复杂的情况下，区分轻重缓急，准确找到对全局、对未来有根本性影响、有重大危害的问题；发挥抵御功能要求突出建设性，不仅要促进整改存在的问题，还要深入分析原因、提出标本兼治的审计建议，从而使审计成果转化为依法治理的推动力。

第四节　跟踪审计的作用

无论是停缓建项目的跟踪审计，还是汶川地震救灾款物和灾后恢复重建的跟踪审计，跟踪审计的产生和发展都源于社会实践的需要，作为一种审计方式，跟踪审计突出了审计发挥作用的前置性和及时性。它通过对苗头性问题的揭露和纠正，防止趋势性问题的出现；通过对个别风险的揭露和防范，防止系统性风险的发生；通过及时的权力监督和制约，防止窝案串案等恶性犯罪；通过对权力和责任的界定和评价，划清政府、市场与社会的边界。在推动经济社会健康发展和促进国家善治方面具有如下作用。

一、强化财务纪律约束

财务纪律是国家治理的基石，没有严格的财务纪律约束，国家经济社会的健康运行就缺乏牢固的基础。如果我们从 2008 年以来的美国和欧洲的金融危机中发现有什么共同特点的话，尽管它们的表现形式非常不同，起因也非常不一样，其共同的特点就是在不同层面财务纪律松弛，最终引发了全球性的危机。在美国，财务纪律的松弛首先发生在微观，发生在家庭的房屋按揭，次级贷。之后是政府的救助，然后又有政府的赤字、政府债务等问题。在欧洲，情况发生在宏观，一些国家的政府提出的承诺和支持远远超出了自己的财政能力，首先是政府的债务危机又威胁了银行系统甚至把欧元区都拖下了水，波及全球。我国经济社会运行没有出现系统性风险，正是审计机关对被审计对象的监督，特别对房地产业、基础设施项目、地方融资平台等的跟踪审计，强化财政、货币、金融财务纪律约束的结果。

二、及时纠正各个环节的违规问题

跟踪审计使审计监督的关口前移，与被审计事项同步实施，能够及时揭露被审计事项管理运营各个环节的问题。国家重大投资项目是跟踪审计的重要方面，国家重大投资项目往往是弥补市场失灵、强化国家治理的重要内容，这些项目涉及国家能源安全、环境安全。由于项目多为基础设施建设项目，具有周期长、投资额大、控制环节多等特点，决策、规划、设计、采购、招标、施工、监理等都会在一定程度上影响项目的经济性、效率性和效果性。跟踪审计能够对项目的决策部署、规划和立项、审批和建设程序、资金管理使用情况、工程质量等开展全面的审计监督，从而全面排查项目各个环节存在的违规问题，做出客观公正的评价。

跟踪审计能够全面排查、及时纠正各类违规问题。一是通过全过程的权力监督，及时发现违规问题，对影响真实性、合规性、绩效性的行为进行及时纠正和制止。二是通过对资金运用情况进行适时监控，及时发现各类损失浪费、影响资金使用效果等问题的倾向，及时调整政策，避免出现"问题已经发生，后果已经造成，只能吸取教训，下不为例"的问题。三是通过检查建设程序的合法合规性，使部分脱离监管的活动重新回到健康有序规范的轨道上来，促进重大投资项目规范各环节的管理，确保国家战略项目科学合规建设，达到预期效果。

三、整体分析存在的问题

在国家治理机制中，决策、执行分散在不同的单位或部门，而财政、金融等专业监督缺乏综合性，审计监督的综合性、持续性是审计机关具备整体分析问题的条件。如进行跟踪审计的特大型项目，大多关系国计民生的国家重大投资工程，其建设效果直接作用于能源供给、环境治理、基础资源配置等各个领域，对国民经济影响深远。项目决策部门立足于科学规划综合安排立项，项目执行部门具体分解到若干个单位，分别针对一个或者几个事项进行管理，决策与执行相对分离。审计机关通过对决策与执行的整体监督，能够真正从促进项目或相关行业长远发展的角度进行公正客观的评判，从而更能准确地把握和揭示经济社会运行中的问题。

跟踪审计能够发现被审计事项的薄弱环节，查找存在的问题，其优势在于：一是审计能够全面占有资料。与政策制定者偏重于宏观和项目执行者偏重于微观不同，国家审计可以通过现场审计和延伸调查，全面掌握第一手资料。无论是微观执行中的困难，还是宏观发展的偏差，审计人员通过多种审计方法，能够获得最真实的信息，做出最专业、最客观的判断。二是大量而丰富的国家审计工作经验增强了查找薄弱环节的能力。大部分审计人员具有跨地区、跨行业的投资审计工作经验，建筑、能源、交通、环保等跨行业审计时，能够借鉴其他行业好的做法，敏锐地感知问题和存在的风险，及时揭示经济运行中的不正常现象。三是整体地看问题。跟踪审计不仅关注项目的建设情况，还关注项目建设中对环境的影响，对投资的控制，对各关联行业的带动效应；不仅关注项目建设效果，还关注项目的上游市场供给情况、项目下游市场的开发使用情况。因此，跟踪审计最有条件联系的、而非孤立的分析问题，能够以小见大，敏锐地发现一些通常被忽视的重要问题。

四、对腐败行为进行震慑

腐败是运用公共权力谋取私人利益，是国家治理中最严重的威胁之一。国家审计机关通过对国家出资或者掌握国家命脉的石油、电力等垄断部门出资承建的大型基础设施进行跟踪审计，揭露这些部门和垄断企业利用控制着关系国计民生的基础性资源，滥用资源分配权、资金使用权、产品垄断权，进行贪污腐败、权钱交易。跟踪审计则是通过对国家重大投资项目的持续跟踪审计，有效打击各类犯罪行为，从而对腐败行为起到震慑作用。

跟踪审计在发现腐败案件线索、打击违法犯罪方面的优势主要有三点。一是资金监督优势。大多数腐败和舞弊，最终都要落到钱上，而审计工作始终紧盯国家财富，最有条件发现国家财富被直接侵吞或间接侵占。二是全方位覆盖优势。跟踪审计能够对重大投资项目进行全方位审计。由于个人犯罪一般采取较为隐蔽的方式，利益双方通过长期合作，达成了稳定的利益输送关系，单一事项的审计很难发现问题线索。而跟踪审计则可以对同一单位或同一部门实施全面的持续性的监督，在获得大量的违规问题线索后，最有条件将问题线索有效连接，从而确定腐败案件线索。三是专业优势。国家审计机关自成立以来，一直将揭露和查处违法违规问题、发挥审计在惩治腐败方面的作用作为审计工作的重心，审计人员在利用资金走向、审批程序、内控机制等多种审计调查手段来查处违纪案件方面积累了丰富的经验，具备及时、有效地发现和揭露大案要案线索的专业能力。

五、树立规范的市场经济理念

跟踪审计与被审计项目同步进行，这样能够对政策的贯彻执行情况、资金分配使用情况进行实时监控。这种实时监控在及时纠正问题的同时，使参与整改的被审计单位工作人员更新观念，树立依法合规的市场经济理念。

　　跟踪审计能够促使被审计单位工作人员树立正确的市场经济理念的优势体现在三个方面。一是破除一些行业习惯做法。我国石油、电力、交通、铁路等行业经过多年的发展，形成了一定的工作习惯。如本行业项目由下属建设单位、设计单位、监理单位在系统内搞任务分配等。跟踪审计依照法律法规对建设管理情况进行监督，通过公告、审计报告、审计信息等方式向社会公众通报项目建设情况。项目建设在社会的监督下，摒弃习惯做法，按照市场经济规律，科学组织管理。二是提高被审计部门及人员的依法合规意识。跟踪审计边审边改，被审计项目按审计建议进行整改，其合规建设、廉洁工作的意识得到加强。三是有效整合各方力量，提高工作绩效。在项目实施过程中，由于各部门职责不同，经常会发生各自为政、部门间协调沟通不畅的问题。跟踪审计能够针对审计发现的问题，明确各方责任，使财务、工程、采购等各方主体以项目绩效为目标，积极配合、通力合作，从而全面提高项目组织建设管理水平。

六、完善政策法规制度

　　跟踪审计在查处问题的同时，始终不忘发挥国家审计的服务功能，高度关注中央宏观调控政策的落实情况和实施效果，关注经济发展的质量和效益，关注经济结构的战略性调整情况和效果。通过对事项、项目、政策、资金和单位的跟踪审计，认真查找影响绩效的原因，分析存在的体制制度障碍，为改善国家治理提出建设性意见。

　　持续性跨部门、跨地区、跨行业的跟踪审计为发挥建设性作用提供了重要基础。国家审计以审计查实的数据和事实为依据，能够将影响经济社会健康发展的财政政策、金融政策、能源政策、城建政策、土地政策中的问题揭示出来，促使有关部门及时完善制度；能够将权力监督制约的薄弱环节揭露出来，促使有关部门弥补监督的漏洞；能够评价政府部门或项目的绩效，促使有关部门合理划分政府、市场与社会的边界。

第二章 跟踪审计的对象、目标和组织方式

跟踪审计对象是指跟踪审计行为的客体。跟踪审计目标是指跟踪审计行为的出发点和最后落脚点，是跟踪审计行为要达到的目的。跟踪审计组织方式是指实现跟踪审计目标的途径和步骤安排。本章在对跟踪审计对象分类的基础上，讲述了跟踪审计目标的内涵，并对跟踪审计的组织方式做了详细介绍。

第一节 跟踪审计的对象

对象是指行动或思考时作为目标的事物。跟踪审计的对象就是跟踪审计时作为目标的事物，也就是跟踪审计行为的客体。《审计署"十二五"审计工作发展规划》中要求，"加强跟踪审计。对关系国计民生的重大建设项目、特殊资源开发与环境保护事项、重大突发性公共事项、国家重大政策措施的执行实行全过程跟踪审计"。目前，跟踪审计的对象包括项目、事项和政策执行。除此之外，在审计实践中，资金和单位也经常成为跟踪审计的对象。以资金为审计对象的专项资金跟踪审计有环保资金审计、社保资金审计等，以单位为审计对象的跟踪审计有单位预算执行联网审计等。本节将跟踪审计对象分为项目、事项、政策执行、资金和单位五类做介绍。

一、跟踪审计的对象之一：项目

目前，开展的跟踪审计项目主要是关系国计民生的重大建设项目。建设项目亦称基本建设工程项目，是指按一个总体设计组织施工，建成后具有完整的系统，可以独立地形成生产能力或者使用价值的建设工程。一般以一个企业或联合企业、事业单位或独立工程作为一个建设项目。

重大建设项目跟踪审计是以投资项目、资源环境开发项目等为主要审计对象，如审计署开展的奥运场馆审计、三峡工程审计、京沪高速铁路审计、金沙江向家坝水电站审计、西气东输二线审计、全国中小学校舍安全工程跟踪审计，云南省审计厅2004年起已连续8年开展的对世界银行贷款——英国赠款云南结核病控制项目跟踪审计，江苏省徐州、淮安两市审计机关开展的江苏省第十八届运动会场馆建设项目跟踪审计。

（一）项目的特点

从审计署和地方审计机关开展的重大建设项目跟踪审计来看，这些项目有以下几个特点：

1. 社会影响大

这些项目都是倾全国之力或全省之力实施的关系国计民生的项目，其中很多是大型体育设施项目或基础设施项目，在全国或者建设项目所在地很有影响，社会效益大。对于这些项目，政府关注，百姓关心。

2. 资金量大或性质特殊

这些项目的资金量都非常大，如京沪高速铁路项目2200亿元，金沙江向家坝水电站项目289亿元，西气东输二线项目1400亿元。还有一些资金性质特殊，属于援建资金、贷款和赠款等。

3. 建设周期长

奥运场馆、京沪高铁、金沙江向家坝水电站、西气东输二线等建设项目，建设周期都是几年甚至十几年。

（二）开展项目跟踪审计的意义

审计机关对重大建设项目开展跟踪审计，有以下几方面作用：

1. 有助于规范管理，提高建设管理水平

对重大建设项目实行跟踪审计，实行审计关口前移、事前控制，有利于提高项目论证的可靠性、投资决策的科学性和设计方案的合理性，从源头上保证建设项目的投资效益。

2. 有助于提高建设项目的投资效益，保证资金的安全性、效益性

审计人员提前介入到项目建设的各个重要环节，可以及时发现项目建

设管理中的漏洞和其他问题，并提出有针对性的审计意见和建议，促进建设单位提高建设管理水平，避免决策失误造成损失浪费。

3. 有助于遏制建设领域中的腐败现象

由于审计人员提前介入到项目建设关键环节中，形成对建设项目全过程、全方位、经常性的监督制约机制，能够将建设领域腐败问题遏制在苗头、萌芽阶段。

（三）项目跟踪审计的主要内容

重大建设项目的建设过程具有一定周期性，包括项目的前期准备、施工建设以及竣工决算等。在每个周期中，都有一些关键环节、关键事项。一般而言，重大建设项目跟踪审计应重点关注以下环节和内容：

1. 项目审批程序审计

主要对项目审批程序进行审计，评价项目审批程序的合规性和完备性，包括审计项目立项文件、可行性研究、初步设计、施工图、开工报告等内容。

2. 概（预）算编制及其执行情况审计

主要对工程概（预）算进行审计，评价工程概（预）算编制和执行的合规性，包括审计概（预）算的编制依据、建安工程费用、设备及安装工程费用、预备费、建设周期贷款利息、概（预）算执行情况及其调整的合理性等内容。

3. 项目资金流转情况审计

主要对项目建设全过程的资金流转情况进行检查，评价项目资金使用的合规性和绩效情况，包括审计项目资金来源和到位情况、拆迁补偿资金拨付情况、工程进度款拨付情况、预付款情况、工程结算情况、现金和银行贷款及利息情况等内容。

4. 招投标审计

主要对勘察、设计、施工、监理和主要设备材料采购的招投标文件进行复核，审查是否存在转包、违规分包和暗箱操作等问题，包括检查项目是否按照法律法规规定进行招投标、招标行为是否合法、招标方式选择和信息发布是否适当等内容。

5. 拆迁审计

主要对项目的拆迁管理及其过程进行审查，评价其是否符合国家相关法律法规的规定，包括审查拆迁手续是否齐备、程序是否合规、范围是否符合要求、补偿和安置是否合规、拆迁评估是否符合规定、征用集体土地程序是否符合要求等内容。

6. 项目建设工期、投资以及质量控制审计

主要对项目的建设工期、投资以及质量情况进行检查，评价其合规性及效益性，包括检查工程进度是否符合要求，工程建设资金是否按照计划及时足额到位，管理使用是否合规，财务核算是否正确，规模是否可控，工程安全质量是否达到要求，主要设备和材料是否符合质量要求，建设、施工、监理单位是否严格按照规范进行质量管理等内容。

7. 工程量清单编制和执行情况审计

主要对工程量清单编制和执行过程进行检查，评价其合规性和绩效情况，包括审查复核工程量清单和施工图纸的准确性和合理性，工程量清单内外的工程量包括隐蔽工程量情况，工程结算情况，规费、税金及其他项目费情况等内容。

8. 项目绩效情况审计

主要依据有关经济、技术、社会评价标准和项目目标，对项目绩效情况进行审查，评价其是否符合预先设定的目标及国家的相关规定。

9. 环境影响评价审计

主要依照国家关于环境保护的相关规定，对项目环境影响评价的过程和结果进行审查，评价其是否符合国家相关规定和预先设定的目标，包括审查项目审批阶段环境影响评价审批程序的合规性、项目建设阶段环境影响设施建设情况以及项目终结阶段对环境影响的实际检查结果等内容。

二、跟踪审计的对象之二：事项

事项是事件和项目的统称。其中，事件是指发生自然灾害和意外事故的事实，包括自然事件和社会事件；项目是一个特殊的将要或正在或已经完成的有限任务，它是在一定时间内，满足一系列特定目标的多项相关工作的总称。

事项跟踪审计是以特殊资源开发与环境保护事项、重大突发性公共事项作为审计内容的，如审计署 2003 年对防治非典型肺炎专项资金和捐赠款物审计、2008 年低温雨雪冰冻专项救灾资金审计、汶川地震抗震救灾资金和物资审计、玉树地震抗震救灾资金和物资审计、舟曲特大山洪泥石流抢险救灾资金物资跟踪审计等。

（一）事项的特点

从审计署近年来开展的事项跟踪审计来看，这些事项基本上是重大突发性公共事件，具有以下显著特征：

1. 重大突发性公共事件的发生具有偶然性

全过程实时跟踪审计需要审计机关投入大量的审计资源，对一般性或者称为常态性的审计事项不可能都采用此种审计方式。重大突发性公共事件的发生具有偶然性、相对有限性，因此审计机关可以采用应急性的全过程跟踪审计方式。

2. 重大突发性事件的时效性强、持续时间短

重大突发公共事件发生后随即成为社会热点，事件应对所需资金和物资筹集快，审计应及时跟进，全面开展跟踪审计。另外，由于突发性公共事件的持续时间较短，也为实时审计提供了可行条件。

3. 公共性

绝大多数重大突发性公共事件的进展、相关资金和物资的拨付、使用等均与人民群众生产生活息息相关，关系群众的切身利益。事件如何应对、应对效果如何，最能体现政府对民生的关怀，审计必须及时介入，促进处置工作有序、有力、有效开展。

4. 应对事件所需资金和物资的使用比较直观

在重大突发性公共事件中，政府和社会各界投入和捐助的资金物资是灾区群众的救命钱，性质特殊、意义重大，其管理和使用情况相对比较直观、明了，便于采用全过程实时跟踪的审计方式。

（二）开展事项跟踪审计的意义

审计机关对重大突发性公共事件开展全过程跟踪审计是审计机关应对

重大突发性公共事件的客观需要：

一是我国重大突发性公共事件时有发生、危害严重，为应对事件，政府投入和社会各界捐助的资金与物资数额巨大、来源渠道多元化，其筹集、分配、管理、使用等各个环节的运行状况和效率如何，能否及时有效地用于受灾地区，需要审计机关提前介入对其进行有效监督。

二是政府全面履行社会管理和公共服务职能的责任与义务需要审计机关对重大突发性公共事件进行跟踪监督。作为政府的组成部门，审计机关有责任有义务在应对重大突发性公共事件中履行好自己的法定职责，促进有关部门和单位规范工作、提高效率，及时为政府领导从快决策、科学决策提供依据。

三是国内外社会各界对重大突发性公共事件不断提升的关注度和知情权，需要审计机关及时提供客观公正的信息和审计评价。作为独立的第三方，审计机关通过全过程跟踪审计，以其独立性客观性的特点，及时向社会披露政府部门应对重大突发公共事件的举措、资金和物资的使用情况等方面信息，将审计监督和社会监督有机地结合起来，一方面满足社会各界迫切的知情权；另一方面，通过公告违法违规问题，对有关部门和单位规范管理起到批判性和威慑性以及预防性和建设性作用。

四是审计机关有义务、有能力对重大突发性公共事件开展全过程跟踪审计。审计法规定，审计机关应当对救灾救济资金、社会捐赠资金依法进行审计监督。审计机关应以高度的责任感和政治敏锐性，积极参与和促进重大突发公共事件处置工作，及时跟进，实现全方位、全过程跟踪审计，充分发挥审计保障国民经济社会健康运行的"免疫系统"功能。通过审计，保证应急资金和物资的筹集、管理、分配、使用"不出问题、少出问题、至少不出大问题"，向党和人民交出一个明白账、放心账。这既是国家赋予审计机关的法定职责，又是一项政治任务，也是审计人员的社会责任。

（三）事项跟踪审计的主要内容

在实施事项跟踪审计过程中，应坚持全面审计与重点审计相结合，在全覆盖的基础上，加大对公共危害比较严重地方的审计，突出重点内容、重点地区和部门，增强审计监督效果。

一是对重点内容结项审计，主要包括：全面掌握财政拨款和国内外捐赠款物的真实情况；关注相关部门是否建立健全救灾款物管理制度，帮助建立健全科学的内部管理和控制机制；关注救灾款物是否及时拨付到位，是否存在截留、挪用、滞留等问题；检查救灾款物收支、管理、分配以及使用是否合规、合理；总结经验、促进建立健全完善的应急机制和救灾款物监管的长效机制及办法。

二是对重点灾区和重要部门实施重点审计。主要采取组成联合审计组及"上审下"的方式进行审计，集合多方面的力量，协同作战，及时沟通信息，对审计中发现的问题随时反映给有关部门，及时给予纠正和解决，尤其是对一些重灾区和重要部门，给予重点关注，力求不出大问题，使审计能够真正起到警示作用。

三是对关键环节予以重点关注，着重对涉及受灾群众基本生活、资金物资集中、社会公众关注程度高、容易发生问题的领域和环节进行审计，避免"眉毛胡子一把抓"，注重提高审计的效率和质量。

同时，还要根据公共危机发展的阶段性，及时调整审计重心。根据危机解决工作进展情况，可将事项审计进程分成三个主要阶段：

第一阶段是危机发生初期阶段。在这个阶段，主要是大量物资调拨，而资金支出较少，因此应重点对救灾物资的接收、拨付、发放管理进行审计。在审计中，主要对食品、药品、帐篷以及大型救灾设备等重要物资进行检查，着重帮助相关部门和单位合理调拨救灾物资，加强物资管理，完善相关制度，堵塞管理漏洞。

第二阶段是危机处理过程阶段。在这个阶段，危机处理工作重点转入危机处理后的恢复，如在地震灾害中，这时要及时将工作重心调整到检查国家救助金、救济粮、抚慰金发放，过渡板房建设等相关扶助政策的落实情况。

第三阶段是危机处理后期。在这个时期，应急抢险工作基本结束，后续维稳工作全面铺开，并着手进行恢复生产。如在地震灾害中，这时要加大对灾情核报、板房建设、耕地占用、资金拨付，以及管理机制和效益问题的审计力度，并对应急机制取得的成效和存在的问题进行专项调研。

三、跟踪审计的对象之三：政策执行

政策是国家政权机关、政党组织和其他社会政治集团为了实现其所代表的阶级、阶层的利益与意志，以权威形式标准化地规定在一定的历史时期内，应达到的奋斗目标、遵循的行动原则、完成的明确任务、实行的工作方式、采取的一般步骤和具体措施，是为了实现一定历史时期的路线和任务而制定的行动准则。政策包括财政经济政策、文化教育政策、军事政策、劳动政策、宗教政策、民族政策等。需要特别说明的是，审计机关不是对政策本身只是对政策执行情况开展审计。因此，本章节介绍的政策跟踪审计，实质上是对政策执行情况而不是对政策本身开展的跟踪审计。

我们目前进行的政策执行跟踪审计，是对国家重大政策措施的执行情况实行全过程跟踪审计，如审计署 2009 年开展的扩大内需投资项目建设管理和资金使用情况的审计调查，审计署 2009 年开展的国际金融危机对我国中小企业影响状况的专项审计调查，审计署 2010 年对 20 个省、自治区、直辖市电力、钢铁和水泥等行业 2007 年至 2009 年节能减排情况开展的审计调查，等等。

（一）政策的特点

跟踪审计的对象——政策具有以下三个特点：

1. 影响大，社会关注度高

这些政策是在特殊的情况下出台的，如扩大内需政策是在金融危机之后因为内需不足需要拉动经济而出台的，节能减排政策是为解决部分行业能耗过高问题而出台的。对这些政策的出台，党中央、国务院高度关注，老百姓普遍关心，社会影响大。

2. 涉及面宽，审计事项复杂

作为审计的对象政策，每一项政策执行本身又涉及非常多的审计对象，如扩大内需涉及财政、金融、国土、工商、企业等部门、单位，节能减排涉及电力、钢铁和水泥等行业。与传统的审计对象比较，跟踪审计的对象庞大，审计事项复杂。

3. 执行难度大，重视程度高

这些政策除了在政策出台时得到各方面高度重视外，其执行的难度非常大，各有关方面也非常关注其执行效果，如扩大内需政策，需要多方面配合才能够很好地执行，中央专门成立督导组到各地检查执行情况。

（二）开展政策执行跟踪审计的意义

审计机关作为政府组成部门，有义务也有责任关注党委和政府的一些重大政策执行情况，对这些政策的执行情况开展跟踪审计，是审计机关履行职责的客观需要。

1. 有利于政策执行到位

审计机关通过对政策执行情况开展跟踪审计，及时发现执行中存在的问题，为政策的执行起到了保驾护航的作用，减少执行过程中的损失浪费和贪污腐败，有利于政策执行按照预期的目标进行，保障执行过程中不走样。

2. 有利于政府审计有效发挥预防、揭示和抵御的"免疫系统"功能

在政策执行层面开展跟踪审计，审计及时跟进发挥的威慑力量能够起到预防作用，对一些违规问题的披露能够发挥揭示作用，通过审计促进健全制度、完善机制、加强管理，能够发挥抵御作用。由此，政策执行跟踪审计为审计发挥"免疫系统"功能提供了更大的平台。

3. 有利于为党委、政府决策提供客观公正的信息

党委、政府需要掌握这些政策在执行中遇到的实际问题。在此方面，除了各主管部门提供的信息外，审计机关从专业的角度，通过独立开展审计监督，能够对政策执行中的情况做出客观的评价，提供审计信息。这对于党委、政府掌握政策执行情况，及时解决存在的问题，保证政策执行到位是极为重要的，同时，也为以后制定政策提供参考依据。

（三）政策执行跟踪审计的主要内容

政策执行跟踪审计的内容既涉及政策配套措施制定情况，又涉及政策执行及其效果情况，同时包含与政策相关的项目和资金情况，具有很强的综合性。

1. 政策配套措施制定情况审计

国家政策出台后，各有关部门和地方将会出台与政策相关的配套措施。对配套措施制定情况审计是政策跟踪审计的重要组成部分。主要包括：检查政策配套措施出台的依据，关注依据是否充分，是否符合现实情况要求；检查政策配套措施的可行性，关注配套措施是否真实、可操作；检查配套措施的制定过程，关注其是否经过严格论证，并符合政策配套措施出台的程序；检查配套措施的宣传推广情况，关注配套措施是否为基层工作人员所熟悉和掌握。

2. 政策及其配套措施执行情况审计

政策及其配套措施出台后，执行效果如何是政策跟踪审计的重点内容。主要包括：检查政策是否得到及时执行，包括与政策相关的项目建设情况，资金拨付和使用情况等；检查政策的落实情况，关注政策执行是否符合国家的大政方针，是否促进国家其他有关政策的落实；检查能够充分反映政策执行效果的相关经济指标情况，并作为判断政策执行效果的依据。

3. 与政策相配套的资金和项目审计

主要包括：检查项目和资金的总体情况，包括项目投资的总体规模和结构、资金的来源和去向等，关注有关部门和地方在转批、分解中央项目投资计划时，是否存在计划分解不到位或随意调整项目计划规模的情况，关注各级政府投资占资金来源比重，分析政府性投资对社会投资的带动效应等；检查项目的投向情况，关注项目的投向是否符合政策设定的目标，是否符合国家有关政策规定的情况，有无投入到高污染、高耗能和低水平重复建设项目中；检查地方配套资金的落实情况，关注是否存在超过地方财力安排项目的情况，是否存在出资主体不明确、配套责任悬空的情况，是否存在因配套资金不到位导致项目未开工或停工的情况。

4. 政策执行绩效审计

主要检查政策执行的效果和效率情况，包括：检查政策执行是否收到预期效果，政策执行成本是否超出预定的限制，结合成本和收益两个方面，综合评价政策执行的绩效。

四、跟踪审计的对象之四：资金

作为跟踪审计对象的资金，基本上都是专项资金。所谓专项资金，是国家或有关部门或上级部门下拨的具有专门指定用途或特殊用途的资金。对这种资金都要求进行单独核算，专款专用，不能挪作他用。在当前各种制度和规定中，专项资金有着不同的名称，如专项支出、项目支出、专款等。

资金跟踪审计是以财政或者其他各类专项资金为主要审计对象，如审计署开展的农业综合开发资金审计、社保资金审计等；新疆生产建设兵团2011年开展的对口支援新疆资金审计，四川省审计厅2011年组织开展的"特殊党费"援建资金使用情况跟踪审计都属于这种情况。

（一）资金的特点

从审计署和地方审计机关近年来开展的资金跟踪审计情况看，其审计的资金具有以下特点：

1. 这些资金为专项资金或有特殊用途的资金

跟踪审计的资金对象，有很大一部分是专项资金，如农业综合开发资金、对口援建资金等，这些资金只能专款专用。还有一部分是特殊用途的资金，如社保资金，它属于民生项目资金，具有专款性质；"特殊党费"援建资金属于来源特殊的资金，为各级党组织高度关注，其使用也有严格限制。

2. 社会影响较大，受关注程度高

对于这些资金，资金拨付或管理部门更加关注资金使用是否合理有效，是否发挥应有作用，是否用于规定或应该使用的项目或对象上，是否有截留、使用过程中是否公开透明等。

3. 点多面广，审计事项复杂

每一笔专项资金的使用，涉及很多环节和很多部门，有的项目还是全国性的项目，如社保资金，涉及很多级、次项目和单位，可谓点多面广。这些资金的审计，对象众多，事项复杂。

（二）资金跟踪审计的意义

开展资金跟踪审计是审计机关发挥审计职能、履行审计职责的需要。

1. 有利于增加资金使用的透明度，防止滋生腐败行为

近年来，一些专项资金在使用过程中腐败现象较为严重，如上海社保案。造成这种状况的重要原因之一就是缺乏有效的监督体制。通过对这些专项资金的使用过程进行跟踪审计，随时发现问题，随时制止并纠正，防范产生错误和腐败行为。

2. 有利于为资金管理部门提供决策参考

资金管理部门对资金的分配是否合理，资金的使用效率如何，资金使用中存在什么问题，等等，都是非常关注的。审计机关通过对资金开展跟踪审计，可以针对执行中的问题，研究分析制度、体制和机制方面的问题，提供决策参考。

3. 有利于资金使用部门加强管理，提高资金使用绩效

跟踪审计将审计监督贯穿于资金筹集、使用、管理全过程，可以及时发现问题，督促被审计单位加强内控管理，强化责任意识，有效遏制随意现象，促进健全制度，规范运作，科学管理，提高资金使用绩效。

（三）资金跟踪审计的主要内容

资金跟踪审计是对资金筹集、分配、管理和使用等全过程进行的审计。重点关注以下方面：

1. 在资金筹集情况审计中

要摸清资金的种类、性质及其征收管理方式，关注与资金有关的政策落实情况；检查资金征管部门是否按规定及时、足额征收，有无隐瞒、擅自减免缓等问题；检查资金是否及时、足额上缴并按规定纳入预算管理，有无隐瞒收入、截留坐支及混淆入库级次等问题。

2. 在资金分配情况审计中

要审查资金的分配是否符合预先设定的目标和规定的使用范围，有无人为随意进行分配的问题；审查资金的分配是否及时、足额，是否全部下达到资金的管理使用单位，有无层层截留挪用的情况；审查资金的分配是

否公开、公平、公正；审查资金的分配是否存在交叉、重复安排或遗漏。

3. 在资金管理情况审计中

要检查资金是否按照国家有关规定进行管理，相关的规定是否得到切实有效的执行；检查是否实行了严格的管理制度，是否实行专款专用；检查资金的运行全过程是否都有严格的记录，资金账簿和凭证等财务基础资料设置是否符合规定；检查资金的管理是否规范有效，关注资金管理的薄弱环节，特别是关注资金的安全和效率。

4. 在资金使用情况审计中

要检查资金是否按照预算制度的规定安排支出，关注预算的执行情况；检查资金的使用是否符合规定的用途，关注资金去向的目的性；检查资金使用的合规性，关注是否存在挤占、截留、挪用、滞留、贪污、私分等违法违规问题。

5. 在资金绩效情况审计中

要检查资金使用是否达到预期目标，关注资金使用的实际效果；检查管理费用占全部资金的比重，关注其是否存在比重过大的情况；检查资金使用是否符合国家方针政策，关注是否存在劳民伤财的"形象工程"和脱离实际的"政绩工程"。

五、跟踪审计的对象之五：单位

单位是指机关、团体、法人、企业等非自然人的实体或其下属部门。对单位的预算执行情况开展联网审计，具有跟踪审计的特点，因此也将其作为跟踪审计的对象。单位预算执行联网审计是审计机关在与被审计单位进行网络互连后，在对被审计单位财政财务管理相关信息系统进行测评和高效率的数据采集与分析的基础上，对被审计单位财政财务收支的真实、合法、效益进行适时、远程检查监督的行为。

单位跟踪审计主要是对被审计单位的预算执行开展联网审计。近年来，审计署和地方审计机关在这方面都有一些很好的实践，如审计署开展的海关联网审计，对水利部 2009 年预算执行情况的联网审计，青岛市2011 年建成的财政、社保和地税统一平台联网审计，云南省 2010 年建成地税联网审计，等等。

（一）单位的特点

预算执行情况联网跟踪审计的单位，具有以下两个特点：

1. 具备适时审计的条件

对这些单位，可以通过网络访问其财政财务信息数据库，这样可以使审计间隔期以及审计时间比较短；对于具体的财政财务收支事项，既可以在事项结束后实施审计，也可以在事项进行过程中适时审计，从而实现事后审计与事中审计的结合，静态审计与动态审计的结合。

2. 具备远程审计的条件

对这些单位可以通过网络远程访问其财政财务管理系统及其数据库或数据库备份。随着被审计单位信息化程度的逐步提高，通过远程访问完成审计的程度也将得到提高，审计的适时性特征因此更明显。

（二）单位跟踪审计的意义

对单位预算执行情况开展跟踪审计，具有以下三方面的意义：

1. 有利于推动财政财务收支相关数据和业务处理日益电子化、信息化、网络化形势下审计工作的开展

在掌握国家重要资金和资产的政府部门、领域不断提高信息化、网络化水平的条件下，审计机关要有效地履行审计监督职责，必须顺应这种形势的发展，积极探索审计的新途径和新方法。从联网审计的特征看，它已经成为新形势下开展审计工作的必然选择。

2. 有利于在新形势下有效配置审计资源，提高审计效率

审计机关可以利用联网审计远程获取被审计单位财务数据的特征，合理安排联网与现场审计项目；可以利用联网审计具有的高效率数据采集与分析、适时审计的特征，将时间、项目集中的审计工作进行分解，有效地配置和利用审计资源，以最少的审计资源，取得最大的审计成果。

3. 有利于提高审计质量

开展联网审计，可以使审计工作从事后审计转变为事后审计与事中审计相结合，从静态审计转变为静态审计与动态审计相结合，从现场审计转

变为现场审计与远程审计相结合。这些转变，能够使一些违纪违规问题被及时发现和纠正，能够在动态的监督中关注资金与项目的效益，能够及时、准确地为决策部门提供决策信息，从而提高审计质量，充分发挥审计监督的作用。

（三）单位跟踪审计的主要内容

单位跟踪审计的主要内容包括以下两个方面：

1. 对处理财政财务数据的信息系统的审计

对预算执行单位的信息系统开展审计，是通过对信息系统本身的安全性、可靠性、有效性和效率性等进行评价，从而保证信息系统产生数据的准确性、完整性，最终促成审计目标的实现。在对信息系统审计的过程中，主要审计内容包括信息系统内部控制审计、信息系统组成部分审计以及信息系统生命周期审计三部分。

2. 对电子化的财政财务数据的审计

在对电子化数据的采集、清理、转化等过程中，对数据进行检查，验证其真实性、准确性和完整性等目标，可以通过核对总记录数和总金额、观察顺序码的断号和重号、核算会计的钩稽关系等来进行验证。通过创建中间表，进行数据分析，也就是建立数据分析模型对数据进行核对、检查、复算、判断等操作，将被审计单位预算执行过程中的数据的现实状态与理想状态进行比较，发现其中的异常情况，进行分析，找到审计线索，搜集审计证据。

第二节　跟踪审计的目标

跟踪审计的目标是指跟踪审计行为要达到的目的。研究跟踪审计的目标对于明确跟踪审计工作方向、指导跟踪审计实践活动、实现跟踪审计目的具有重要作用。跟踪审计目标决定了跟踪审计活动的内容和重点，以及采用的方法、技术和程序，也是评价跟踪审计行为结果的重要标准。跟踪审计具有长期性、系统性、阶段性、递进性和时效性的特点，这决定了跟踪审计具有多层目标，即在总体目标之下，还有阶段性的审计目标。跟踪审计的总体目标和阶段性目标是一个有机的统一体，总体目标是跟踪审计活动的既定方向和希望得到的最终结果，体现跟踪审计的普遍性，同时又决定和制约着阶段性目标；而阶段性目标反映跟踪审计的特殊性，是总体目标的具体化、实现途径和有力保障。

一、跟踪审计的总体目标

（一）确定跟踪审计目标时需要考虑的因素

跟踪审计的总体目标，是由审计的目的决定的，体现跟踪审计的普遍性，规定着跟踪审计的性质和方向。制定跟踪审计总体目标时，应考虑如下因素：

1. 目标的相对稳定性

跟踪审计总体目标是开展各阶段审计工作的纲领和指导标准，应贯穿于跟踪审计的全过程。因此应在跟踪审计全过程中保持其稳定，前后一致，不应随意改变或转换，避免给审计造成混乱和损失。

2. 目标的涵盖性和导向性

跟踪审计总体目标反映跟踪审计要达到的最终目的，一方面必须能够涵盖跟踪审计各个阶段的审计目标，使跟踪审计的各阶段工作成为整个跟踪审计的有机组成部分；另一方面，总体目标应高于阶段性目标，体现对各阶段审计工作的导向作用，引导各阶段的工作服务于跟踪审计总体目标，不能偏离它。

3. 目标的可实现性

审计目标是制订审计方案、确定审计重点、选择审计方法技术的依据。审计目标是否合理决定了审计工作的成败。在确立跟踪审计总体目标时，要综合考虑各种影响因素，目标要在现有的技术和水平条件下能够得以实现。

（二）跟踪审计总体目标的内容

跟踪审计作为国家审计的一种审计方式，其总体目标与国家审计的总体目标在构成及其相互关系方面具有一致性。国家审计的总体目标按照层次不同可以划分为根本目标、现实目标、具体目标，这些也构成了跟踪审计的总体目标。跟踪审计总体目标的内容包括以下三个方面：

1. 维护人民群众的根本利益

维护人民群众的根本利益是国家审计的根本目标。根本目标是最高层次的目标，是审计工作的最终目的，是确定审计工作在一定时期的现实目标和审计项目目标的前提和基础。人民群众的根本利益是动态的、历史的，其多重利益要求的具体内容和侧重点在不同的历史时期是不断变化的。当前，我国人民群众的根本利益主要包括经济利益、物质利益、政治利益、文化利益等方面。

在跟踪审计中，关注人民群众经济利益就是关注群众经济利益是否得到满足，如对社保资金的审计要关注低保户的资金发放情况。关注人民群众物质利益就是关注涉及人民群众的一些物资的发放情况，如在汶川地震救灾物资审计的过程中，关注物资是否及时发放到灾民手中。关注人民群众政治利益是关注人民群众政治生活的落实情况，如在社保资金审计过程中，关注低保群体是否有遗漏，关注他们会不会因为纳入低保范围而受到社会歧视等。关注人民群众文化利益是关注人们精神生活方面的情况，如对教育资金的跟踪审计中，关注教育的机会是否公平，等等。

2. 推进法治，维护民生，推动改革，促进发展

推进法治、维护民生、推动改革、促进发展，是国家审计的现实目标，也是跟踪审计的总体目标。

推进法治，就是在开展跟踪审计的过程中，要通过查处违法违规问题，做到有法必依、违法必究，促进现行法律法规遵循到位；通过深入分析现行法律法规中存在的漏洞和问题，提出健全和完善相关法律法规的建议，推动法律体系的健全，为增强法治观念、加强法治建设、提高法治化水平做出贡献。

维护民生，就是在开展跟踪审计的过程中，加强对"三农"、教育、卫生、文化、社会保障等重点民生项目和资金的审计监督，关注公共危机资金使用不及时、不到位，专项转移支付资金分配分散、使用效益不高等问题，规范资金管理和运行，促进各项惠民政策落实到位。

推动改革，就是在开展跟踪审计的过程中，分析和反映跟踪审计中发

现的问题，从体制、机制和制度上提出解决问题的建议，重点推动公共危机应急机制完善、专项资金使用有效、重大建设项目管理规范、重大政策贯彻落实到位，以此促进转变政府职能，完善市场机制和资源配置方式，建立和完善社会主义市场经济体制。

促进发展，就是在开展跟踪审计的过程中，发现和揭示社会经济运行中的不稳定因素，发挥预警和提示的作用；跟踪和评估国家宏观经济政策的执行情况和效果，促进各项政策手段的协调和发展目标的实现，推动经济社会全面协调可持续发展。

3. 监督和评价被审计单位财政财务收支的真实、合法和效益

根据审计法第二条的规定，国家审计的具体目标是审计监督被审计单位财政收支、财务收支的真实、合法和效益。跟踪审计的具体目标和国家审计的具体目标是一致的。

真实性是指反映财政收支、财务收支以及有关经济活动的信息与实际情况相符合的程度。在开展跟踪审计的过程中，真实性目标要求审计人员主要审查被审计对象的财政收支、财务收支数据与财政收支、财务收支行为是否一致，并判断财政收支、财务收支信息是否真实、可靠，财务会计报告编制是否符合会计准则和有关财务制度规定。在公共危机事项审计中，要关注物资是否真正地发放到灾民手中；在政策执行跟踪审计中，要关注政策是否真正执行到位、落实到实处；等等。

合法性是指财政收支、财务收支以及有关经济活动遵守法律、法规或者规章的情况。在开展跟踪审计的过程中，合法性目标要求审计人员主要通过审查被审计单位执行国家法律、法规、规章或政策的情况，判断其财政收支、财务收支以及有关经济活动是否符合国家相关法律、法规规定和政策要求。国家法律、法规和政策对财政收支、财务收支行为做出了规定，其目的是为了维持财经秩序，保证公平竞争，促进社会经济健康发展，维护人民群众根本利益。

效益性是指财政收支、财务收支以及有关经济活动实现的经济效益、社会效益和环境效益。效益性一般包括经济性、效率性和效果性三层含义。随着公共受托责任从组织内部向组织外部扩展，环境性、安全性和公平性也被逐步纳入效益性审计目标的范畴。在跟踪审计的过程中，评价效

益性主要从成本控制、运行效率、结果实现等角度审查被审计单位配置和使用公共资源的情况，判断资源利用是否达到充分、节省和有效。

二、跟踪审计的阶段性目标

（一）确定跟踪审计阶段性目标时需要考虑的因素

跟踪审计的阶段性目标，既是总体目标的分解和总体目标落实的条件，也是跟踪审计阶段性、递进性、时效性的具体反映。在确定跟踪审计阶段性目标时，应遵循以下原则：

1. 计划性和递进性原则

跟踪审计项目涉及的资金量大、子项目多、时间跨度长，使得审计项目需要分阶段实施。各阶段的审计目标既有差别（即后阶段审计绝非前阶段审计的简单重复），而且又相互承继（即后阶段的审计目标是前阶段审计目标的深化和扩展）。这就要求跟踪审计阶段性目标具有计划性和递进性，既要充分考虑各阶段审计项目自身特点、审计环境和可用的审计资源，又要考虑各阶段审计目标之间的相互关系，以最终实现总体目标。

2. 可行性原则

阶段性目标是总体目标在特定环境下的具体化，体现审计的具体职责和任务。阶段性目标受到审计项目所处的发展阶段、当时环境、审计资源、审计技术方法的限制，必须是现有条件下审计机关能够实现的目标。

3. 预防性和建设性原则

跟踪审计的时效性特点，要求审计机关提前介入，通过发现资金和项目管理中的苗头性、倾向性问题，及时促进被审计单位完善制度，堵塞漏洞，发挥"边审计、边整改、边规范、边提高"的"免疫系统"作用。反映到跟踪审计的阶段性目标上，就要求其具有预防性和建设性。

（二）跟踪审计阶段性目标的内容

1. 维护国家经济安全

国家经济安全，是指一国作为一个主权独立的经济体，其根本的经济利益不受伤害，表现为国家经济主权独立，经济基础稳固，经济稳健增长，经济结构合理，经济富于活力和可持续发展的动力。经济安全是国家安全的核心，离开经济安全，国家安全和国家利益就没有保障，社会主义社会的一切发展和进步就会失去物质基础。将维护国家安全作为跟踪审计现阶段的审计目标，是由国家审计现阶段的审计目标决定的。国家经济安全主要包括财政安全、金融安全、国有资产安全等。

维护财政安全，就是审计机关在开展跟踪审计的过程中，通过对本级政府预算管理、决算草案和预算执行效果，通过对专项资金开展审计或审计调查，对国家的重大政策执行情况开展跟踪审计，查处重大违法违规问题，维护财政经济秩序，促进提高预算执行效果和财政资金使用效益，揭示财政运行中的不安全因素和潜在风险，提出加强财政管理、深化财政体制改革的意见和建议，维护财政安全，保障经济社会健康发展。

维护金融安全，就是审计机关在开展具体的跟踪审计过程中，通过对一些金融机构和金融监管部门的审计，以及对金融政策实施情况及其效果的审计和专项审计调查，重点揭露金融机构经营管理中存在的重大违法违规问题及大案要案线索，揭示影响金融业健康发展的突出风险，从政策上、制度上分析原因，提出建议，以维护金融安全，防范金融风险，促进金融发展。

维护国有资产安全，就是审计机关在开展跟踪审计的过程中，通过对被审计单位财政收支、财务收支的真实合法效益，以及国有资产管理使用情况进行审计和审计调查，揭露国有资产损失浪费和国有资产流失问题，促进强化国有资产管理责任，加强国有资产管理，维护国有资产安全。

维护民生安全，就是对民生资金、民生工程和民生政策执行情况通过跟踪审计的方式进行审计和审计调查，保障民生资金筹集、使用、管理合规有效，促进民生政策的有效执行和体制、机制、制度的健全完善，减少和防止民生领域问题的发生，不断提高人民生活质量，维护人民群众利益。

维护资源环境安全，就是通过开展跟踪审计的方式，检查国家资源环境政策法规贯彻落实和资金管理使用情况，重点揭露和查处资源无序开发、低效利用，破坏生态环境，以及节能减排政策落实不到位等重大问题，提出完善有关法律法规和制度的建议，促进节约资源，保护生态环境，实现经济社会可持续发展。

维护信息安全，就是通过开展信息系统审计和对信息安全政策执行情况的跟踪审计，揭示国家信息安全的风险和隐患，促进建立健全国家信息安全体系，提高信息安全防范、控制和保护能力，保障信息安全与信息化建设同步发展，维护国家信息安全，发挥审计保障国家经济社会健康运行的"免疫系统"功能。

2. 防范社会风险

我国正处于并将长期处于社会主义初级阶段，经济体制深刻变革，社会结构深刻变动，利益格局深刻调整，思想观念深刻变化，人的主观能动性在各个领域都发挥着巨大创造力和主导作用的同时，也蕴藏着巨大的"人化"风险，我国呈现出鲜明的风险社会特征。从经济领域来看，社会主义市场经济体制还不健全，国内经济运行机制不完善和国外不确定因素影响等综合作用，经济又好又快发展还存在很大风险。从政治领域看，人民群众对国家治理的期望值越来越高，与现阶段国家治理能力之间形成了较为明显的矛盾。从社会领域来看，群众利益诉求日趋多元化，分配不公、阶层分化、公共资源匮乏等问题蕴含着巨大的不稳定风险，各种社会问题和公共安全危机易发多发。从文化领域来看，社会主义核心价值体系还没有充分发挥作用，信仰缺失、道德滑坡等问题困扰着文化发展。从生态文明领域看，竭泽而渔、环境污染、生态毁灭等问题越来越威胁着我们和后代的生存环境。对于这些风险，通过开展跟踪审计，能够有效防范社会风险。

（1）跟踪审计能够进行风险预警

这是由国家审计的预防功能决定的。要及时、准确、科学、客观地发现风险，就必须依赖对具体问题的制度化排查和分析。在跟踪审计过程中，监督关口前移，由事后审计向事中审计、事前审计延伸，通过审计及时发现风险、预警风险的导向更加明确、功能更加有效。同时，随着跟踪审计工作范畴的不断延伸，这种风险预警功能发挥作用的领域逐步向经济、社会、政治、文化等多领域扩展。

（2）跟踪审计能够开展风险处置

这是由国家审计的揭示功能决定的。在开展跟踪审计的过程中，提供发现和揭示风险转化的现实问题、现实危险，并通过提出审计建议、下达审计决定等方式及时有效处理问题，提供解决危险的思路和办法。同时，通过及时严肃查处违规问题，震慑违纪分子，减少风险复发的可能。通过跟踪审计来及时处置风险，虽然不可能全部防患于未然，但能够及时揭示，防止事态蔓延，也是风险管理中具有重要意义的思路和办法。

（3）跟踪审计能够进行风险防范

这是由国家审计的抵御功能决定的。对于风险社会治理而言，制度改革更具有根本性的意义。在开展跟踪审计的过程中，要对发现的风险进行深入分析、总结规律，找出制度漏洞，研究提出解决问题、防范风险的对策及建设性意见和建议，以便改革体制、健全法制、完善制度、规范机制、强化管理，建立健全有效防范风险的长效机制。

3. 实现良善治理

国家审计是保障国家经济社会健康运行的"免疫系统"，是国家实现良善治理的重要手段，随着管理的学科发展，被审计单位在实现其自身治理的过程中，除了自身努力外，外部的力量也非常重要的。在开展跟踪审计的过程中，现阶段跟踪审计的目标和被审计单位的最终目标是一致的，就是通过审计完善机制、建立制度和加强管理，促进被审计单位的良善治理。

要实现被审计单位良治，就要发挥跟踪审计的建设性作用。在开展跟踪审计的过程中，不仅要通过发现问题、揭示风险、做出处理，发挥审计的批判性作用，以体现审计机关的基本职责；同时，更要积极提出解决问题的办法和措施，帮助被审计单位及有关部门和单位完善法律、法规和规章制度，从而起到堵塞漏洞、提高管理水平、防范问题再次发生的建设性、预防性作用。提出建设性意见和建议，发挥审计建设性作用也体现了审计机关的基本职责。建设性作用更具有积极意义，更彰显国家审计的社会价值。

要实现被审计单位良治，在开展跟踪审计过程中要坚持服务导向。在我国，监督是国家审计的基本手段，服务是根本目的；监督是形式，服务是内容。监督本身包含了服务的内容，"监"就是要查处、揭露，就是要评价、揭示；"督"就是服务，就是督促整改、促进各方面工作规范、有序和高效。所以立足服务、坚持监督，二者是一个辩证的统一体。没有监督，就谈不上服务；单纯的监督而没有服务，就达不到监督的目标，所以二者须紧密结合，不可偏废其一。跟踪审计实践也证明，及时将审计中发现的问题反馈给被审计单位，有利于加强管理，完善机制和机制，促进被审计单位规范操作和管理，在监督的同时，发挥服务的作用。

要实现被审计单位良治，既要立足宏观全局，又要坚持微观查处和揭露。跟踪审计首先要从整体、宏观着眼，寻求最好的可以有效实施微观查处的审计项目，既要树立起立足宏观全局的观念，又要搞好审计项目的微观查处工作，使宏观全局性目标得以实现。关注国民经济发展全局，微观查处才有着力点；深入进行微观查处，才能看到资金管理、使用状况影响经济社会发展全局的具体因素。

第三节　跟踪审计的组织方式

常规审计程序和组织方式已比较成熟和固定。常规审计程序基本上从制订、下达审计项目计划开始，顺次经过制发审计通知书、审前调查、制订和审批审计实施方案、按照实施方案实施现场审计、撰写审计报告、审计报告征求被审计单位意见、审计机关审定审计报告、审计机关发出审计决定等环节。在组织方式上，则是由相关人员组成一个相对比较固定的审计组，集中一段时间，对审计对象的历史资料进行检查，并在严格区分审计责任和管理责任的基础上，根据检查情况出具审计报告。跟踪审计与常规审计相比，无论是审计目标、审计事项、审计范围、内容和重点，还是审计组成员的组成，以及审计责任与管理责任的区分，都存在一定差异，因而跟踪审计在某些情况下的审计组织方式上，存在一些特殊性。本节将对跟踪审计的组织方式（不含与常规审计有共性的，只是具有跟踪审计个性的组织方式）做介绍。跟踪审计的组织方式可以按照审计项目的立项单位、审计组的资源整合配置方式、审计的实施时间和审计的实施方式等标准进行划分。

一、按照跟踪审计项目的立项单位划分

根据跟踪审计项目立项单位的不同，其组织方式可分为以下四种：

（一）审计署立项和组织实施的跟踪审计项目

这类项目是指由审计署有关业务司具体组织，由审计署驻地方特派员办事处或与有关省（区、市）审计机关负责实施、一般是影响比较大的项目。如2008年低温雨雪冰冻专项救灾资金审计、汶川地震抗震救灾资金和物资审计、玉树地震抗震救灾资金和物资审计等。

这类项目的组织管理有以下几个特点：一是项目计划由审计署统一制订下达，有关业务司局组织实施；二是审计实施方案由审计署统一制订，所有参与实施的单位都要按要求执行；三是由审计署统一安排和调度人力资源的组织调配；四是审计情况由审计署统一汇总，统一报告，统一公告；五是审计费用由审计署承担。

（二）审计署授权地方审计机关立项并负责具体组织实施的跟踪审计项目

根据审计法第二十八条规定，上级审计机关可以授权下级审计机关进行审计。跟踪审计也不例外，对一些大型项目的跟踪审计，审计署可授权地方审计机关具体组织实施，如上海世博会项目跟踪审计，就是授权上海市审计局组织实施的。

审计署授权地方审计机关立项并负责具体组织实施的跟踪审计项目，在组织方式上有以下特点：一是这种审计授权是一种单方面行为，即审计署授权不需要征得地方审计机关的同意，地方审计机关不能拒绝接受授权；二是地方审计机关在对授权项目开展审计的过程中，自行出具审计通知书、审计意见书和审计决定等；三是实施审计所产生的法律责任包括审计质量风险和廉政风险等，由审计方承担。

（三）地方审计机关立项和组织实施的跟踪审计项目

地方审计机关立项和组织实施的跟踪审计项目是指地方审计机关自主立项并组织所辖有关市、县审计机关实施的跟踪审计项目。如江苏省徐州、淮安两市审计机关开展的江苏省十八届运动会场馆建设项目跟踪审计，新疆生产建设兵团2011年组织开展的对口支援新疆资金审计，四川省审计厅 2011 年组织开展的"特殊党费"援建资金使用情况跟踪审计。

这类跟踪审计项目的组织方式和地方审计机关组织开展的其他项目一样,审计项目计划、审计通知书、审计实施方案、审计成果利用、审计费用、审计公告等都由地方审计机关自行制定、制发、承担等。

二、按照审计组的资源整合配置方式划分

按照审计组的资源整合配置方式划分,跟踪审计主要有"上审下""交叉审""联合审"和"同级审"四种组织方式。

(一)"上审下"跟踪审计

"上审下"跟踪审计是指上级审计机关派出审计人员直接审计下级审计机关审计管辖范围内的重大项目、资金等。"上审下"的组织形式有多种:一是由上级审计机关组织自身人员成立审计组开展审计;二是抽调下级审计机关审计人员加入上级审计机关审计组开展审计;三是以下级审计机关为单位组成审计组,由上级审计机关统一组织,对下级政府开展交叉审计。不论采用何种组织形式,有一点是共同的,就是审计组均由上级审计机关派出,以上级审计机关名义进行审计,实施审计的审计机关共同对上级审计机关负责,审计经费由上级审计机关负担。

(二)"交叉审"跟踪审计

"交叉审"跟踪审计是指上级审计机关统一组织两个以上的地方审计机关,采取相互交叉审计的方式,对非本地的重大项目、资金等进行的跟踪审计。如某省审计厅组织 A 县审计局到 B 县审计,组织 B 县审计局到 C 县审计。在开展"交叉审"的过程中,很多时候是与"上审下"结合进行的。这是因为只有与"上审下"结合才能够解决某些审计权限的问题。

(三)"联合审"跟踪审计

"联合审"跟踪审计是由上级审计机关对下级地方政府或有关主管部门发出审计通知书、出具审计报告和审计决定,审计组长由上级审计机关

审计人员担任，审计组副组长由被审计地方的审计机关选派，主审人员和其他成员由上、下级审计机关共同协商确定。审计经费由审计组成员所在的审计机关负担。

（四）"同级审"跟踪审计

"同级审"跟踪审计是指审计机关对其审计管辖范围内的重大项目、资金等进行的跟踪审计。在这类审计中，组织方式上与预算执行审计相类似。

三、按照跟踪审计的实施时间划分

跟踪审计可以对项目自始至终，也可以根据需要或者在出现特殊情况时进行。根据介入时点的不同，可以将跟踪审计分为全过程跟踪审计、不定期跟踪审计、突发事件适时跟踪审计三种方式。

（一）全过程跟踪审计

审计机关派驻现场的跟踪审计组，对重大项目、资金等进行长时间、全程性、连续性的跟踪审计。与传统的审计模式相比较，全过程跟踪审计从立项起开始审计，并视项目的进展情况分阶段进行审计，使事前、事中和事后审计有机结合起来。在日常审计工作中，跟踪审计能够形成对各环节、过程及相关资料及时进行动态审计，是一种全面（全程）审计。因此，对关系国计民生的特大型投资项目、特殊资源开发与环境保护、国家重大政策实施的执行情况，可以采用全过程跟踪审计的方式。

与常规审计相比，全过程跟踪审计组织方式主要有以下特点：（1）审计项目计划不是一年一制订，而是对整个工程项目制订一个审计项目计划和审计方案。（2）初始开展跟踪审计就发出审计通知书，到项目结束后审计可能持续很长时间。（3）审计方案可能在审计发现问题和出现新情况时进行调整。（4）在审计过程中，根据发现的问题随时向被审计单位出具审计整改建议书，而不是在审计结束时才提出。（5）可以出具阶段性的审计报告，也可以到项目结束时出具统一的审计报告。

（二）不定期跟踪审计

审计机关根据重大项目的建设规划、投资计划等确立的阶段性建设内容、投资进度等情况，适时派出审计组对重大项目的建设、管理和资金的拨付、使用情况进行跟踪审计。不定期跟踪审计，能将建设项目中（或专项资金使用中）审计所关注的所有重点环节纳入跟踪审计范围，从而达到跟踪审计的目的。但由于这种审计过程有间断性，需要缜密地进行事前规划和组织、事中配合和协调，要求审计人员具备较高的素质，有效地防范审计风险。不定期跟踪审计主要是针对重点民生和重大民生工程的专项资金（项目），在各个年度之间呈现周期性特点。通过开展不定期（阶段性）跟踪审计，能够揭示关系群众切身利益的问题，促进改善民生。

不定期跟踪审计的组织方式有以下特点：（1）在制订审计计划和发通知书时，可以根据工程项目特点，对审计项目始终采用一个计划和通知书，或者阶段性的计划或通知书。（2）审计部门事先要充分了解、分析审计对象的全貌，找出可能出问题和应该关注的环节作为审计重点，制订工作实施方案。（3）在审计过程中，确定几个控制的关键环节或者节点，逐步细化审计实施方案，动态调整关键控制环节和节点以及审计重点，明确审计的主要内容和方面。（4）在审计组人员的构成上，可以根据各阶段审计需要进行调整。（5）可以在各阶段项目结束后出具审计报告和审计建议书，也可以在整个跟踪工程结束后出具审计报告，但是出具审计建议书基本是阶段性的。

（三）突发事件适时跟踪审计

突发事件适时跟踪审计是指在突发性公共事件发生后，根据公共事件的发展情况适时采取的一种跟踪审计。开展突发性公共事件适时跟踪审计，看似一场偶然、突发的审计事项，实质上体现了审计机关应对突发事件工作的客观要求。这种审计是作为处置突发性事件工作的重要组成部分，与处置突发性事件工作同步开展，有时效性、广泛性、集中性的特点，必须本着服务大局、特事特办的原则，打破常规，以一种全新的审计方式和工作模式开展审计工作。汶川地震救灾资金和物资审计，就是对这种审计方式进行的有益探索和实践，取得了良好的社会效果。实践证明，对重大突发性事项的审计，采用适时跟踪审计的方式是最好的选择。

突发事件适时跟踪审计的组织方式有以下特点：（1）审计计划的非确定性。它要求审计机关在制订年度审计计划时要留有余地，以便于应对突发事件的跟踪审计。（2）送达审计通知书有时难以做到审计法关于提前三天送达被审计单位的规定。（3）针对审计过程中发现的问题，通过审计建议书等形式及时向有关部门提出，可以在短时间内得到解决，这就是跟踪审计的及时性作用。（4）针对审计的情况，可以出具阶段性审计报告或者审计公告。（5）针对一些特大项目，可以采用"大兵团"的作战方式，实行统一组织领导、统一审计工作方案、统一标准口径、统一审计报告和统一对外公布的"五统一"原则。

四、按照跟踪审计的实施方式划分

在实践中，跟踪审计只是国家审计的一种审计方式，在组织实施过程中，基本上都是与一些审计类型相结合。根据实施方式的不同，可以将跟踪审计分为跟踪审计与审计或审计调查相结合，跟踪审计与常规预算执行审计、经济责任审计或专项资金审计相结合，跟踪审计与其他部门的监督及社会审计相结合。

（一）跟踪审计与审计或审计调查相结合

跟踪审计与审计或审计调查相结合的组织方式，是跟踪审计最为常见的组织方式，如审计署开展的奥运场馆跟踪审计、西气东输跟踪审计、京沪高铁跟踪审计，就是将跟踪审计与审计结合起来；开展的扩大内需投资项目建设管理和资金使用情况的审计调查，国际金融危机对我国中小企业影响状况的专项审计调查等，是将跟踪审计与审计调查结合起来。

跟踪审计与审计或审计调查相结合，其组织方式与常规的审计或审计调查是基本一致，从确立项目计划、下达审计通知书、制订审计工作方案、撰写审计报告和发布审计公告等，都是严格按照审计或审计调查的组织方式进行。结合型的跟踪审计在组织方式上也有其自身特点，主要体现在：一是在制订审计计划时，就已然将其纳入跟踪审计的范畴，也就是说，不仅对某一静态时点进行审计或审计调查，还对动态时间段的状况开展审计或审计调查，具有跟踪的特性。二是在审计的过程中，重在发挥建设性作用。将审计或审计调查中发现的问题及时向有关部门提出并促进其加以改进，使问题得到解决并及时建立防范机制，更多的是发挥"治病救人"的作用，为被审计单位或项目"保驾护航"。

（二）跟踪审计与常规预算执行审计、经济责任审计或专项资金审计相结合

跟踪审计与常规预算执行审计、经济责任审计或专项资金审计相结合的组织方式，也是较为普遍的跟踪审计开展方式。本章第一节提到的单位预算执行联网跟踪审计，就是将跟踪审计与常规预算执行审计相结合。在对四川省和成都市开展的汶川灾后重建跟踪审计，就是将对四川省和成都市主要负责同志的经济责任审计与之结合起来进行的。对社保、支农和教育等资金的跟踪审计也是经常与专项资金审计结合进行。

与常规预算执行审计、经济责任审计或专项资金审计相结合的跟踪审计，在组织方式上与这些审计基本一致，同时也有其自身特点：一是与常规预算执行审计相比，预算执行联网跟踪审计是一种远程跟踪，遇到异常情况及时反映，能够迅速到现场核实。因此，单位预算执行联网跟踪审计在审计通知书、审计意见反馈、人力资源组织上与常规预算执行审计存在一定差异。二是与经济责任审计相结合开展的跟踪审计，如 2011 年在对四川省和成都市主要负责人的经济责任审计中，以灾后恢复重建情况作为经济责任的主要内容。三是在与专项资金审计相结合的跟踪审计中，要与以前的情况进行对比分析，突出跟踪特性，对存在的问题及时提出整改意见和建议。

（三）跟踪审计与其他部门监督及社会审计相结合

从近年来开展的跟踪审计情况看，与其他部门监督及与社会审计相结合的审计组织方式也是非常必要的。如在汶川灾后重建中，成立了由纪委、监察和审计等多部门组成的工作组，对灾后重建情况进行督导检查，这就是审计与其他部门的监督相结合的跟踪审计组织方式。另外，在开展

审计的过程中，有时需要借助社会审计力量，如在奥运工程、京沪铁路、汶川灾后重建审计中，对工程人员和财务人员的需求比较大，仅靠政府审计机关的审计人员难以完成审计任务，就需要借助社会审计力量参与审计。

与其他部门的监督相结合及与社会审计相结合的跟踪审计，其组织方式有以下特点：一是在与其他部门监督相结合的跟踪审计过程中，首先要充分利用其他部门及其内部审计等监督机构的工作成果，其次可以将跟踪审计取得的发现问题的成果与其他部门共享，协同工作，形成合力，促使问题及时解决。在此过程中，建立起有审计机关参与的联席会议制度、审计情况通报制度等都是很好的组织方式。二是与社会审计相结合的跟踪审计中，审计组负责人应该由审计机关人员担任，社会审计人员作为审计组成员参与审计；审计质量需要由审计机关人员把关；审计组对外以审计机关的名义开展工作；要坚持审计机关的廉政纪律，保守工作秘密，严格按照审计实施方案开展工作。

第三章　跟踪审计的程序

跟踪审计与传统审计相比，无论是审计目标、审计事项、审计范围、内容和重点，还是审计组成员的组成，以及审计责任与管理责任的区分，都存在一定的差异。特别是跟踪审计在审计计划、审计通知书下达、审计现场组织和审计实施方案制订等程序方面因客观需求的原因，致使跟踪审计在审计程序的操作上，具有其本质的特殊性。

第一节　跟踪审计的选择与立项

凡是能够引起政府、社会公众和有关部门广泛关注的政府投资项目都应当纳入跟踪审计的范围。实施跟踪审计的项目，在流程控制上一般具有如下特征：一是项目产生不良的后果，事后无法整改或损失无法挽回；二是突发的社会公众事件，内部控制制度无法及时建立和完善，政府资金和物资的使用分配存在重大风险；三是群众高度关注、党委政府高度重视，一旦发生问题将引起社会不稳定；四是事后审计缺少手段进行复核，或者事后审计行政成本较高。

一、跟踪审计需求调查

按照《中华人民共和国国家审计准则》的要求，确定跟踪审计项目前，应先调查跟踪审计需求，初步选择跟踪审计项目。调查跟踪审计需求时，应主要考虑以下几个方面的因素：

（一）党委政府、人大交办的任务和上级审计机关的要求

世界经济发展充满了不确定性，周期性的衰退和繁荣互现；同时，我国经济发展仍处在快速增长时期，但受世界经济全球化、区域化的影响，易受到一些外部环境因素的干扰。为此，我国政府结合当前经济社会发展

的实际，适应国际经济发展形势的需要，适时采取法律、经济、行政等诸多手段加强对国内经济的宏观调控。这些宏观调控措施也必然成为我国审计机关在特定历史时期开展国家审计工作的依据，也是确定跟踪审计项目的依据。

（二）政府管理和经济管理的薄弱环节

政府的社会管理是推动社会又好又快发展的核心力量，一个国家的社会治理水平直接反映出政府的社会管理水平。自改革开放以来，我国的全球竞争力不断提高，但政府的社会管理仍然存在着一些不适应社会管理现代化要求的问题。国家审计要关注制约政府管理水平提高的体制内和体制外的因素，跟踪审计项目的选择也要注重能够揭示这些制约因素，注重从体制机制制度层面揭示存在的问题，提出审计意见和建议，以促进消除这些内、外部因素的制约，进一步提高社会管理的质量和效率。

（三）政府特别关注的项目、资金、政策等

这些项目、资金、政策往往具有特殊的政治或经济意义，对经济社会的发展可能产生重大的影响，政府对此高度关注，社会各界也比较关心，如果发生了违法违规等问题，被社会上披露或曝光后将会引起较大范围内的社会反响，导致政府的公信力下降。开展对这些项目、资金、政策的跟踪审计，能够最大限度地降低这些项目、资金和政策在实施或运作过程中的风险，增强社会公众对政府执行能力的信心，避免政府的形象和信誉受到损失。

（四）有关部门委托或者提请审计机关审计的事项

现实情况下，往往有关部门对一些建设项目、资金等由于受到技术手段、人员素质、法律制约等因素限制，无法或不便选派人员进行监督管理，而审计机关依据宪法具有超然的独立性，能够从第三方的角度客观公正地进行监督审查，提出审计意见和建议。为此，有关部门往往会将此类事项委托或者提请审计机关进行审计，从而实现规范管理、加强内部控制、健全完善制度等方面的目标。

（五）社会各界、人民群众关注的热点、难点和焦点问题

跟踪审计所针对的重特大建设项目、重大突发性事件和重点投资项目，都与民生领域息息相关，社会各界和公众都比较关注、关心，对这些项目开展跟踪审计，能够切实体现跟踪审计推动改进民生、充分发挥审计"免疫系统"功能、服务国家治理的重大意义。

二、跟踪审计项目可行性研究

跟踪审计项目可行性研究的目的是在需求调查的基础上，进一步明确初选跟踪审计项目的审计目标、审计范围、审计重点和其他重要审计事项，初步评估跟踪审计预期达到的效果。

（一）项目所处环境

外部环境对跟踪审计项目的实施具有较大影响，具体内容包括政策法规环境、宏观调控环境以及国内外经济形势等。因此，主要论证初选的跟踪审计项目在外部环境的制约或支持下审计能否发挥应有的作用，发挥作用的有利因素和不利因素分别是什么，应该采取何种措施保证跟踪审计计划的制订、跟踪审计项目的实施，等等。

（二）管理体制及财政、财务收支情况

主要包括：论证跟踪审计对象的内部控制等方面是否能够满足审计机关开展跟踪审计的要求，是否对跟踪审计工作的正常开展造成不利影响，如何采取措施将有利因素加以充分利用并避免不利因素的影响。具体说来，管理体制及财政、财务收支情况会对审计目标的设定、审计范围和重点的确定以及审计过程中所要采取的审计技术和方法产生重要的影响。因此，管理体制及财政、财务收支情况是跟踪审计项目可行性研究的重点，直接决定列入年度计划后跟踪审计项目的开展，审计机关应对此予以足够的重视。

（三）审计预期效果

在跟踪审计项目的可行性研究阶段，应对跟踪审计可能产生的效果进行预先评估，进而判定项目是否符合审计工作总体规划的要求。从另外一个角度来看，跟踪审计的预期效果就是要评估准备开展审计的项目有无实施的必要，预期效益是否满足审计机关对审计项目效益的总体要求。对于预期效果不太理想的项目，审计机关应在客观分析自身审计资源的基础上，综合考虑各级政府的要求，采取措施，进行调整。

（四）审计风险控制情况

审计风险在跟踪审计实践中体现为管理风险、合规性风险和操作性风险。被审计事项的管理风险是跟踪审计立项的重要因素，管理风险越大，相对改进完善内控机制的潜力也越大，开展跟踪审计的增值空间也就越大。而合规性风险和操作性风险则属于应当控制的风险。有效的财政财务收支真实、合规性审计，有利于及时揭露重大经济案件和经济问题。操作性风险主要考虑跟踪审计选题的可审计性、审计资源配置的可支配性和审计评价标准的可执行性，以及被审计单位配合的主动性、审计成本的高低、审计持续时间的长短和审计范围的大小等，保证操作风险均在审计机关的可控范围之内。总体而言，不论何种类型的审计，审计风险始终存在，它是审计机关开展任何一项审计工作、做出任何一种审计行为都必须予以考虑的，跟踪审计也不例外。从一定意义上来讲，跟踪审计由于被审计对象相关行为发展方向的不确定性，从而使得跟踪审计面临着管理的风险、合规性的风险和操作性的风险。因此，要在审计实施之前预先设想跟踪审计过程中风险会有哪些，风险因素是什么，应该采取降低审计风险措施以及措施的适当性，等等。

（五）审计资源配置状况

审计资源是开展跟踪审计的先决条件，审计资源包括审计人员的能力和素质、技术支持、经费和制度保障等。开展跟踪审计应从合理配置审计资源的角度，对跟踪审计能否顺利实施以及能否取得预期效果进行综合能力评估，包括对审计人员数量与结构、审计能力与经验、审计信息化技术手段的研究分析，专业技术人员的聘用、经费保障等。

三、跟踪审计计划编制

审计计划是实施审计项目的依据之一。跟踪审计项目确定后，应纳入年度审计项目计划，作为当年的审计项目进行立项并下达到项目组织和实施单位。项目组织和实施单位应当严格执行并确保完成经批准的审计计划，不得擅自变更。审计机关应当严格按照审计计划的要求，对确定的跟踪审计项目配置必要的审计人力资源、审计时间、审计技术装备、审计经费等审计资源。制订跟踪审计计划时，应重点注意以下几个方面：

（一）跟踪审计计划的内容

跟踪审计计划的内容主要包括：审计项目名称，审计目标（即实施审计项目预期要完成的任务和结果），审计范围（即审计项目涉及的具体被审计单位、审计事项和审计所确定的年度），审计重点，审计项目组织和实施单位以及审计资源等，还应当列明跟踪审计的具体方式和要求。编制跟踪审计计划可以采用文字、表格或者两者相结合的形式。

（二）跟踪审计计划要求

常规审计通常是上一年度制订下一年度的审计项目计划，计划一年一定，项目一般要求在一个年度内执行完毕。项目计划下达时，对项目审计范围、内容规定得明确具体。但跟踪审计由于审计周期长，持续一至几年时间，因而跟踪审计项目总体计划相对比较笼统，只能在上一年度对下一年度的阶段性内容做出比较具体的规定，而且还需要根据审计进展适时进行调整。

确定跟踪审计计划时，审计机关同一年度内对同一被审计单位实施不同的审计项目，应当在人员和时间安排上进行协调，尽量避免重复进点、重复下发审计通知书、重复审计同类型事项等情况的发生，以免给被审计单位工作带来不必要的影响。

审计计划执行过程中，遇有突发重大公共事件需要进行审计，原定跟踪审计项目的被审计单位发生重大变化导致原计划无法实施，需要更换审计项目实施单位以及审计目标、范围等发生重大变化需要调整等情形出现时，应当按照原审批程序调整审计计划。

为适应审计内、外部环境发展的变化，应广泛征求社会各界的意见和建议，邀请人大代表、政协委员和群众代表参与审计立项。把群众关注的热点、难点、焦点问题，政策关注、领导关心、民生薄弱的环节纳入跟踪审计项目计划范围，做到反映民声、民情和民意，使项目计划更具科学性、民主性、针对性和建设性，使跟踪审计更加贴近群众生活、贴近本地实际、贴近社会需求。

第二节　跟踪审计准备

跟踪审计项目组织和实施单位在正式开展跟踪审计前，应在前期调研的基础上，进一步深化对项目的了解和认识，并做一些必要的前期准备工作。

一、跟踪审计资源配置

审计应予配备的审计资源主要包括：审计人力资源、审计时间、审计技术装备、审计经费等，这是保障跟踪审计项目顺利开展所必需的条件。审计机关要在实施跟踪审计项目前，尽可能准确地评估项目所需要配置的审计资源，包括人员数量（专业结构）、审计时间、审计技术装备以及资金需求等。

（一）审计人员

跟踪审计项目应当配备能够满足审计业务量要求的审计人员，审计业务量的要求既包括对审计人员数量方面的要求，也包括质量方面的要求，还包括专业知识结构方面的要求。对于需要连续跟踪审计的项目，要结合跟踪审计对象和目标不同来确定是否需要中途更换审计人员。视审计实施情况增加审计人员，有利于实现审计重点突破，进一步提升审计成果，更好地发挥审计"免疫系统"功能，但消耗审计资源较多。对于重、特大突发事件等项目的跟踪审计，社会关注度比较高，任务较为紧急，对效率的要求也比较高，不宜中途更换审计人员；对于大型建设项目的跟踪审计，重点审查年度预算执行等情况时，可以考虑更换审计人员。

（二）审计时间

跟踪审计项目的审计时间应当根据所采取的跟踪审计方式来确定，可以突破常规审计项目对于现场审计时间的限定，尤其是对于全程跟踪审计的建设项目而言，项目周期也就是审计的周期，这种方式下的跟踪审计项目时间相对比较宽松，但也应强调提高审计工作效率，避免"磨洋工"、敷衍了事等现象。

（三）审计技术装备

被审计单位应当为审计人员开展审计工作提供必要的工作条件。近年来，审计机关适应全球信息化、电子化的发展趋势，为审计人员开展审计工作配备了便携式笔记本电脑以及影像、录音、上网卡等相关技术设备，保障了审计人员在信息化环境下能够顺利开展审计。除此之外，在建设项目、国土资源相关政策和资金等项目的跟踪审计中，可能还会运用到工程质量检验检测、卫星遥感测量、大气环评等专业技术设备，在开展这些项目的跟踪审计时，应当为审计人员提供相应的专业技术装备。

（四）审计经费

审计机关在制订审计计划时就应编制跟踪审计项目预算，确定经费需求的"总盘子"。跟踪审计实施前，组织和实施跟踪审计的单位应当明确审计经费的支出计划。跟踪审计经费应当能够满足开展跟踪审计工作的需要，并能够确保审计工作的独立性。

二、跟踪审计方案编制

审计机关在编制审计方案前，应详细调查了解被审计单位和被审计事项的背景知识与信息，为制订完善的审计工作实施方案、顺利进行跟踪审计创造条件。了解审计事项相关背景信息的过程，是对审计证据搜集之前进行的一种总体性的初步调查，主要任务是为确定恰当的审计目标和审计重点奠定基础。被审计单位的整体情况一般包括以下内容：财政、财务隶属关系，被审计单位的基本职责和业务范围，被审计单位的主要活动和内部控制情况，被审计单位的专业特点和基本的专业知识等，被审计事项的整体情况，除了政策背景和目标外，重点是资金的来源、规模及其管理运作程序等。

（一）跟踪审计工作方案

审计机关统一组织多个审计组，共同实施一个跟踪审计项目或者分别实施同一类型的跟踪审计项目时，应当编制审计工作方案。跟踪审计工作方案的内容主要包括审计目标、审计范围、审计内容、审计重点、工作组织安排和具体要求等要素。跟踪审计工作方案应按规定的程序审批，并在实施跟踪审计起始时间之前下达到审计项目实施单位。在实施过程中，审计机关业务部门可以根据实际情况的变化，依法申请对审计工作方案的内容进行调整，并按规定的程序报批。

（二）跟踪审计实施方案

参与跟踪审计的审计组应当根据审计工作方案制订具体的实施方案，跟踪审计实施方案依照规定经过审核、批准之后由审计组负责具体组织实施。审计组应当严格把确定的审计实施方案作为实施跟踪审计项目的作业依据。审计实施方案要对跟踪审计工作做出统筹安排，除包含一般审计实施方案的内容外，还要对跟踪审计的方式等重要事项做出说明，明确跟踪审计的具体形式、审计内容及审计方法。审计项目实施过程中，遇有情况变化确需调整或者补充完善跟踪审计实施方案的，应按规定程序报批。

三、跟踪审计通知书

常规审计，一个审计项目确定一个主要审计对象，制发一份审计通知书，出具一份审计报告，并征求审计通知书指向的审计对象的反馈意见，最终形成一份审计档案。而跟踪审计持续数年，不同阶段面对的审计对象也可能不同，实施跟踪审计前，审计机关在跟踪审计开始年度或第一次审计时，一次性制发审计通知书，审计通知书除包含一般审计通知书的内容外，还要对跟踪审计方式做出说明，明确跟踪审计的重点环节及审计要求。跨年度或分阶段多次实施的跟踪审计项目，应当只在开始年度或第一次审计时，向被审计单位送达审计通知书，以后年度或第二次审计以后不再另行制发审计通知书。要按照审计法的规定，在实施审计三日前，向被审计单位送达审计通知书；遇有特殊情况，经本级人民政府批准，审计机关可以直接持审计通知书实施审计。对于重大突发性公共事件或者政策执行情况的跟踪审计，相关单位各负其责，都是潜在的被审计单位，不可能仅仅确定一家作为被审计单位，这种情况下一般确定地方人民政府为被审计单位，并列示在必要情况下延伸审计相关单位。如汶川地震灾后恢复重建审计中，由于时间紧、任务重、地域跨度大以及项目多等特点，不可能逐个项目发送审计通知书，这时，审计通知书可在第一次审计前发送给灾后恢复重建审计项目所在的地方人民政府，抄送政府有关部门，并在通知书中说明将对勘测、设计、施工、供货、监理等单位进行延伸审计或调查。

第三节　跟踪审计的现场实施

一、跟踪审计介入方式

根据审计项目计划，审计机关确定审计组长、主审，选派审计人员组成审计组，必要时审计组可以聘请部分专业人员或社会中介机构人员。审计组实行组长负责制，并对审计结果负责，审计组根据实际情况选择跟踪审计方式，采用全程驻点跟踪介入法、适时定点跟踪介入法和重点跟踪介入法。[①]

（一）全程驻点跟踪介入法

全程驻点跟踪介入法是审计人员长期派驻项目建设现场，参与项目建

---

① 周原：《建设工程跟踪审计模式研究》，《武汉大学学报（信息与管理工程版）》。

设整个过程，实时掌握项目管理、资金使用、工程质量等情况，是对建设项目从立项论证到竣工交付使用的全过程进行跟踪审计。目前，学术界在理论研究中探讨的多为这种组织方法，全程驻点跟踪介入法审计的时间最长，审计的内容非常广泛，涉及会计、法律、经济、工程技术、工程造价等诸多方面的内容。这种审计组织方式的优点在于：审计人员熟悉工程实际开展情况，可采用多种审计方法获得第一手的信息资料，及时发现存在的问题，且现场取证方便，对保证工程质量、控制造价方面有较大的帮助。但采用这种跟踪审计模式也有着明显的缺点：审计人员很难准确把握审计监督与管理单位责任关系的划分，容易出现越位现象，容易造成建设单位对审计部门的依赖性，甚至将审计作为自己的挡箭牌，使审计处于十分尴尬的地位。此外，全程驻点跟踪介入投入的审计成本较大，特别是基层审计部门审计力量较为薄弱，采用这种审计组织方式占用了大量的审计资源，耗时费力，审计成果却难以体现。

（二）适时定点跟踪介入法

适时定点跟踪介入法是选择项目建设活动的某一个或某几个时段实施跟踪审计的一种组织方式。其中"适时"是指在项目建设的全过程中选择每月或每季度定时进点开展审计，不同阶段审计重点可有所不同；"定点"是指先由审计部门设定或与建设单位协调确定审计重点环节，如招投标阶段、重大设计变更、重点隐蔽工程、材料设备采购等环节，然后按照计划及时介入审计。也可以根据实际情况采取"适时"与"定点"相结合的方式开展审计。采用这种审计组织的形式优点在于：审计可以综合考虑工程建设规模大小、进度快慢、建设单位管理情况等诸多因素，合理配置审计力量，既能及时掌握工程信息，又能提高审计人员工作效率，且避免了因长期驻点出现的监管越位问题，使审计能够站在更超脱的位置提出审计建议，规避审计风险。采用适时定点跟踪介入审计模式的重点在于如何准确地选择审计介入时机，这就要求审计部门在项目建设之初便编制详细的审计计划，同时还需要在审计过程中与建设单位密切合作，使审计人员能及时根据工程变化情况调整审计计划。然而在实际操作过程中，由于审计人员缺乏对工程建设流程的深入了解，编制的审计计划无法完全符合工程实际情况，且建设单位往往对审计工作存在一定的不理解或不能完全掌握审计工作的意图，致使错过最佳审计时机，使审计工作无法达到预期效果。

（三）重点跟踪介入法

重点跟踪介入法是选择建设项目的重点环节实施审计的一种审计组织方式。采用重点介入法，就是要根据建设项目的全貌，进行充分的调查研究，找出最容易出问题的环节和控制制度最为薄弱的地方作为审计重点，对重点环节、重点内容进行重点审计。采用这种审计组织的形式优点在于：审计机关可以节省出大量的人力和物力，整合审计资源，集中力量对确定的审计重点进行攻关，以求使用最少的资源实现最大的产出效益。同时，重点跟踪介入法比较灵活，受时间因素和人员因素的限制较少，而且可以避免与被审计单位的过多联系，有利于划分审计机关与被审计单位的责任。当然，这种跟踪审计组织方式也有其不利的一面，正是因为不是全程介入，对工程建设的整体进度不能够完全掌握，对工程项目整体建设情况很难发表全面客观的审计意见，而且由于采用重点介入，也会出现应该审计的内容没有审计的情况，存在一定的审计风险。

对于不同的审计对象，使用的模式不尽相同。总体而言，对投资规模大、建设周期长的项目，由审计机关根据项目特点和自身力量，每年安排几次或每季度一次的适时定点跟踪介入式审计；对一些投资规模较小、有较成熟的管理经验、市场竞争较为充分的项目，根据项目的特点，选择重点控制环节，如招投标阶段、重大设计变更、重点隐蔽工程、材料设备采购等环节，进行重点跟踪介入式审计；对政府要求高、时间紧、投资额较大的项目，审计机关派出审计组进驻建设项目现场，与项目建设同步进行全程驻点跟踪介入式审计。

二、跟踪审计的重点

建设项目的跟踪审计涉及面广，不可能做到面面俱到，因此在审计过程中必须把握审计重点，下面从工程实施的各环节予以介绍。

（一）项目前期准备阶段

项目前期准备阶段主要包括编制项目建议书、可行性研究报告、初步审计、概算、立项、规划用地许可、环境影响评估、资金筹集等内容。这一阶段跟踪审计的内容为审查各项审批程序及行政许可是否齐全，工程资金是否足额到位并专户管理使用，此阶段的重点审计内容应为对初步设计是否合理、是否有利于节约投资，概算的编制是否完整、采用规范及标准是否正确，有无高估冒算等方面。初步设计及概算对项目投资控制起着统领及限额控制的作用，但在实际实施过程中，建设部门往往不重视初步设计及概算的编制工作，概算不完整、设计深度不够、清单漏项等问题使概算在施工期间不断地被调整，结果变成概算随着项目进展跑的尴尬局面，甚至造成投资失控的严重后果。因此，前期对初步设计及概算的严格把关，对整个项目造价控制起着事半功倍的效果，是审计的成效比较显著的阶段。但另一方面，此阶段同时也是审计难度最大的阶段，要对设计的合理性、经济性做出准确的评价，需要审计人员具备相应的专业能力及丰富的实践经验。当前，审计部门内部工程人员的素质无法完全适应此项工作的需要。

（二）项目招投标阶段

项目招投标阶段主要包括招标文件的编制、施工图设计、预算及最高限价的编制、公开招标、评标定标、合同签订等内容。本阶段主要审计内容是审查项目是否严格执行国家招投标相关法律法规，预算及最高限价的编制是否符合规范标准，招标文件的编制是否符合相关法规、是否有利于节约投资，招标文件工程量清单是否完整准确，投标工程量清单是否符合招标文件要求，施工合同内容是否响应招标文件的相关内容等。由于项目预算及最高限价直接影响到招投标合同价及工程最后结算，因此本阶段审计重点应是对项目最高限价及投标工程清单的准确性、完整性及是否响应招标文件要求的审查。此外，招投标环节是否存在暗箱操作，是否存在围标、串标等问题也是公众关注的焦点，但由于在现有条件下，审计在招投标阶段介入的手段比较匮乏，取证相对困难，对上述问题的审计需要进一步研究探索。

（三）项目施工阶段

项目施工阶段是指自签订合同到竣工验收完毕的整个工作流程，包括各项经济合同签订、工程施工、材料采购、财务核算、工程款拨付、设计更改、造价控制等相关内容。项目施工阶段是跟踪审计工作的主要开展阶段，包含的审计内容较多，除了对工程财务核算、工程款拨付等常规项目的审计外，还应重点关注工程的质量、重大设计变更及工程造价控制几个方面。对工程质量的审查与工程监理工作存在交叉，审计人员应重点对施工、监理单位内部控制制度的执行情况进行检查，参与对工程质量有重要影响分项工程的检查并做好各项取证工作；对工程设计变更的审查，主要从变更签证入手，审查变更原因是否合理、计量是否准确、审批手续是否齐全并利用各种手段做好取证工作；对造价控制的审查，应在前阶段对概算及投标清单单价审计的基础上，结合设计变更签证进行核对，重点关注各项材料与价格是否与投标书一致，是否以次充好，严格控制变更，确需变更的施工工艺、建筑材料的价格是否合理，对各种可能引起结算争议的环节应及时做好取证及资料的收集整理工作，为工程结算打好基础。

（四）竣工验收阶段

本阶段的工作内容包括各项工程验收、结算评审、编制工程竣工决算等。此阶段审计工作的重点是对工程结算的认定，在完成对建设项目之前各个阶段的跟踪审计后，审计人员应在整理前期审计成果的基础上，对施工单位上报的工程结算进行最后的核定，审查工程造价的真实性及合理性，分析问题产生的原因，提出审计建议。此外，对工程竣工决算的审计也是这一阶段审计的重要内容。当前，很多项目由于前期基建程序不完善，导致项目建设投入使用后长期无法办理竣工决算，审计部门应更多地开展竣工决算的审计，促进建设单位完善项目财务核算。

三、跟踪审计的现场实施

（一）政府投资项目跟踪审计

政府投资项目的跟踪审计呈现以下特征：一是审计范围广。审计人员要对投资项目从前期的规划、论证到设计、施工、竣工验收的全过程进行动态跟踪审计。二是技术含量高。由于投资项目的跟踪审计涉及面广，技术要素复杂，审计人员应当掌握工程、财务等知识，要熟悉项目评估、工程设计、合同、招投标、环保等相关政策、制度与规定，必要时还应邀请外部专家。三是审计结果的利用效果较好。投资项目的跟踪审计可以根据发现的问题随时出具阶段性审计报告和审计建议函，被审计单位据此可以及时进行整改，防患于未然。跟踪审计实施过程中，应注意三个方面的内容：

1. 投资立项方面

在建设项目前期准备阶段，即将其纳入审计范围，主要审查建设项目的审批文件是否齐全，招投标程序及其结果是否合法有效，与相关单位签订的合同条款是否符合规定，与招标文件和招标承诺是否一致；审查建设资金的来源是否落实到位，是否专户存储；对使用国债的建设项目，按国债的管理要求严格规定其操作程序与使用范围；审查征地或拆迁费是否符合有关规定，等等。

2. 资金拨付、使用和管理方面

主要审查内控制度的建立和执行情况，审查工程变更、施工现场签证手续是否合理、及时、完整、真实；审查工程成本核算及账务处理是否符合规定，是否有利于建设项目的管理；审查资金的到位情况，是否与资金筹集计划或投资进度相衔接，有无大量资金闲置，或因资金不到位而造成停工待料等问题；审查建设资金是否专款专用，是否按工程进度付款，有无挤占挪用等问题，对往来资金数额较大且长时间未结转的结余工程款等要查明原因，防止出现多付工程款的现象。

3. 投资项目管理方面

主要审查是否按分项验收、阶段验收和竣工验收等程序进行，是否按预验收和验收的程序办理；竣工验收报告、图纸是否齐全，是否及时办理了交接，竣工财务决算是否符合规定，以及剩余资产是否妥善处理；审查是否有批准后的验收申请，设计、建设、施工监理等单位的资料是否齐全，验收中提出的问题是否按规定进行了处理。

（二）财政专项资金跟踪审计

资金是经济社会发展中最活跃的元素，政府聚集财源，重大支出项目的安排，项目产生的经济效益、社会效益和环境效益等等，都要通过一定的资金流来实现，其一举一动牵动党委、政府和老百姓的注意力。审计机关对资金的跟踪审计，就是要沿着资金的流向、轨迹和运行脉络，对资金的收、支、管、效等环节进行有效的监督，及时跟进，发挥主动性、整体性、预防性、批判性、促进性、公开性作用，防范财政资金、信贷资金、建设项目资金、社会保障资金和环境保护资金等的风险，最大限度地减少损失浪费，提升资金使用的效率和效果。一般意义上，财政专项资金跟踪审计的重点是把握"一条主线"，抓住"四个环节"，关注"五个方面"。

"一条主线"：是指要自上而下跟踪专项资金的流程，抓住资金流向的各个环节，促进资金落实到位，提高使用效益。

"四个环节"：第一，审计前应结合财政预算的总体安排，摸清专项资金安排的总体情况，包括资金计划、项目结构、审批程序等，做到心中有数。第二，筛选出需要跟踪审计的项目和资金，从目前情况看，社会保障资金、农业资金等群众关注的专项资金，应该是跟踪审计的重点。第三，摸清跟踪审计项目的具体情况，包括投资标准、政策依据等。第四，对各种专项资金要从源头一跟到底。

"五个方面"：一是指预算和计划是否符合投资立项的具体规定，是否符合产业政策，有无虚报项目等问题，做到从源头上把握资金安排的科学性；二是内控制度是否健全有效，包括资金筹集、拨付、使用、评价等各个环节，确保资金使用按制度规范进行；三是资金的拨付、征缴是否及时到位，有无截留、滞留等问题；四是资金使用是否做到专款专用，有无挤占挪用、损失浪费等问题，提高资金使用效益；五是否建立了专项资金使用效益的评价制度，关注资金使用效益。

（三）重大经济政策贯彻落实情况跟踪审计

审计机关对政策的跟踪审计，可以对政策执行的可行性、连续性和有效性进行评估。政策评估项目可以考虑以下几点：一是考虑政策执行和经济社会变化存在明显因果关系的政策；二是短期效益具有较大价值的政策；三是代表性较强的政策；四是运作充分、执行信息资料比较丰富的政策；五是高成本、高效益的政策等。因此，当前审计机关对政策的跟踪审计可以从以下方面入手：首先，选择公众反响强烈、事关国计民生的重大经济发展、社会发展政策进行跟踪评估。如关注积极财政政策和适度宽松的货币政策的落实情况，对其进行跟踪评估。其次，选择执行中可能出现较大问题的政策进行评估。如党和政府为了扩大就业，出台了一些优惠政策和配套措施，审计机关应当积极关注政策中出现的偏差问题，查找问题产生的原因，提出对策建议，促进政策完善。最后，对经济效益明显、效果显著的政策进行跟踪评估。如对国有企业的重组、整合政策进行评估，一方面防范资产的风险，维护国家利益，保障国有资产的安全与完整；另一方面，跟踪重组、整合后新经济体的运作情况，促进其规范、合法、有效经营，以提升企业的经济效益和社会效益。

跟踪审计实施过程中，审计人员应当根据审计项目质量控制相关规定的要求收集审计证据，编制审计工作底稿，如实记录审计过程和结果。在审计实施过程中，审计人员可以采取检查、观察、询问、外部调查、重新计算、重新操作、分析等方法向有关单位和个人获取审计证据。审计过程中，审计人员应当持续评价审计证据的适当性和充分性。已采取的审计措施难以获取适当、充分审计证据的，审计人员应当采取替代审计措施；仍无法获取审计证据的，由审计组报请审计机关采取其他必要的措施或者不予出具审计结论。

同时，在跟踪审计过程中，也要积极防范审计风险和廉政风险，保证跟踪审计顺利进行。要构筑廉政教育长效机制，始终把廉政教育作为构筑拒腐防变思想防线的重要措施，通过拓宽教育领域、改进教育形式和丰富教育内容，夯实廉政教育根基。要坚持对审计行为的纪律约束，实行审计人员定期混合分组，定期调整"换防"，避免少数审计人员较长时间在同一小组工作，或审计人员较长时间在固定地点审计而滋生腐败。要深入监督检查，通过现场负责人不定期到被审计单位走访，考察审计人员现场作业情况，促使审计人员严格自律；通过发放跟踪审计工作满意度调查问卷，发现存在的倾向性、苗头性问题，及时采取对策。

四、跟踪审计评价

传统审计将审计通知书、审计作业、审计报告、审计决定作为一种固定的流程，其审计报告和审计决定往往在审计结束后做出。然而，跟踪审计往往是与建设项目施工作业同时进行的，根据施工过程跟踪审计的特点，对审计中发现的一般性问题，审计发现后有关单位立即主动整改的问题，以及审计提出的对工作进度安排、施工组织等方面的意见，审计人员可以用口头的形式向有关单位和部门指出，对因质量问题需要停工、返工和对施工方案及投资、进度、质量控制措施等存在异议，或需对其提出必要的审计建议，且经初步交换意见与有关单位和部门达成一致的，可用审计底稿和审计整改通知书的形式提出审计意见和审计决定；对审计发现的重点问题、倾向性问题、屡犯不改的问题，以及在施工过程中发现的设计方案存在的缺陷等问题，审计部门应出具正式的审计文书，包括审计报告（含阶段性报告、项目报告）、审计决定等，责令其进行纠正，同时要求被审计单位反馈整改情况。

五、跟踪审计结果及归档

跟踪审计全过程结束后，审计组应出具完整的审计报告，全面系统地反映整个跟踪审计的基本情况、审计发现的主要问题、意见建议以及被审计单位的整改情况。跨年度或分阶段多次实施的跟踪审计项目，审计组应当在每一年度或者每一阶段审计终了后向审计机关提交年度或者阶段性审计报告。年度或者阶段性审计报告应当包含该项目本年度或本阶段所反映的被审计单位存在的问题、审计意见和建议以及被审计单位的整改情况等内容。被审计单位和其他相关单位如对审计报告有异议，审计组应当进一步查证、研究和核实，形成书面核实意见或说明，必要时应当修改审计报告。最终审计报告和年度审计报告以及其他所有文书都应按准则规定书面征求被审计单位的意见，并履行复核、审理和审定等相应程序。对于跟踪审计中发现的被审计单位拒不整改需要依法处理处罚的问题，应当以审计机关的名义及时下达审计决定，出具审计决定书。依法应当由其他有关部门纠正、处理处罚或者追究有关人员责任的，应当以审计机关的名义出具审计移送处理书，及时移送有关部门处理。

跟踪审计项目结束后，审计机关可以依据有关规定及时向社会公告跟踪审计结果。必要时，可在跟踪审计过程中适时向社会公告年度或者阶段性跟踪审计结果。其中，审计机关统一组织不同级次审计机关参加的审计项目，其跟踪审计结果原则上由负责该项目组织工作的审计机关统一对外公布。跟踪审计项目结束后，审计组应当指定专人立卷归档，一个跟踪审计项目一个档案。跨年度的跟踪审计项目，审计组应指定专人按年度收集、整理、保管相关资料，待跟踪审计项目终结后统一立卷归档。

第四节　跟踪审计成果的编审程序

跟踪审计是最能体现国家审计"免疫系统"功能的审计方式，其"免疫系统"功能主要通过审计成果来体现，主要表现三个方面：一是跟踪审计全过程性和贴近审计对象管理职能的特点，使得其揭示问题更为全面。跟踪审计的首要职责还是发现和揭示问题，这是发挥"免疫系统"功能的前提；跟踪审计全过程介入和贴近审计对象的特点，使得跟踪审计能够更加近距离和全面地观察审计对象，因而更容易发现和揭露问题；而且跟踪审计与审计对象管理职能的贴近，使得审计人员更能感受到制度性和机制性问题。二是通过"边审边改"实现"免疫系统"的预防功能。跟踪审计伴随审计事项发展的各个阶段，从理论上讲，它能够在问题萌芽阶段就发现问题，并通过及时指出问题和要求相关单位及时纠正和整改，将危害降到最低，从而发挥将问题消灭在萌芽状态的预防作用。三是通过监督与服务的结合，实现"免疫系统"的防御功能。跟踪审计全面揭示问题和及时纠错的特性，使得审计机关能够通过跟踪审计，寓监督与服务之中，从而实现监督与服务的较好结合，发挥促进法治、完善制度、健全机制、强化管理、防范风险的作用①。当前，跟踪审计的成果及运用主要体现为审计情况通报、审计报告、审计决定书和审计移送处理书、审计结果公告、审计信息五大类，我们主要阐述跟踪审计报告、审计结果报告和审计信息的编审。

一、审计报告的编审

根据目标和对象的不同，审计报告可分为审计组的审计报告和审计机关的审计报告。前者是指审计组实施审计后，向派出审计组的审计机关提交的审计报告，后者是指审计机关审定审计组的报告后，以审计机关的名义出具的审计报告。由于跟踪审计具有持续性、时效性等特征，审计报告又可以分为阶段性审计报告和总审计报告。

审计组负责编制审计组的审计报告，审计机关在审定审计组的报告后，应以审计机关的名义编制审计报告。报告的编写和审定要遵循以下程序和基本要求。

（一）审计报告的编审环节

1. 第一个环节：审计报告编制前的准备工作

审计报告编制前的准备工作起始于审计组现场审计主要任务基本结束，具备起草审计报告的条件。这些条件主要包括审计目标基本实现、审计实施方案确定的审计事项基本完成、已经获取发表审计意见的充分适当的审计证据等。若认为上述条件不能够得到充分满足，应进一步实施必要审计程序，获取支持起草审计报告的充分证据。在此基础上，审计组复核审计工作底稿、审计证据等审计资料的程序合法性、事实清楚、证据确凿之后，分析已取得的审计资料是否能够满足审计实施方案所确定的审计目标的要求；并围绕审计目标，按照审计发现问题的性质等分类标准，筛选、归集、排序、整理与审计目标有关的审计资料。审计组长应当确认审计工作底稿和审计证据已经审核，并从总体上评价审计证据的适当性和充分性。

---

① 《跟踪审计研究》，《审计署审计科研所审计研究报告》第九期，2010 年 11 月 23 日，第 20 页。

2. 第二个环节：审计报告的起草与完善

对问题进行归纳整理以后，审计组可以讨论编写审计报告提纲。审计报告提纲要逻辑清晰，重点突出，符合要求。审计报告的重点是审计评价、审计发现的问题以及审计建议三个部分。审计评价应在实施审计的范围内，以事实为基础，从真实性、合法性和效益性三个方面提出审计评价意见，对审计过程中未涉及、审计证据不适当或者不充分、评价依据或者标准不明确以及超越审计职责范围的事项，不得发表审计评价意见。审计报告的初稿完成后，要在审计组内进行反复讨论，防范审计风险和提高审计质量。

3. 第三个环节：征求被审计单位的意见

审计报告经审计组长审核并签字后向派出审计组的审计机关提交。审计机关按照规定的程序审批后，以审计机关的名义征求被审计单位的意见。审计组的审计报告应当符合规定的格式，并告知被审计单位在10天内以书面形式回复意见。若被审计单位对审计组的审计报告有异议，审计组应当进一步核实，并根据核实情况对审计报告予以必要的修改。审计组应当对采纳被审计单位意见的情况和原因，或者上述单位未在法定时间内提出书面意见的情况做出书面说明。

4. 第四个环节：审计报告的审核与签发

审计报告的审核贯穿于审计报告起草、形成的全过程，具体分为审计机关业务部门复核、审理机构审理、业务会议审定三个阶段。在审计机关业务部门复核阶段，审计组的审计报告起草完成后，连同被审计单位对审计报告的书面意见及审计组采纳情况的书面说明，以及其他与审计报告相关的资料，一同报送审计机关业务部门进行复核。审计机关业务部门对审计报告相关事项复核后，提出书面复核意见。在审理机构审理阶段，审计机关业务部门将复核修改后的审计报告及相关材料，连同书面复核意见，报送审理机构审理。尽管审核的角度、侧重点有所差异，但业务部门的复核和审理机构的审理在内容上基本相同。主要包括：审计目标是否实现，审计实施方案确定的审计事项是否完成，审计发现的重要问题是否在审计报告中反映，事实是否清楚、数据是否正确，审计证据是否适当、充分，审计评价、定性、处理处罚和移送处理意见是否恰当，适用法律法规和标准是否适当，被征求意见单位和个人所提出的合理意见是否采纳，以及需要审核的其他事项。除上述内容外，审理机构还要对审计程序是否符合规定进行审理。审理机构审理时，应当就有关事项与审计组及相关业务部门进行沟通。必要时，审理机构可以参加审计组与被审计单位交换意见的会议，或者向被审计单位和有关人员了解相关情况。审理机构审理后，可以根据情况采取要求审计组补充重要审计证据、对审计报告进行修改等措施。审理过程中遇有复杂问题的，经审计机关负责人同意，审理机构可以组织专家进行论证，审理机构审理后，应当出具审理意见书。在审计机关业务会议审定阶段，审理机构将审理后的审计报告，连同审理意见书报送审计机关负责人。审计报告原则上应当由审计机关审计业务会议审定，特殊情况下，经审计机关主要负责人授权，可以由审计机关其他负责人审定。最后审计报告经审计机关负责人签发后，按照文件办理程序和规定，正式印制，以审计机关名义送达相关单位。

（二）审计报告的撰写要求

审计报告的编写应满足形式、内容和措辞三个方面的要求。

1. 在形式上应格式规范、结构合理、逻辑严谨

审计报告的格式应严格按照公文的相关规定，标题、被审计单位名称、审计项目名称、出具单位、签发日期等应当符合审计机关的规范要求。审计报告的内容必须主次清楚、内容连贯完整。

2. 在内容表达上要事实清楚、证据确凿、结论正确

审计报告中所涉及的经济事项，应当以事实为基础，并有支持发表审计意见的确凿证据，未经审计或证实的任何资料不得写入审计报告。审计报告中揭示的问题，应当内容完整、真实客观，内容阐述既要完整，又要重点突出。审计结论要谨慎恰当、宽严适度，要严格对照审计标准提出恰如其分的处理处罚意见。

3. 在行文用语方面应行文简练、概念准确、用词适当

作为公文的一种，审计报告不仅应符合公文写作的要求，符合语法规则和一般逻辑规则，准确精练，恰当用词，语气适当，表述严谨，保证语法、逻辑、修辞的正确和恰当，而且应符合审计文书的特殊规范性要求，做到格调庄重，用词规范，简洁明了，通俗易懂，充分考虑阅读者和使用

者的阅读和理解，尽量不使用生僻的词语，专业语言要解释清楚。

二、审计结果公告的编审

跟踪审计结果公告是审计机关公告制度在实践中的运用。结果公告是审计机关以新闻媒体以及专门出版物等方式，依法向社会公众公开跟踪审计事项的审计结果。由于跟踪审计时间跨度长，而通常跟踪审计的项目为公众所关注，不能等到跟踪审计结束后再向社会公告，因而在汶川地震灾后恢复重建中，刘家义审计长提出了跟踪审计要"适时公告"的制度。因而，从公告的时点来看，可以分为阶段性审计结果公告和总审计结果公告。阶段性审计结果公告和总审计结果公告在程序方面的要求基本一致。公告审计结果是一项政策性很强的工作，一般应经过拟稿、审核、签发和发布等程序，每一步都要严格管理，保证质量。

（一）拟稿程序

审计机关公告审计结果，一般在审计意见书、审计决定书等相关审计结论性文书生效后进行。通常在审计报告出具前将其送被审计单位和有关部门征求意见，并注明将以适当方式公告审计结果。公告时一般不再征求意见，但被审计单位对审计报告有重大分歧的，必须再次征求意见，在事实和定性等主要问题上达成一致。如需公告涉嫌违法违纪或者犯罪案件移送事项情况的，还要与受理移送部门协商一致。审计结果公告的拟稿过程，是一个综合分析、删繁就简的过程，一个精细提炼、集中阐释的过程，一个信息分散到信息集中的过程，一个内部信息向公开信息转化的过程。

（二）审核程序

审计机关公告审计结果，要以审计结论性文书为基础，由专门机构统一办理，严格履行保密审查和审核手续，反复推敲修改，防范潜在风险。公告的审计结果应保证质量，严格按照有关程序操作，做到事实清楚、证据确凿、定性准确，评价客观公正，同时注意审计结果公告的时效性。审计结果公告发现有重大事实差错并造成不良后果的，还要依法追究有关单位和个人的责任。

（三）签发程序

公告审计结果，必须经审计机关主要负责人批准，一般由审计机关负责人签发，涉及重大事项的还应当报经本级人民政府同意。审计机关统一组织不同级次审计机关参加的审计项目，其审计和专项审计调查结果原则上由负责该项目组织工作的审计机关统一对外公布，由其负责人签发。

（四）发布程序

审计结果公告一般由审计机关内部专门的部门负责具体发布事宜，并专门协调审计结果公告活动中与新闻媒体的联系，专门了解媒体及公众对审计公告事项的意见和建议，并答复其质疑。如需要举办新闻发布会的，还应按照国家有关规定办理报批和登记手续。需要注意的是，审计机关内设机构、派出机构和个人，未经授权不得向社会公布审计结果，这也是审计结果公告权威性的体现。

三、审计信息的编审

审计信息是指审计机关在审计情况通报、审计报告、审计决定书和审计移送处理书、审计结果公告等审计文书之外，以特定规范的形式，加工、编制、传递和利用审计结果的文书，目的在于将审计工作情况、做法和经验在审计系统内部进行交流，或为政府宏观决策提供信息。审计信息的编制过程包括审计信息的收集、加工、编写和审定等阶段。审计信息的收集，指的是通过各种方式获取审计信息内容或者承载信息的文件、资料、实物等载体的过程。审计信息的加工是对这些信息内容进行筛选、分类、归纳、综合、提炼等制作过程。编写是按照审计信息刊物规范要求进行文字写作的过程。这几个阶段在概念上好区分，但在实际工作中很难完全分清楚，存在交叉和重叠。审计信息的特点和作用，决定了审计信息的编制必须符合一定的要求，包括程序要求以及内容和格式的要求。《中华人民共和国国家审计准则》对审计信息的编写要求概括为事实清楚、定性准确、内容精炼、格式规范、反映及时，审计信息还要有新意、有价值。

下面主要介绍审计信息的收集加工和编写两个阶段的要求和注意事项，至于审计信息的审定，与其他审计文书的程序和要求大同小异，不再赘述。

（一）审计信息收集加工过程中应该注意的要点

1. 围绕国家经济工作中心和审计工作重点收集信息，以充分发挥审计信息的作用

审计信息收集过程中应注意及时收集审计中发现的领导决策所需要的重要情况和问题，关注国民经济运行的难点和热点，研究提出解决的意见和建议，以维护国家的财政经济秩序，促进加强宏观调控，保障国民经济的健康发展。审计系统内使用的审计信息要围绕审计工作重点收集，才能引起上级领导的重视，在更大程度上发挥作用。

2. 加强对审计资料和审计发现问题的综合分析，以提升审计成果

从微观入手对被审计单位项目管理和资金管理进行审计监督，是审计的基本方式，也是审计信息的基础。收集审计信息，还必须从宏观经济管理角度出发，对众多项目审计中发现的问题以及审计所掌握的各类资料进行综合研究，对大量的初级信息进行积累、汇总、归纳、研究，深度加工，发现其中带有普遍性、倾向性的问题，从体制、机制和政策层面寻找原因，提出有深度的意见和建议，促进加强管理和完善宏观调控。

3. 审计信息的收集和加工要及时、准确和全面，确保质量，体现价值

收集审计信息要抓住时机，跟上经济社会发展的形势，以体现信息的价值和作用。在审计工作中要有信息意识，善于发现新情况、新问题，收集和加工过程中应该提高工作效率，审计过程中随时注意收集、整理和加工审计信息，缩短加工信息的时间。准确是体现审计信息价值的前提，审计信息收集和加工过程中除了保证数据准确、事例真实、证据充分、客观公正之外，审计人员还要注意加强学习，提高政策水平和分析研究能力，运用科学的分析研究方法，全面分析客观和主观原因、历史和现实原因，防止以偏概全，确保审计信息观点准确、客观、全面。

（二）审计信息编写的规范和要求

审计信息作为政务信息，要通过信息刊物来承载；作为一种文书，必

然有规范性的要求。审计机关通常会印发关于各类审计信息内容和格式等的要求。审计信息一般包括标题、导语、主体、背景、结尾五个部分。

1. 标题的写法

标题具有提示内容、做出评价或表明观点等作用。常用的信息命题法有以下几种：一是内容命题法，即对信息内容进行概括用作标题，或用信息的结论作为标题，也可根据信息内容的因果关系，采用问答式的标题。二是价值命题法，即在标题中点出主要问题及其数据，强调信息所反映的经济意义。三是评价命题法，就是以对信息所反映内容的评价作为标题。四是对比命题法，即把有对比分析性质的信息采用表现对比关系的标题。五是设问命题法，即根据信息的内容提出疑问作为标题，以引起读者的注意和思考。

2. 导语的写法

导语是正文的开头，要求简洁明了。常用的导语形式有以下几种：一是概述式，将最主要的事实简明扼要、开门见山地写出。二是结论式，即把结论写在前面，突出目的和意义。三是设问式，就是首先把要说明的问题提出来，以增强对读者的吸引力。

3. 主体的写法

主体是信息的主要部分，必须用足够典型、令人信服的事实与数据，把标题和导语中概括的内容、提出的问题或得出的结论展开叙述。写作时，要注意处理好主次关系、点面关系、因果关系等。主体的常用写法有以下几种：一是连贯法，即对某一问题进行审计后，从过程、原因到后果进行连续性描述。这种写法一般用于典型性、预测性信息。二是并列法，即对某一事物从不同侧面并列地表现一个主体，或用几个事物并列地表现一个主题的方法，一般用于综合性信息。三是层递法，即根据逻辑关系逐层排列来表达一种总观点的方法，使信息中各事项环环相扣、层层深入。

4. 背景材料的内容

背景，是对事物产生的客观环境及条件的描述。主要内容包括：说明性材料，如一个时期的历史背景、经济形势等；注释性材料，如对文件号、文件名的解释，对文件日期的注释等；对比性材料，如环境、条件的对比等。

5. 结尾的写法

结尾主要有以下几种：一是对全文加以总结，起到画龙点睛的作用。二是指出事物发展的趋势及后果，起到提醒决策者的作用。三是对事物加以简要评论，起到表明观点的作用。四是针对揭露的问题提出对策和建议，起到提高信息价值的作用。无论采取何种写法，都要注意避免同导语重复。

第四章 跟踪审计的内容

本书第二章中提到，根据《审计署"十二五"审计工作发展规划》的要求，审计署将对关系国计民生的重大建设项目、特殊资源开发与环境保护事项、重大突发性公共事项、国家重大政策措施的执行试行全过程跟踪审计。结合各地方审计机关跟踪审计工作的实际开展情况深入分析后，本书将跟踪审计的对象分为项目、事项、资金、政策和单位五类。

审计机关以项目为单位开展审计时，多数是针对公共工程项目，有时也针对一些重要的民生项目。两种项目的特点不同，因此其审计思路、方法、内容也有所不同。本章第一节、第二节将对公共工程项目和民生项目审计的内容分别做出介绍。

对资源开发和环境保护事项、重大突发性公共事项的审计，也由于事项自身遵循的规章、发展变化的特点而有所区别，本章第三节、第四节将对两类事项的审计内容分别做出介绍。

对有关政策落实情况的跟踪审计，在本章第五节做出介绍。

对资金的跟踪审计，贯穿于各类审计项目中，因此不单独对其审计内容做出叙述。

在各级审计机关的年度审计计划中，对各单位的审计往往以年度预算执行审计、经济责任审计、财务收支审计等名目立项，虽然不以跟踪审计立项，如果用连续的观念看待这些审计工作，它们也是事实上的跟踪审计。对单位跟踪审计的内容，也不再单独叙述。

第一节 公共工程项目实施、管理和效果的跟踪审计

对大型公共工程建设施工活动实施过程和效果的跟踪审计是各类跟踪审计中最早开始的。究其原因，一是公共工程建设项目天然地具有场地集

中、管理自成体系、各类资源投入产出界限清晰等特点，具备跟踪审计和绩效审计的便利条件，即可能性；二是这类项目财政投入大、功能服务公众、建设过程备受政府和社会瞩目，迫切需要进行跟踪审计，以解除公众的疑问，即必要性。

一、公共工程的范围

公共工程是国外的概念，在我国并没有明确的定义，其外延并不清晰。但在财政体制改革中，我国已经逐步形成较为规范的公共财政体制，因此财政投资的公共性影射到政府投资建设工程上来，就决定了政府投资项目的公共性。下文中，我们有时会将政府投资项目和公共工程项目两个概念混用。事实上，部分审计机关目前对于国有企业投资的社会公用事业、公共基础设施等建设项目，也视同政府投资项目。

二、公共工程项目跟踪审计的主要内容

跟踪审计的特点是与项目建设同步。因此，公共工程项目跟踪审计一般会贯穿项目建设前期、建设期、运营期几个阶段，对公共工程的实施、管理和效益进行全面跟踪。不同阶段审计有不同的内容。

（一）项目前期工作的跟踪审计内容

1. 基本建设程序是否履行

对建设程序和前期工作进行审计时需要关注的问题主要是违反基本建设程序搞建设、逃避国家审批等。审计时要按照建设投资管理规定，审查项目立项决策的程序，发现项目论证是否充分，有无违反建设管理程序虚报项目和投资等问题。因此，这个阶段的审计主要是合规性审计。对审计人员的基本要求，是要掌握国家的法律法规和政策。在执行法规时，对政府投资项目和企业投资项目要区别对待。

目前，政府投资基本建设项目在程序上的规定仍然遵循上世纪七八十年代以来通过若干份文件规定逐步完善修订而成的基本建设程序。即把项目建议书、可行性研究、设计工作阶段、建设准备阶段、建设实施阶段、竣工验收阶段、后评价阶段作为基本建设项目的全过程。

项目建议书阶段主要任务是对拟建项目的必要性、条件的可行性和获利的可能性进行分析。在国外，此阶段一般称为项目预可行性研究阶段。项目建议书编制完成后，按规定报有关政府部门审批。经批准后，可以进行详细的可行性研究工作，但并不表明此项目非上不可，

可行性研究阶段的主要任务是通过方案比选，对项目建设技术上的可行性和经济上的合理性进行进一步的科学分析和论证，以使建设项目能够取得最佳的投资效果。可行性研究报告的审批文件是项目决策即最终确定项目是否上马的重要文件，也是进行初步设计的重要依据。因此，报告一经审查批准，项目单位不得随意修改和变更。

设计阶段的主要任务是根据批准的可行性研究报告和必要准确的设计基础资料，在对建设项目技术经济综合平衡分析的基础上，以最终确定项目的建设规模、产品方案、工艺流程、设备选型、建筑及构筑物、土地占用以及项目的总概算等。又可以分为初步设计和施工图设计两个阶段。初步设计文件一般要通过有关中央部门和地方政府部门的审批。初步设计总概算超过可研报告总概算 10% 以上或其他主要指标需要更改时，要重新报批可研报告。

建设准备阶段要做好建设项目开工前的各项准备工作并报批开工报告，建设项目开工必须达到很多条件，如项目法人已经设立，初步设计及总概算已经批准，资金已经落实"七通一平"已经完成，等等。

在建设实施阶段，如果设计规模、内容及概算发生变更，需要调整的，必须报经原设计及概算审定部门审批同意。

竣工验收是检验设计与施工质量的重要步骤，也是建设项目由建设阶段转入正式生产或使用的标志。

后评价的主要任务是将已完成项目的实际运行结果与原可行性研究报告和初步设计所确定的技术经济指标进行对比，以检查原来确定的各项目标是否已经达到。这些任务，与审计机关对已竣工项目进行审计的目标相当接近，因此审计与后评价通常是结合进行的。

企业投资项目基本建设程序在 2004 年《国务院关于投资体制改革的决定》出台并实施后有了较大的调整，主要改变是：对于企业不使用政府投资建设的项目，一律不再实行审批制，区别不同情况实行核准制和备案

制。政府仅对重大项目和限制类项目从维护社会公共利益角度进行核准，从维护经济安全、合理开发利用资源、保护生态环境、优化重大布局、保障公共利益、防止出现垄断等方面进行核准。对于外商投资项目，政府还要从市场准入、资本项目管理等方面进行核准。其他项目无论规模大小，均改为备案制。对于企业使用政府补助、转贷、贴息投资建设的项目，政府也只审批资金申请报告。

2. 项目前期文件是否真实，编制是否科学

由于公共财政投资，特别是基础设施、农林水利投资，实行的还是审批制，适应市场经济体制的投融资制度还没有完全建立，项目评审也缺乏科学的机制，在这样的投资环境下，各地区部门、各类企业人员纷纷跑项目要投资，少数地区和人员甚至弄虚作假、不择手段地争取。因此，在项目前期工作跟踪审计时，项目建设条件是否落实、项目效益预测是否科学等，也是审计的重点内容。

3. 前期工作成果的质量

近年来，前期工作审计的范围有所拓展，除了合规性审计外，也要更多关注前期工作成果的质量。要通过对初步设计、施工图设计的复核，发现设计工作中可能存在的错误。

4. 项目资金来源的审计

资金来源审计在大多数项目中比较简单，特别是全额政府投资的项目，只需要依据投资计划核对资金到位的及时性即可。主要查处的是不按承诺筹集、安排配套建设资金，导致工程建设资金严重不足，从而造成建设内容大幅缩水的问题。一些建设单位在建设过程中，采取有多少钱办多少事的办法，按实际筹措的资金进行工程投资控制，并采取改变设计、降低标准、减少工程量等"优化设计"办法，降低标准进行建设。

对于有贷款的项目，资金来源审计需要详细审核贷款条件，看利率和相关约束条款是否高于当时的市场平均水平。对于使用了股权融资手段的项目，需要依据相关法律法规审核股权发起、转让的合规性。

5. 工程招标投标的审计

目前我们的政府投资项目执行招投标制度不严格现象还比较普遍，有些项目涉嫌幕后交易，个别项目甚至存在商业贿赂。跟踪审计要将招投标

环节作为重点。主要针对的问题有：

一是招标投标程序不规范，一些单位不愿意招标或者规避招标，有的项目有招标之名而无招标之实，违规直接发包和指定分包工程，施工单位违规转分包工程。

二是在招标投标过程中弄虚作假，在招标文件和评标办法中做手脚。包括人为操纵招投标；评标委员会组成不符合招投标法规定，评标委员会成员不按规定从专家库中产生，评标委员会成员与参与投标的单位有利害关系，经济、技术专家达不到评委人数规定要求；设置不平等的投标条件，搞"内外有别"；评标过程不合规，评标有失公正等。投标方常见的问题是投标单位或人员购买或者挂靠具有规定施工资质的企业投标，一个投标单位借用多家施工单位资质围标，利用关联单位串通投标。

三是推行招标投标的力度不够，地区、行业发展不平衡，应当实行招标的项目未实行招标、应当公开招标的项目实行邀请招标，工程勘察、设计、监理及重要设备、材料的采购实行招标的较少。

四是政企不分、政事不分、行业垄断，有的地方和部门直接参加评标、定标、修改标底及合同价格、核发中标通知书等，直接参与或干预具体的招标投标活动，少数领导利用职权违规插手工程招投标，谋取私利，侵害招标投标人的自主权。

6. 承发包和合同签订过程的审计

招投标之后，工程建设甲乙双方应当按照招标结果签订承包合同。在此阶段，跟踪审计应当关注的问题有：

一是未按招标结果签订合同的。有的建设单位招小标、签大合同；有的单位无正当理由未按评标委员会推荐顺序选择中标人；有的单位违反招标文件实质性约定与中标单位签订补充协议等。

二是违规转分包。有的业主单位违规指定工程施工分包单位和物资供应单位等，由关联或者关系单位及人员操控工程，牟取利益造成工程建设成本增高、资金流失；有的承包单位非法转、分包，截留建设资金，导致建设资金的流失以及工程质量的降低。

三是合同不完善。有的工程在签订承发包合同时，不确定单价，或者采取暂定单价，为在工程价款结算中留下人为操作空间；以"原设计漏项、赶工、提高工程质量"等为由，通过设计变更增加工程量或改变原施工处理方式，以提高工程造价。此类问题在跟踪审计中如能被及时发现，将对提高工程资金使用效益起到极大促进作用。

（二）项目建设期跟踪审计的内容

项目建设期间，要通过业主、施工、设计、监理等参建各方在合同框架下的紧密配合，将各类建设资源的投入转变为建设产品的过程，是公共工程项目跟踪审计的重点，也是难点。

审计的跟踪不同于监理的"旁站"，审计机关和审计人员对工程建设期的跟踪审计，也是在工程建设各个重要环节建设任务完成后，进行的事后监督。一般从财务和工程两个方面，抓住如下主要环节来审计：

1. 财务方面

建设项目资金流转的途径相当简单清晰，从投资方到业主，业主到承包商。这两个环节就是财务审计的主要对象。投资方到业主的资金拨付，在项目上就是资金来源，或者说融资。业主到承包商的资金拨付，就是建设资金的使用，或者说工程价款的结算支付过程。因此，建设项目财务审计，主要审计资金来源和价款结算环节的资金管理、会计核算等内容。

资金来源审计前面已经提到，价款结算审计主要依赖于工程量、价、费的分析计算，属于工程审计内容，财务审计除了配合工程成本审计依据合同进行资金拨付的程序性审核外，主要精力应当放在建设项目各项独立费用的支出审计方面。

一是征地拆迁费用审计，要关注扩大建设规模征用土地问题，较低标准补偿农民，失地农民生存条件恶化，得不到保障问题，征地拆迁资金被大量挤占挪用的问题。

二是勘察设计费审计，要严格依据有关《工程勘察设计收费管理规定》（计价格〔2002〕10号），审核勘察设计单位是否多计费用。实践中，常见的是设计单位为了多取费有意做大项目投资基数，造成概算虚高的问题。

三是资金管理审计，要关注主管部门资金拨付不及时，滞留、欠拨资金，将财政等建设资金拨款转为有偿使用问题。和建设单位方面挤占挪用建设资金用于计划外项目、购建楼堂馆所、生产经营等问题。建设项目主管部门和建设单位挤占挪用资金的几种常见方式，包括建设单位以其所属的职工技协、科协，通过向施工单位收取"咨询费"、与施工单位"联营"帮助其承揽工程等方式，套取、截留并私分建设资金。也包括主管部门兴办公司，以高价或虚假方式向工程供应物资材料，套取、截留并私分建设资金。还有的建设单位在工程材料采购时，通过收取"材料采购保管费"、向材料供应商收取"联合投标代理费"等方式，套取、截留并私分建设资金。

四是会计核算审计，审计要按照有关会计准则和制度去检查建设项目业主会计账簿和财务报告的核算和披露是否合规。更高的要求，是需要审计人员透过账面看本质，通过财务发现各类建设业务的不合理支出问题。

2. 工程方面

（1）全面审核工程月度和年度结算的编制情况

审计首先要审查工程造价管理情况，各类资料是否齐全。

（2）跟踪审核月度、年度结算工程量的真实性

工程量的审计主要针对施工单位虚报甚至伪造工程计量。审计的方法，可以根据施工单位编制的竣工结算中的工程量计算表，对照图纸尺寸进行计算来审核，也可以依据图纸重新编制工程量计算表进行审计。一是要重点审核投资比例较大的分项工程，如基础工程、钢筋混凝土工程、钢结构以及高级装饰项目等。二是要重点审核容易混淆或出漏洞的项目。如土石方分部中的基础土方，清单计价中按基础详图的界面面积乘以对应长度计算，不考虑放坡、工作面。三是要重点审核容易重复列项的项目。如水表、卫生器具的阀门已计含在相应的项目中，阀门不能再列项计算安装工程量。四是重点审核容易重复计算的项目。如梁、板、柱交接处受力筋等。对无图纸的项目要深入现场核实，必要时可现场丈量实测。

（3）跟踪审计工程单价计量是否真实、符合合同约定

工程单价审计主要审核分部分项工程、措施项目清单计价。主要针对不严格按照合同签订单价结算，擅自或者随意改变和提高单价等问题；不按设计施工，采用简便或低于中标单价的方式施工，按中标设计内容的单价结算。一要审核结算所列项目的合理性。注意由于清单计价招标中漏

项、设计变更、工程洽商纪要等发生的高估冒算、弄虚作假问题；工程项目、工作内容、项目特征、计算单位是否与清单计算规则相符，是否有重复内容；重点审核价高、工程量较大或子目容易混淆的项目，保证工程造价准确。二要审核综合单价的正确性。除合同另有约定外，由于设计变更引起工程量增减的部分，属于合同约定幅度以内的，应执行原有的综合单价；工程量清单漏项或由于设计变更引起新的工程量清单项目、设计变更增减的工程量属于合同约定幅度以外的其相应综合单价由承包方提出，经发包人确认后作为结算的依据。审计时以当地的预算定额确定的人工、材料、机械台班消耗量为最高控制线，参考当地建筑市场人、材、机价格，根据施工企业报价合理确定综合单价。三要审核计算的准确性。计算公式的数字运算是否正确，是否有故意计算、合计错误以及笔误，等等。

（4）跟踪审计工程变更情况

工程变更审计主要审核变更及隐蔽工程的签证。跟踪审计中，对变更设计追加投资部分和资金拨付、结算中存在的异常现象要高度重视。一是对工程变更，首先要核查原施工图的设计、图纸答疑和原投标预算书的实际所列项目等资料是否有出入，对原投标预算书中未做的项目要予以取消；其次核增变更中的项目。二是要看变更增加的项目是否已包括在原有项目的工作内容中，以防止重复计算。三是要看变更签证的手续是否齐全，书写内容是否清楚、合理。含糊不清和缺少实质性内容的要深入现场核查并向现场当事人进行了解，核查后加以核定。

（5）跟踪审计工程费用计取情况

工程费用审计主要审核规费、税金及其他费用。包括审计费率计算是否正确，计算基础是否符合规定，有无错套费率等级情况；审核费率的采用是否正确；各项独立费的计取是否正确等等。

（6）做好工程结算分析性复核

在工程结算的跟踪审计中，审计人员要在每月工程报量完成价款结算后，做好项目批准的概算与工程价款结算累计额价差和量差的对比分析，检查概算执行情况；做好工程价款结算书的相关指标与施工单位财务收支有关数据、指标的分析，找出差异，分析原因；做好分包或转包工程的结算与财务支出的对比分析，检查有无利用虚假分包或转包套取资金，进行违法犯罪的问题。

（7）做好工程质量验收情况的审计再监督

工程质量的实施主体是施工单位，管理主体是业主和监理，监督主体是政府工程质量监督部门。跟踪审计的责任是对工程检验批、隐蔽工程、重点工序和各单项工程的质量验收程序履行的严密性、验收中发现遗留问题补救和责任追究的闭合性进行跟踪监督并督促整改。

（三）完工结算和竣工验收阶段跟踪审计的内容

在工程完工结算和竣工验收阶段，跟踪审计的工作主要围绕承包单位编制的完工结算的真实性和业主单位编制的竣工决算的真实、合规性进行审计。对项目竣工决算审计的内容主要有：

1. 审计竣工决算编制依据

编制依据主要包括：工程竣工报告、竣工图及竣工验收单；施工合同；施工图预算或合同报价；设计交底及图纸会审记录资料；设计变更通知单及现场施工变更记录；经建设单位签证认可的施工技术措施、技术核定单；各种施工签证或施工记录和国家或地区颁发的有关规定。审计时要审核编制依据是否符合国家有关规定，资料是否齐全，手续是否完备，对遗留问题处理是否合规。

2. 审核竣工工程量、工程计划和工程费用

工程量是决定工程造价的主要因素，核定施工工程量是工程竣工结算审计的关键。完工结算审计的内容和方法与月度、年度结算的审计基本相同，不再重复。

3. 审计竣工决算编制的合规性

主要是依据财政部门和项目主管部门关于竣工决算编制的有关规定逐项对比分析。

（四）对监理单位的跟踪审计

在目前我国的政府公共工程管理体系中，监理单位承担工程工期、质量控制的核心责任。实践中存在有的业主对监理单位管理监督不严，导致一些监理工作质量不高、造价把关不严，一些监理单位和监理人员甚至串

通施工单位套取建设资金问题。因此，对监理工作，要进行跟踪审计。

一是关注选定的监理单位的资质等级，是否有营业执照和资质证书，是否均在有效期内（以签合同时为准），其资质等级能否承接被审计项目的监理工作（从工程规模角度）。监理合同是否范本，监理费的计算（或据实调整）是否符合规定。

二是监理单位的项目部人员与当初投标文件中监理大纲承诺的拟安排人员是否一致，人数对比、人员资格对比，重点在于监理资格，总监、注监、培训证书（即上岗证）。相对于此，技术职称和职务是相对次要的。项目部总监是否有总监资格，是否常驻现场，总监代表是否有注监资格，如果人员变更较多，是否征求了建设单位的意见，是否书面通知了建设单位和承包单位。重点查验现场监理人员的资格证书是否符合规范要求。实践中这种不践诺的情况非常多，监理单位为取得评标高分，投标时把监理人数报得多，资格很高；中标后实际派出监理人员的资质降低很多，而且在实际人员名单上常常有意回避监理资格信息。

（五）对于材料采购工作的跟踪审计

建设项目中，普遍存在材料采购不规范现象。有的项目采购的一些材料质量得不到保证；有的人为增加采购环节，增加建设成本；有的对采购费用控制不严。

材料采购审计的最重要意义就在于保证工程质量，因此要特别注意核对工程主材的出厂合格证、进场抽检等证明资料，以确保合格材料用于政府投资项目。

（六）对于综合效益的跟踪审计

项目综合效益进行评价是审计机关近年来在公共工程跟踪审计的另一个重要任务。审计机关常用的公共工程评价指标，与财政部门、主管部门所用的指标基本相同。如何选择恰当的评价标准，是效益审计实践中面对的最大难点。评价标准有两大类：一类是规范性标准，如有关的法规、制度、相关程序要求等强制性的标准；另一类是用来衡量绩效的计量标准和其他良好实务与规范化控制模式等非强制性标准。

在日常审计中，推荐使用强制性标准，可以通过"正确"或"不正确""合法"或"不合法"进行判断，并且判断的标准可以根据国家、行业或被审计单位内部的法律法规和业务规范等事先确定，容易得到被审计单位的采纳。采用非强制性标准进行评价时，一要注意评价的客观性；二要加强审计与被审计单位管理人员的交流沟通，尽量达成双方都能接受的评价标准；三要向专家和权威机构进行咨询，确定评价标准；四要把握好分寸，不做过头评价，尽量减少审计人员自己的判断。

三、公共工程项目跟踪审计实例介绍

近年来，各级审计机关都开展了公共工程项目跟踪审计，其做法各有特色。审计署及其派出机构多年来连续对奥运场馆建设工程、京沪高速铁路建设项目、西气东输二线工程、金沙江溪洛渡水电站建设项目等进行跟踪审计，其跟踪的做法一般是按年度跟踪，每年一次或两次派出审计组定期对项目进行审计，并出具有关审计结果文书。地方审计机关在对各地方政府确定的重点公共工程进行跟踪审计时，根据审计资源情况和项目具体需要，采取了不同的做法。有的按环节跟踪，在项目立项、可研、初步设计和概算编制、招标文件及标底编制、投标及评标、合同签订、工程价款结算和支付、竣工结算等环节派出审计组对项目进行阶段性审计；有的派驻跟踪，由少数审计人员长驻项目现场，对日常建设活动进行跟踪了解，工作量集中时，再派出较大审计组进场审计。

无论如何组织，这些审计工作都取得了引人注目的成效，如审计署固定资产投资审计司在 2005 年 9 月至 2009 年 3 月组织对 2008 年奥运场馆建设工程和奥组委财务收支的跟踪审计①中，对 93 个项目进行了审计，审计项目总投资 194.55 亿元，占全部项目总投资的 99.82%。其中国家体育场、国家游泳中心等标志性工程，全部由中央投资、属国家体育总局管理的 41 个奥运项目，以及教育部、原国防科工委所属高校建设的 5 个场馆项目，由审计署直接组织审计；其他项目分别由项目所在地的地方审计机关

---

① 《北京奥运会财务收支和奥运场馆建设项目跟踪审计结果》（2009 年 6 月 19 日公告），审计署网站 www. audit. gov. cn。

按照审计署统一部署进行审计。在跟踪审计过程中，审计机关始终以"服务奥运、保障奥运"为总体指导思想，坚持预防为主原则，从工期、质量、安全、投资控制和资金使用等方面对项目进行全面审计，发现问题，及时提出建议，并跟踪检查被审计单位整改情况，促进项目管理部门和建设单位切实履行职责，加强管理，按时、保质完成场馆建设任务。四年来，审计累计抽查隐蔽工程验收记录、材料进场检验、监理旁站等方面质量控制文件 3 万多份，出具 240 余份单项审计报告，发现违规招投标、项目法人招标遗留问题未解决等各类问题 350 多个，提出审计建议近 800 条。审计发现的问题和建议大部分已整改和落实，效果明显。已完工结算的 92 个项目共上报工程结算额 166.7 亿元，审计核定工程结算额 152.53 亿元，审减 14.17 亿元，审减率达 8.5%。

北京奥运会审计完成后，审计署固定资产投资审计司奥运审计办公室荣获中共中央、国务院颁发的"奥运工作先进集体"称号。

第二节 民生项目实施、管理和效果的跟踪审计

政府投资的最终目的都是为了改善民生，但从实际情况来看，过去政府投资较多投向实体经济的产业项目，其次是基础设施的投资，最后才是涉及民生方面的社会事业投资。从《中华人民共和国国民经济和社会发展第十二个五年规划纲要》的要求来看，政府投资方向目前已经开始逐步调整，将扩大和改善公共服务，把改善民生、发展社会事业作为扩大投资的方向，要把公共资源配置特别是公共投资更多地向民生领域倾斜，集中财力建立具有普惠性质的公共服务和社会保障体系，让经济发展的成果惠及人民，切实增强经济社会发展的协调性。

一、民生工程的范围

民生工程的目标，是扩大和改善公共服务，一切服务于这一目标的项目和工程都可以成为民生工程。具体到中国现状，群众反映强烈的民生问题主要集中在就业、教育、医疗、住房、社会保障、生活环境六个方面。因此，民生工程主要包括：

（一）就业方面

针对城镇居民转轨就业、大学生等青年就业与农民转移就业的"三碰头"问题，有关部门实施了创业促进、就业援助、就业信息平台建设、就业岗位拓展等工程，以促进富余劳动力充分就业，消除零就业家庭。

（二）教育方面

针对城乡教育资源配置不均衡等问题，有关部门通过实施名师名校共享工程等措施，推进城乡学校结对互助，加快教育布局调整，提高优质资源共享度，促进区域教育公平。

（三）医疗方面

针对医药改革滞后，特别是城乡卫生资源配置不合理、"医药不分"和"以药养医"等体制性问题，有关部门正在着力完善社区和农村医疗服务网络，加大公共医疗的保障力度，健全大病救助和惠民医疗制度，解决好看病难、看病贵的问题。

（四）住房方面

针对房价暴涨，普通收入民众无力支付购房支出的问题，各级地方政府将合理安排开发规模，有效遏制炒房行为，严格控制商品房价格，同时要完善经济适用房、廉租房和民工公寓建设机制，确保居者有其屋。

（五）社会保障方面

按照"城乡统筹、全面覆盖、不留空白"的要求，尽快建立社会保险、社会救助、社会福利、慈善事业相衔接的新型社会保障体系，同时要采取措施，关爱农村"留守儿童""空巢老人"的生活。

（六）生活环境方面

主要工作是做好环境保护和安全保障工作，特别要保障城乡大气和水环境质量，保障城乡居民吃上放心食品、用上放心药品，维护好社会治安和公共安全。

在上述六个方面之外，各部门、各地方政府也可能将其他与民生相关的事业项目冠以"民生工程"的名称，审计机关对其同样负有审计职责。

二、民生工程跟踪审计的内容

对民生工程加强跟踪审计的一般目标，是着力保障和改善民生，促进逐步完善符合国情、比较完整、覆盖城乡、可持续的基本公共服务体系，提高政府保障能力，推进基本公共服务均等化。促进加强社会管理能力建设，创新社会管理机制，切实维护社会和谐稳定。

按上述目标，审计机关开展民生工程跟踪审计时，要重点关注以下内容：

（一）民生工程规划的合理性

民生工程的实施，需要分级、分层、分步骤制定合理的总体规划和实施规划。对规划编制过程和成果，审计机关在跟踪审计中，应当主要关注：

——规划内容是否齐全，文字、图纸成果是否规范。

——规划是否符合国家国民经济发展计划、区域规划对城镇发展的战略要求。

——规划产业结构空间布局是否合适。

——对地域发展水平预测是否过高，是否出现"部分之和大于总体"的现象，即各局部均乐观估计自身发展可能，加总后结果超过总体容纳能力。

——基础设施和社会服务设施布局是否合理。如市郊的镇或相邻很近的镇都建了水厂，造成浪费；污水处理厂是否多镇共享，位置是否恰当（有无对本区域外的下游城市造成污染）；变电站位置是否恰当，服务半径是否合理；教育文体医疗设施布局是否恰当，服务半径是否合理。是否充分考虑了制约因素，如该区域水资源短缺，但把城市规模却规划的很大；对地震断裂带、滑坡、泥石流等地质灾害是否做了避让；是否考虑了防洪问题；是否有不考虑门槛制约因素而要盲目发展的问题，大型建设项目布局是否有极不合理的因素，如污染、扰民，给以后发展造成障碍；位置不对；有灾害隐患；有在丘陵或荒山选址的可能，但却过多的占用基本农田。

——与周边地区的关系处理是否恰当：有无"以邻为壑"的问题；有无道路不衔接的问题；是否导致了生态环境的问题：如在生态保护区内规划布置大型建设项目；海岸线的利用和分配是否合理（若该地区靠海的话），近海海域是否得到保护；其他自然保护区、风景名胜区、国家森林公园等凡是在图面上出现的都要引起警惕，看其是否受到侵害。

（二）民生工程规划内具体项目落实是否合理，是否及时

规划的落实过程，实际上就是具体项目的立项决策过程。前文提到政府投资建设项目的立项决策分为项目建议书、可行性研究、初步设计等阶段。但民生工程并非都属于建设项目，且在民生工程中，由于总体规划和详细规划通过评审，具体项目的立项决策大部分已经完成，跟踪审计需要关注的内容，主要包括：

——抽查各项目具体建设目标是否符合总体规划和详细规划要求，是否属于夹带项目；

——项目建设时间安排、投资规模是否切合民生需要，有无不合理超前或落伍现象；

——各不同规划落实到具体项目时，有无交叉、重复投资现象，有无不同来源中央资金相互充抵地方配套资金的现象。

（三）民生工程项目的组织是否得力，机制是否健全

对民生工程项目推进的具体组织工作，跟踪审计要予以高度重视。由于民生工程项目大多小而散，分布广，管理则易乱。在跟踪审计中，需要关注：

——各项民生工程组织机构是否健全、得力，是否配备了强有力的管理团队和必备的专业技术人才；

——民生工程组织机构的设立是否遵循了现有政府部门职责分工原则，有无借机滥设机构造成机构臃肿、人浮于事现象；

——民生工程各组织机构是否建立了完备的、切合工程运转需要的

人、财、物、运行、监督等管理制度；

——各项管理制度是否得到切实履行；

——各项管理制度履行效果如何，有无影响管理制度发挥效力的外部因素。

（四）民生工程资金筹集、管理、使用是否合规、高效，财务会计记录是否真实

民生工程的资金多来自财政预算拨款，因此资金管理使用要遵循财政预算资金管理方面的法律、法规、规章和规范性文件。此外，政府有关部门在新设立一项民生事业资金，甚至在每年度下达资金预算时，往往也会制定相应资金的管理办法，这些都构成了跟踪审计的依据。审计的内容除依据这些规定外，与一般性财务审计并无二致。

（五）民生工程项目管理和实施是否合法合规

基本建设类民生工程的管理和实施，参照公共工程项目跟踪审计的内容开展审计。

事业类、补助类民生工程的管理和实施，与突发公共事件应对措施的审计内容有类同之处，也有不同，其特有内容包括：

对创业促进、就业援助、就业信息平台建设、就业岗位拓展等工程的管理和实施，要侧重审计其工程内容是否切合当地就业市场和待就业人群实际情况；是否可能流于形式，造成资源浪费等。

对教育领域采取的加快教育布局调整，提高优质资源共享度，促进区域教育公平的具体措施，要侧重审计调查各项措施实施有无触及部分人群既得利益而无法落实，有无可能在实施中做到"双赢"；要审计为实施这些措施投入各类资源的使用是否合理、合法、高效，是否能保证资金安全和项目顺利实施。

对医疗体制改革、完善社区和农村医疗服务网络、加大公共医疗的保障力度等方面的措施，跟踪审计中要尝试多次调查公众满意度，了解公众对这些民生工程总体安排、措施合理性、实施及时性、利益保障程度的实际态度，并与相关措施的资金投入、资源倾斜做出对比性分析，评价项目总体建设进程和初步成效。

对住房制度改革和住房市场调控方面的措施，审计主要关注政府严格控制商品房价格的进展情况是否符合预期，经济适用房、廉租房和民工公寓等建设项目是否如期开工、实施和完工，是否有效对住宅市场形成影响。同时，也要关注政府土地整理和土地招拍挂的进度等配套措施是否跟上，是否形成政策合力。

对社会保障方面建立社会保险、社会救助、社会福利、慈善事业相衔接的新型社会保障体系的措施，审计主要关注政策措施的落实与现有城乡社会保障体系的衔接是否平顺，与本地乡村养老救助等文化环境是否协调，各项资金的拨付是否及时到位，各级政府机构有无截留、拖延支付资金的现象。

对环境保护、安全保障及社会治安和公共安全方面的项目，审计主要关注各项资金是否及时到位，各相关责任机构是否制定了切实可行的整治措施，对社会上出现的新型不安全、不安定因素是否有充分了解和预计，整治工作总体进展是否符合预期等内容。

（六）民生工程的效果是否达到预期目标

各类民生工程的效果是否达到预期目标，是审计机关跟踪审计的重点内容，也是难点。

民生工程的具体目标是根据各工程项目特点制定的，有的可度量，有的只能做出定性评价。但总体上，跟踪审计评价民生工程的效果，要坚持几个原则：

1. 跟踪审计要衡量民生工程是否能做到提升发展水平和调整分配格局并重

当前我国社会发展中的矛盾主要是经济发展和社会建设不平衡，既要坚持发展至上，不断做大做强特色产业，大力发展与民生联系紧密的相关产业，积极引导群众就业和创业，努力改善经济构成，提升经济发展对民生的直接带动效应；又要坚持改善分配，不断优化财政支出结构，加大对民生事业、民生保障方面的投入，把发展成果合理地分配到群众手中。

2. 跟踪审计要衡量民生工程是否能做到坚持保障生存条件与提升生活质量并举

民生问题包括保障生存、提高质量两个层面。地方政府既要强化保底责任，切实保障好弱势群体的衣、食、住、行等基本生活条件；又要增强品质意识，着力在生态环境建设、医疗教育服务、精神文化享受、合法权益保障等方面落实新举措，提高百姓的幸福感，真正实现人的全面发展。

3. 跟踪审计要衡量民生工程是否能坚持解决实际问题与建立长效机制并举

全面改善民生是个长期的持续性工作，必须立足当前，着眼长远，统筹规划，稳步推进。我们既要整合资源，集中财力，解决好群众最关心、最直接、最现实的利益问题；又要善于总结工作经验，找准问题根源，着力建立长效工作机制，通过制度约束和保障，促进问题的科学、彻底解决。

4. 跟踪审计要评价民生工程是否能做到坚持促进政府转型与强化市场运作并举

解决民生问题的外在动力主要来自政府与市场两个方面。我们既要加快转变政府职能，进一步强化社会管理与公共服务，根据财力可能与群众需求，更好、更全面地解决好民生问题，尽好政府的公共服务责任；同时也要充分运用市场机制作用，调动各方积极性，引导更多的人承担社会责任，借助市场和社会的力量更好地推进民生问题的解决。

5. 在审计评价民生工程中，要切实打破 GDP 政绩观，全面确立起改善民生是最大政绩的理念

要坚持以人为本，坚持发展指标围绕民生指标转，切实把改善民生作为工作的最终归宿；要明确与民生利益攸关的城乡居民收入、医疗、教育、就业、住房、社会保障、环境质量、安全指数等指标，并全面落实到具体工作中。在工作决策上，凡是与群众利益相冲突的、不利于民生问题解决的都要坚决予以否决。在工作考核上，要自上而下全面淡化经济增长指标，进一步加大民生指标的考核权重与力度，形成正确的工作导向。在领导干部政绩评定和提拔任用时，要推崇"下评上"制度，更多地让老百姓来评价领导，重点要看民生问题的改善程度、看社会发展的和谐程度、看老百姓的满意度。通过正确的导向，倒逼科学发展、和谐发展理念的形

成，真正让群众共享改革发展成果。

三、民生工程跟踪审计实例介绍

民生工程是各级审计机关跟踪审计的重点，审计成果主要集中在教育、农林水、环境保护等近年来政府投入较多的领域。如：

2003 年 10 月至 2004 年 1 月，审计署对 50 个县基础教育经费进行审计调查①，一方面发现 50 个县基础教育经费普遍增长，大部分县预算内教育经费的增长高于同期财政收入的增长。中央和省级财政明显加大了支持力度，也发现基础教育经费投入及管理使用中仍存在的一些问题。包括 43 个县地方政府及财政、税务、教育主管部门和中小学校挤占、挪用、滞留各类教育资金 4.45 亿元；50 个县基础教育收费总规模仍呈增长趋势，基础教育负债增长速度大大高于同期教育经费投入增长速度，负债总额相当于这些地方一年财政收入的 80%；有 19 个县仍在欠发国家规定的教师工资 2.02 亿元等问题。对负债增长速度过高问题，审计分析认为，原因是一些地方和学校过分追求超前发展和不适当的达标升级。这次审计基本实现了民生工程审计的目标，覆盖了规划、实施、效果几个方面。

2004 年 10 月至 2005 年 3 月，审计署对内蒙古、甘肃、宁夏、青海和新疆 5 省（区）和新疆生产建设兵团 2002 年至 2004 年"西部地区天然草原退牧还草"项目进行了跟踪审计调查②。审计肯定了退牧还草项目经过两年多建设取得的显著成效：围栏建成后减少了人畜和车辆对草场的破坏，多数地方植被明显得到恢复，涵养水源的能力增强，生态环境得到一定改善。审计发现的问题，包括部分项目违背了基本建设程序，前期工作被简化，造成多数地方项目设计粗糙，设计文件中缺少工程量和建设地原始地貌等方面的关键数据，有的地方还将林地、道路、农田、农舍置于围栏中算作退牧还草面积；由于配套资金不落实，有的地方向农牧民收费作为"配套资金"；部分省（区）未将饲料粮补助及时足额发放到农牧户；

---

① 《50 个县基础教育经费审计调查结果》（2004 年 6 月 18 日公告），审计署 2004 年第 1 号审计公告，审计署网站 www. audit. gov. cn。

② 《西部地区退牧还草项目审计调查结果》（2006 年 6 月 26 日），2006 年第 3 号审计公告，审计署网站 www. audit. gov. cn。

少数地方滞留项目资金 4068 万元，挤占挪用项目资金 6462 万元。跟踪审计发现的问题，得到地方政府高度重视，积极整改。对审计反映的项目建设内容单一、投资标准低的问题，国务院西部开发办、国家发展改革委等五部门联合下发了《关于进一步完善退牧还草政策措施若干意见的通知》，决定增加补播草种费和前期工作费，将修建围栏的补助标准每亩 16.5 元至 20 元提高到 20 元至 25 元，初步解决了围栏建设补助标准偏低，饲草料基地和舍饲圈养等方面的配套设施滞后等问题。此次审计取得的良好成效，充分实现了跟踪审计维护民生、促进民生工程建设的初衷，是一次较为成功的民生工程跟踪审计。

第三节　资源开发与环境保护事项管理和效果的跟踪审计

一、资源开发和环境保护事项的范围

资源（这里特指自然资源）和环境（这里特指自然环境）是人类赖以生存和发展的基本依托，也是各国经济和社会发展的重要物质基础。对自然资源的开发利用，在促进经济增长、满足人们生产生活需要的同时，往往造成资源总量不可逆转的减少，也不可避免地带来对自然环境的破坏。这里，广义的自然资源包括土地资源、水资源、矿产资源、能源资源、森林资源、生物资源、海洋资源、气候资源、旅游资源等，自然环境则包括水环境、大气环境、土壤环境等。

我国自然资源及其利用的基本特征是：资源总量丰富但人均少，资源利用率低且浪费严重。我国以占世界 9% 的耕地、6% 的水资源、4% 的森林，1.8% 的石油、0.7% 的天然气、不足 9% 的铁矿石、不足 5% 的铜矿和不足 2% 的铝土矿，养活着占世界 22% 的人口；大多数矿产资源人均占有量不到世界平均水平的一半，我国占有的煤、油、天然气人均资源只及世界人均水平的 55%、11% 和 4%。当前，我国的经济社会发展面临着资源和环境的巨大压力，具体表现为资源能源保障能力严重不足，资源开发利用效率较低、供需矛盾突出，环境承受力严重超载，节能减排压力大，水、大气、土壤、固体废物等污染严重，生态环境恶化的趋势还没有得到有效遏制，生态环境破坏的范围在扩大，生态功能退化现象比较普遍，土地沙化、水土流失、湿地破坏、物种濒危的问题十分突出等。

节约资源和保护环境是我国长期坚持的基本国策。国家国民经济和社会发展"十二五"规划纲要中明确提出要把加快转变经济发展方式作为"十二五"规划的主线，把建设资源节约型、环境友好型社会作为加快转变经济发展方式的重要着力点。国家把资源节约和环境保护纳入各级政府工作考核的重要内容和指标，出台了一系列节约资源和保护环境的政策措施，不断加强资源与环境管理。形成了具有中国特色的资源环境政策制度，具体措施包括：

——对于土地资源，主要是坚持保护耕地和节约集约用地的方针，以用途管制为核心，实行最严格的土地管理制度和最严格的节约用地制度。主要制度有：农用地转用和征用土地审批制度、以土地资源市场化配置为目标的土地出让转让制度（土地协议出让和招标拍卖挂牌出让制度），土地有偿使用制度，建设占用耕地补偿制度、基本农田保护制度、土地开发整理复垦制度等。

——对于矿产资源，主要是坚持"在保护中开发、在开发中保护"的方针，以加大矿产资源勘查力度，规范矿产资源开发秩序，提高资源开发利用效率，以市场为主导优化配置矿产资源为目的。主要制度有：矿区规划管理制度、探矿采矿许可制度，矿业权有偿使用制度、矿产资源开发利用总量调控制度、重要矿产资源储备制度、矿山地质环境保护与恢复治理制度等。

——对于环境保护，主要是坚持"预防为主、防治结合""谁污染谁治理"和"强化环境管理"的原则。主要制度有：环境影响评价制度、"三同时"制度、排污收费制度、环境保护目标责任制、城市综合整治定量考核制度、排放污染物许可制度、污染物集中控制制度、污染源限期治理制度等。

——对于生态保护，主要是坚持生态环境保护与生态环境建设并举的原则，在加大生态环境建设力度的同时，必须坚持保护优先、预防为主、防治结合。主要有：污染防治与生态环境保护并重制度，污染防治与生态环境保护统一规划、同步实施制度，在保护中开发、在开发中保护制度，谁开发谁保护、谁破坏谁恢复、谁使用谁付费制度。

上述资源开发和环境保护事项都是对公共事项的管理活动，是政府行为，也耗用大量财政预算资金和政府资源。这是审计机关对资源开发和环境保护事项开展跟踪审计的客观背景。

二、对资源开发和环境保护事项进行跟踪审计的内容

审计机关对特殊资源开发情况开展的跟踪审计主要是对政府起主导作用的矿产资源开发、土地资源开发、能源资源开发事项进行；对环境保护事项的跟踪审计，则根据政府在不同时期环境保护工作重点，可分为水环境保护事项审计、大气污染治理项目审计、固体废物处理措施审计等。下面择要对土地资源开发情况、矿产资源开发情况、水资源和水环境保护事项、大气污染防治事项的审计目标和内容做出说明。其他资源开发和环境保护事项的审计内容也可参照。

（一）土地资源开发情况的跟踪审计

土地资源开发情况跟踪审计的最终目标，是加强土地管理，维护土地资源安全，促进社会和谐。具体目标，则可以包括促进落实国家关于土地管理与调控相关政策法规，促进耕地保护和集约节约用地，保障土地资源安全，维护国有土地资产（收益）的安全完整和被征地农民的合法权益等。具体审计内容包括：

1. 首次审计摸清土地资源管理、利用情况

在初次跟踪审计时，首先要摸清被审计地区的土地资源状况，包括土地总量、耕地和基本农田面积、新增建设用地总量、征地和农用地转用总量、占补平衡等情况。

在摸清土地资源状况的同时，要熟悉当地根据国家法律法规制定的土地资源开发利用管理办法、制度、总体规划、计划。要审查这些办法、制度是否符合上位法，是否符合国家保护耕地、保护基本农田等基本政策。

2. 各年度跟踪审计土地征收使用情况

在分年度、分阶段的跟踪审计中，审计主要应当关注的：一是各年度

土地实际征收、转用情况。主要检查执行土地利用总体规划、计划制度，征地、农用地转用审批制度，耕地占补平衡、基本农田保护等耕地保护制度的情况。二是土地供应情况。主要检查执行供地与产业政策、招标拍卖挂牌出让和协议出让土地制度的情况。三是土地使用情况。主要检查用地单位执行用地合同和闲置用地、转让政策，以及城乡规划管理政策的情况。

3. 持续关注弱势群体权益维护情况

土地征收和整理开发中，对被征地农民、被拆迁居民、移民等弱势群体的权益保障情况始终是跟踪审计的重点。具体内容：一是征地补偿安置情况。主要检查有关征地项目执行征地补偿安置制度和征地程序的情况。二是被征地农民社会保障情况。主要检查建立和执行被征地农民补偿安置制度情况。三是补偿安置资金的到位情况，管理和使用情况。重点检查有无挤占挪用，直接侵害弱势群体利益现象。四是检查补偿安置管理费的收支使用情况，有无胡花乱支，有无超范围提取管理费情况等。

4. 跟踪审计政府土地出让收支管理情况

主要检查征收、管理、使用土地出让收入的情况，包括提取廉租住房保障资金的情况。

5. 审计土地整治相关资金的征收管理使用情况

主要检查耕地开垦费、土地复垦费、新增建设用地土地有偿使用费、用于农业开发的土地出让金等各项资金的征收管理使用情况。同时，也要对应检查相应的耕地开垦、土地复垦情况。特别是后者，要关注是否存在复垦资金被挪用，复垦总量不足，复垦土地质量明显下降或大规模异地"购买"复垦指标现象。

6. 土地整治项目建设情况

主要应当跟踪审计土地整治项目的申报情况，执行招投标制、法人负责制等工程管理制度的情况、项目建设进度、质量等。审计的具体内容，则与投资项目跟踪审计类同。

（二）矿产资源开发情况的跟踪审计

矿产资源跟踪审计的主要目标是监督矿产资源管理措施取得的成效，

揭露和查处矿产资源开发、矿业权出让转让和矿产资源专项资金收支中的重大违法违规问题，维护矿产资源收益的安全完整，促进矿产资源合理开发与永续利用。其内容有：

——跟踪审计初始，要摸清当地矿产资源管理状况。主要包括矿产资源的矿种、储量、分布、储备等情况。

——跟踪掌握当地矿产资源规划管理情况。主要检查矿产资源规划编制及执行情况，矿业权设置审批制度现状等情况。

——各年度应当跟踪检查执行矿产资源规划、年度计划管理制度、矿业权设置审批制度的情况。

——要特别关注矿业权出让情况。矿业权作为政府管理的重要公共资源，应当执行招标、拍卖、挂牌出让制度，定价应当合理。对此，跟踪审计应当取得详细过程资料，加以核实、评价。

——抽查了解矿业权使用情况，包括各矿产开发单位执行国家矿产资源开发整合和矿产资源总量控制政策、矿业权转让规定的情况。

——审计矿产资源专项资金的征收、管理、使用情况。对探矿权价款、采矿权价款和矿产资源补偿费的收缴、管理和支出情况，资源税征缴情况等，要进行真实性、合法性审计。

——关注矿山地质生态环境恢复治理情况。包括矿山地质环境的破坏和治理情况、矿山地质环境资金使用情况、矿山地质治理项目实施情况和效果等。必要时，可聘请地质、生态等专业的专家协助。

（三）水资源保护和水污染防治资金及项目的跟踪审计

水资源保护和水污染防治资金及项目跟踪审计的目标，主要是掌握和评价流域水质状况、变化趋势和水资源保护工作情况，揭示和纠正水资源保护工作中存在的问题，研究和分析流域水资源保护政策、体制、机制、制度和管理等方面存在的问题及原因，提出建立健全流域资源保护工作长效机制的对策，促进流域地区经济社会的可持续发展和生态文明建设。同时，督促水污染防治专项规划的实施和水环境保护法规的落实，促进水污染防治项目建设和资金使用效益。具体审计内容有：

——初步了解当地水资源状况，包括水资源量、地下水、地表水量和水平衡情况，以及水环境现状等。

——跟踪了解水资源保护和水污染防治法规政策贯彻执行情况。重点是地方政府为合理开发、利用、节约和保护水资源所制定政策、措施的执行情况，力求反映执行中存在的问题，以及制度本身需要完善的地方。

——跟踪审计取水许可、水资源调度和建设项目水资源论证等制度的执行情况，检查环境保护等主管部门和单位涉及水污染总量减排控制、环境影响评价、环境执法等水污染防治职责履行情况，和地方政府分解落实水污染物排放总量削减目标情况。

——检查取水单位取水、退水，转让取水权情况。了解水电站开发建设对水环境的影响。

——跟踪审计地方政府及有关部门按规定及时足额征收水资源费，并按规定比例和金额上缴中央国库的情况，并对水资源费支出结构进行跟踪了解，检查是否存在挤占挪用专项资金问题。

——对水污染防治资金，包括水污染防治专项资金、节能减排专项资金、排污费、污水处理费等各项资金征收、管理、使用环节的真实性、合规性和效益性进行跟踪审计监督。

——对水污染防治项目建设、管理和运行情况。重点是资金到位、拨付和使用的真实性和合规性，基本建设程序履行情况，污水、垃圾处理设施运行情况等进行跟踪审计。

(四) 大气污染防治项目实施情况跟踪审计的内容

大气污染防治审计的目标是通过对大气污染防治政策措施的执行情况、防治大气污染项目资金的管理使用情况等进行审计，重点审计城市大气污染防治、火电企业二氧化硫减排等项目，检查大气污染防治政策法规的落实情况，掌握大气污染防治总体投入，评价大气污染防治项目和资金绩效，分析产生问题的原因，促进大气污染防治项目建设和资金使用效益，提出完善大气环境保护政策法规的建议。其具体内容有：

——摸清被审计区域大气污染情况现状及污染进展情况，对大气污染防治项目立项和设计建设内容的合理性、恰当性进行研究分析。

——对大气污染防治项目的建设、管理和运行情况进行跟踪审计。既要关心资金到位、拨付和使用的真实性和合规性，也要检查项目的基本建设程序履行情况。

——对大气污染防治项目建成后的运行情况进行跟踪审计，检查其是否达到预期效果，是否存在脱硫等设施建成后不开机运行或运行不正常问题。

——检查大气污染防治专项资金（如排污费）征收、管理和使用情况，关注挤占挪用浪费等问题。

——对环境保护等主管部门履行环境影响评价、环境执法等职责的情况等，通过项目反映情况进行评价，对不合理、不到位的制度、机制，要提出改进的建议，并督促整改落实。

三、资源开发和环境保护事项审计实例介绍

对资源开发和环境保护事项的审计，长期以来是审计机关工作的重点，有大量成功的案例可供借鉴。

如审计署 2008 年对"三河三湖"（辽河、海河、淮河、太湖、巢湖、滇池）2001 年至 2007 年水污染防治绩效情况进行了审计调查①，涉及 13 个省（自治区、直辖市），910 亿元财政性资金及国内银行贷款，城镇环保基础设施、生态建设及综合整治等七大类共 8201 个水污染防治项目建设。审计发现，"三河三湖"水污染防治取得了一定成效但情况不容乐观，"三河三湖"整体水质还比较差。审计认为，究其原因，除环境变化、社会发展、经济增长等客观因素外，还有环保审批前置相关制度不够完善、生态环境补偿机制尚不健全完善、水污染防治统计和考核指标体系不够完善等原因。审计也发现了以下问题：水污染防治五年规划落实不力；部分地区环境执法不到位；部分入湖河流及源头地区水污染治理力度不够；部分地方农业和农村面源污染治理工作薄弱，城镇污水、污泥和垃圾处理不完全到位；部分经济技术开发区等园区对环保工作重视不够；挪用和虚报多领水污染防治资金 5.15 亿元，少征、挪用和截留污水处理费及排污费

---

① 《"三河三湖"水污染防治绩效审计调查结果》（2009 年 10 月 28 日公告），审计署 2009 年第 13 号审计公告，审计署网站 www.audit.gov.cn。

36.53亿元，10省（自治区、直辖市）存在水污染防治项目资产闲置金额8.06亿元，206座污水处理厂实际污水处理能力达不到设计要求等。

审计发现的问题得到了积极、及时的整改。（1）环境保护部等研究将环境影响评价作为高污染、高能耗行业企业登记的前置性行政许可。发展改革委、财政部在安排项目中央补助投资时，加大了对生态环境重点保护区域的投入和财政转移支付力度；财政部会同环境保护部，以试点方式推动建立跨省流域水环境补偿机制；河北、河南等省在本省范围开展了流域生态补偿试点工作。环境保护部积极开展将总磷、总氮纳入环境统计指标体系和污染物总量减排考核范畴的研究工作。（2）环境保护部会同有关部门和地方政府，在重点流域水污染防治专项规划的编制、审批、执行和考核等各个环节改进工作方法，切实提高规划的科学性、可行性和操作性，加快推进规划项目建设进度；经国务院同意，国务院办公厅转发了环境保护部会同发展改革委、监察部、财政部、住房城乡建设部、水利部等有关部门制定的《重点流域水污染防治专项规划实施情况考核暂行办法》，将水质状况、水污染治理项目作为考核的主要内容，强化了重点流域水污染防治工作的考核评估。环境保护部进一步完善环境影响评价和验收、环境统计以及污染源自动监测的相关管理制度和规定，加大执法督查工作力度，推动各地环保部门严格依法管理。环境保护部会同有关部门，一方面严格跨界考核，切实落实地方政府责任；另一方面，通过推广生态治污技术，建立"清水产流机制"，保障湖库生态健康。农业部将在"三河三湖"流域全面推行测土配方施肥，推广高效施药器械，应用生物农药，淘汰高毒高残留农药，控制化肥和农药的过量不合理使用，并大力推进农村户用沼气和畜禽养殖场大中型沼气工程建设，努力解决畜禽养殖污染；住房城乡建设部、环境保护部和地方政府将进一步加快城镇污水、垃圾处理设施建设；环境保护部会同有关部门研究相关措施，解决污水处理厂和垃圾渗滤液二次污染问题。环境保护部将继续督促各地环保部门强化对工业园区的环境监管，加强园区内环境基础设施建设。（3）对资金管理和使用不够规范等问题，财政部、住房城乡建设部、环境保护部和相关省市按有关规定，采取有效措施，一是尽快追回被挪用和虚报多领的水污染防治资金以及被挪用和截留的污水处理费和排污费，强化污水处理费和排污费征缴力度；二是依法依纪追究相关单位和人员责任；三是完善相关管理办法。针对"水污染防治资产闲置和部分污水处理厂实际处理能力未达到设计要求"问题，发展改革委、住房城乡建设部已要求地方进一步完善项目前期工作，提高项目论证的科学性；住房城乡建设部和环境保护部已出台办法，推动各地城镇污水处理厂的正常运行。此次跟踪审计调查在推动整改方面工作成果非常突出。

再如，审计署于 2010 年 11 月至 2011 年 3 月，对甘肃、宁夏、内蒙古、陕西、山西、河南、山东 7 省区以及水利部黄河水利委员会 2008 年至 2010 年黄河流域水污染防治与水资源保护专项资金及相关工作情况进行了审计调查①。审计认为，《黄河中上游流域水污染防治规划（2006—2010年）》（以下简称《黄河规划》）中的污染防治项目得到全面实施，水土保持工作积极推进，黄河干流水质总体好转，水资源统一调度得到加强。但也发现 6 个省区存在大量欠征、欠缴水资源费、污水处理费、垃圾处理费、排污费问题；253 个城镇污水处理设施建设项目中，有 56 个未按期完工；45 项水土保持项目资金总缺口 2.77 亿元，占规划工程总投资的54.96%；24 个建设项目违规占用河道面积 1.47 万亩等问题。审计调查指出问题后，黄河水利委员会出台了进一步加强黄河水行政许可管理工作等两项规章制度，下发了要求对违规占用河道项目进行核查、整改等五项通知，并对相关单位和责任人进行了通报批评或处分。

第四节　突发公共事件应对措施的跟踪审计

一、突发公共事件的应对措施

突发公共事件，是指"突然发生，造成或者可能造成严重社会危害，需要采取应急处置措施予以应对的自然灾害、事故灾难、公共卫生事件和

---

① 《黄河流域水污染防治与水资源保护专项资金审计调查结果》（2011 年 8 月 1 日公告），审计署 2011 年第 36 号审计结果公告，审计署网站 www. audit. gov. cn。

社会安全事件"①。其中自然灾害主要包括水旱灾害，气象灾害，地震灾害，地质灾害，海洋灾害，生物灾害和森林草原火灾等。事故灾难主要包括工矿商贸等企业的各类安全事故，交通运输事故，公共设施和设备事故，环境污染和生态破坏事件等。公共卫生事件主要包括传染病疫情，群体性不明原因疾病，食品安全和职业危害，动物疫情，以及其他严重影响公众健康和生命安全的事件。社会安全事件主要包括恐怖袭击事件，经济安全事件和涉外突发事件等。各类突发公共事件按照其性质、严重程度、可控性和影响范围等因素，一般分为四级：Ⅰ级（特别重大）、Ⅱ级（重大）、Ⅲ级（较大）和Ⅳ级（一般）。

国务院于 2006 年发布的《国家突发公共事件总体应急预案》（以下简称《应急预案》），对突发公共事件发生后，各级政府应当承担的责任做出了规定，事实上也是政府对社会的承诺。在实践中，各级政府都成立了专职或兼管的"应急办"等机构。按照《应急预案》，各级政府的应对措施包括：

（一）应急处置

应急处置包括信息报告、先期处置、应急响应工作。突发公共事件发生后，各地区、各部门负有报告、通报续报有关情况的职责。同时，应及时、有效地进行处置，控制事态，组织开展应急救援工作。对于先期处置未能有效控制事态的突发公共事件，由上级政府有关部门统一指挥或指导有关地区、部门开展处置工作。

（二）恢复与重建

恢复与重建包括重大公共事件的善后处置、调查与评估、恢复重建、信息发布等工作。善后处置即对突发公共事件中的伤亡人员、应急处置工作人员，以及紧急调集、征用有关单位及个人的物资，按照规定给予抚恤、补助、理赔或补偿，做好疫病防治和环境污染消除工作。调查与评估

---

① 国务院《国家突发公共事件总体应急预案》，2006 年 1 月 8 日发布。见中国政府网：http：// www. gov. cn/yjgl/2005 – 08/31/content_ 27872. htm，下同。

即对特别重大突发公共事件的起因、性质、影响、责任、经验教训和恢复重建等问题进行调查评估。最后，要根据受灾地区恢复重建计划组织实施恢复重建工作。在公共事件的处置应对中，还要采取各种恰当方式及时发布有关信息。

（三）应急保障

各有关部门要按照职责分工和相关预案做好突发公共事件的应对工作，同时根据总体预案切实做好应对突发公共事件的人力、物力、财力、交通运输、医疗卫生及通信保障等工作，保证应急救援工作的需要和灾区群众的基本生活，以及恢复重建工作的顺利进行。

二、对突发公共事件应对措施进行跟踪审计的必要性

突发公共事件应对措施具备如下特点：

一是突发公共事件的应对措施是政府行为。因其首先属于"公共"事件。政府作为社会公共事务的管理人，承担了突发公共事件应对的主要责任。

二是突发公共事件的应对措施需要耗用大量财政资金和其他公共资源。一切应对措施都需要资源的投入。尽管在一些公共事件发生后，社会各界都会以捐赠、义工、对口支援等方式投入大量资源，但政府在突发公共事件的应对措施中投入的预算资金和人力、物力必然占主体地位，也是最先发挥作用、最可靠的资源保障。

三是突发公共事件的应对措施多属急、难、险、重任务，内部控制相对薄弱。由于"突发"事件并非常态，且发生的时间、地点、性质、方式都无法预料，各地区、各部门政府机构只能制订预案，但无法建立常态机构和制度对突发事件的应对措施进行规范管理。因此，对各项应对措施的监督，特别是对资金和资源使用情况的审计监督，就变得更加必要。

四是对突发公共事件应对措施的审计，本身也是应对措施之一。重大公共事件发生后，相关信息发布工作对于公共事件影响的平息、防止事件进一步扩大、确保事件应对得到公共资源的及时支持都具有重要的作用。作为消除信息不对称现象的重要手段，审计信息的及时发布，能起到其他

信息来源不可替代的作用。

三、突发公共事件应对措施审计的主要内容

突发公共事件应对措施审计的对象是各项应对措施的安排、落实情况及其效果。

（一）对应对措施的安排情况的审计

审计机关首先要对突发公共事件发生后，有关地区、部门的政府机构响应情况做出评价。评价的主要依据，首先应当是国务院以及各地方政府制定的各类突发公共事件《应急预案》，也包括各部门分工中关于应急事件处理的职责要求。

评价的主要内容包括：

——这些机构对突发公共事件的响应是否及时；

——安排的处置措施是否恰当，是否包括了《应急预案》规定的必要措施；

——处置措施有无落实相应资源保障，如应急资金是否安排了预算，防汛等应急物资是否落实，应急道路是否安排抢修，通行能力是否满足要求，电力是否接通，应急通信设备是否开通等；

——处置措施是否及时落实到具体部门和责任人员。

（二）对应对措施落实情况的审计

在突发公共事件的处置和应对开始后，审计机关应当跟踪审计各项应对措施的落实情况。包括：

——应急事件处置工作规划的编制是否完成，规划是否切实可行。

——应急资金预算批复、资金下拨、支付、管理、使用是否及时、到位，是否符合有关规定。

——应急物资的运输、保管、发放工作是否及时，是否符合事件处置的需要。物资处置、分配是否公平，是否符合事先界定的原则。

——应急机构的组成和履责情况是否符合事件处理需要。

——事件处理过程是否符合国家有关政策，有无滥用权力引发不良影

响，或处理拖沓导致资源浪费等现象。

——事件处理过程的信息发布是否及时准确，是否起到正确引导作用等。

（三）对恢复重建工作的跟踪审计

对重大自然灾害或重大事故造成的永久性破坏，需要组织及时有力的恢复重建工作。此项工作的紧急性仅次于突发事件的应急处置，但因其事涉周边百姓长远生产生活条件的恢复，重要性更加突出。

恢复重建工作本身要遵循基本建设一般规律，也要履行基本建设程序，对恢复重建项目的跟踪审计，与一般基本建设项目的跟踪审计要求大体是相同的。但恢复重建工作与突发公共事件的应急处置工作常常紧密结合在一起，因此也有自身的特点。

简单而言，恢复重建工作的跟踪审计，主要应当对与灾后恢复重建规划、资金管理使用、项目建设管理相关的中央部门、中央企事业单位、地方各级政府及单位进行审计，审计范围是灾后恢复重建规划和政策落实、资金管理使用、项目建设管理、土地利用和环境保护等情况。

恢复重建跟踪审计内容一般包括：

——恢复重建资金分配管理使用情况及其效果，既包括资金筹集和拨付、支出的管理和核算情况审计，也包括资金是否存在挤占、挪用、损失、浪费或者贪污腐败等问题。

——跟踪审计项目建设管理情况，包括电力、干线公路和高速公路项目以及城镇市政设施恢复重建情况，重点查处层层转包工程、偷工减料、以次充好造成的重大工程质量问题和安全事故。

——跟踪审计项目基本建设程序审批和招投标情况。关注未批先建、未组织环境影响评估、未办理相关许可证、重大设计变更和概算调整未获审批等问题；审计未按规定招投标、化整为零规避招标、招投标不规范、违规转分包工程等问题。加大力度查处招投标中围标串标、暗箱操作、行贿受贿等严重违法违纪问题。

由于恢复重建工作往往持续多年，因此对恢复重建工作的跟踪审计也存在多次跟踪检查的特点，因此，在审计中，还要关注以前年度跟踪审计和审计调查的结果和效果，追踪所移送的严重违法违规问题及犯罪案件线索的查处情况。

（四）对各项保障政策和措施的跟踪审计

对于重大突发公共事件的处置和恢复重建，政府往往会出台各种临时性政策，明确制定一些保障措施。跟踪审计应当将这些政策和措施的落实情况作为审计的重要内容，也可关注政策措施是否存在不切实际、无法落实的问题，发现制度、机制方面的漏洞并向有关部门反映。

审计力量具备时，还可以跟踪审计涉及灾区后续发展的规划实施情况。调查生产力布局和产业结构调整情况及其效果，推动优化生产力布局，促进产业升级换代；调查城乡商贸和金融等市场服务体系恢复重建情况，促进为灾区生活、生产和发展提供市场服务保障；调查农村基础设施、农业生产设施和贫困村恢复重建情况，反映农村和农业重建中的困难和问题，促进加强农村建设，并跟踪审计调查支持灾区后续发展的政策措施执行情况及其效果。调查灾后恢复重建税费减免政策落实情况；调查金融支持政策执行情况及其效果，揭示和反映过度负债形成的财政风险和金融风险；调查灾区产业扶持政策执行情况及其效果，促进提高产业扶持政策的引导作用和扶持效果；调查就业援助和社会保险政策、粮食政策执行情况及其效果，促进提高灾区群众生活和生产保障能力。

上述审计内容的分类，也可根据各项公共事务应对措施特点加以调整。如审计机关对援建四川汶川"5·12"地震灾后恢复重建项目的跟踪审计，就从支援政策措施落实情况、灾后恢复重建规划落实情况、援建工程质量情况、援建资金筹集分配和管理使用情况、检查项目建设管理制度的执行情况、项目建成后的使用情况六个方面进行全程跟踪审计①。

---

① 《关于跟踪审计的几点思考》，《审计研究简报》2009 年第 10 期（总第 193 期），审计署审计科研所，2009 年 11 月。

四、突发公共事件应对措施审计实例分析

2008 年"5·12"汶川地震发生后，审计署组织各级审计机关，从 5 月 14 日至 11 月底，对 18 个中央部门和单位、31 个省（自治区、直辖市）和新疆生产建设兵团的 1289 个省级部门和单位、5384 个地级部门和单位、24618 个县级部门和单位进行了抗震救灾资金物资审计，延伸审计了四川、甘肃、陕西、重庆、云南 5 省（市）的 3845 个乡镇、9526 个村，并对 76709 户受灾群众进行了调查。审计过程中，审计署先后发布了 4 次阶段性审计情况公告。

这次审计是一次典型的对突发公共事件应对措施的审计。根据审计结果公告①，审计涵盖了财政救灾款物筹集、使用和结存情况和社会捐赠救灾款物情况。审计机关在审计过程中，按照边审计、边规范的要求，随时发现问题，随时提出建议，随时督促整改，以多种方式提出了在严格执行国家各项救灾政策，强化对救灾款物接受、分配和使用的管理，提高救灾款物的使用效益和防止损失浪费等方面的审计建议 3640 多条。各级政府和部门、单位对审计提出的建议高度重视，已采纳 2940 多条，根据审计建议出台了 570 多项规定和制度，确保了救灾款物的科学、合理、有效使用。

依据历次审计公告，审计发现的问题②，包括财政安排的救灾款物管理不够规范、政策不够完善、执行不完全到位等问题，也包括社会救灾捐赠款物结存于一些部门、单位，个别地方抗震救灾物资积压和不适用，少数地方和个别单位在发放补助时搭车收费、自行提高标准，个别地区活动板房建设与灾区实际需求衔接不够等问题。还包括了个别地区灾情上报不准确，少数地区救灾资金拨付、使用不及时，个别单位救灾物资管理不规

---

① 《审计署关于汶川地震抗震救灾资金物资审计情况公告（第 4 号）》，2008 年 12 月 31 日。审计署网站 www.audit.gov.cn。

② 《审计署关于汶川地震抗震救灾资金物资审计情况公告》（第 1 号），2008 年 6 月 12 日。审计署网站 www.audit.gov.cn。

《审计署关于汶川地震抗震救灾资金物资审计情况公告》（第 2 号），2008 年 6 月 24 日。审计署网站 www.audit.gov.cn。

《审计署关于汶川地震抗震救灾资金物资审计情况公告》（第 3 号），2008 年 8 月 4 日。审计署网站 www.audit.gov.cn。

范，少数单位救灾物资未按需采购，部分物资价格偏高，个别单位擅自改变救灾资金用途，部分行业募集的本系统内职工捐款大量结存。

这些问题，涵盖了上述四个方面的主要内容，且从第一号公告到第四号公告反映的问题逐步深入，体现出了明显的跟踪审计特点，是突发公共事件跟踪审计的较好典范。

第五节　宏观政策贯彻落实及执行效果的跟踪审计

一、宏观政策概述

宏观政策，即宏观调控政策，是指政府运用宏观经济政策对宏观经济运行所进行的控制和调节，它是政府通过调整其掌握的某些经济变量来影响市场经济中各种变量的取值，从而影响微观经济行为的政策过程。《审计署"十二五"审计工作发展规划》提出，要"加强对中央重大方针政策和宏观调控措施贯彻落实情况的跟踪审计，促进政令畅通，保障各项政策措施落实到位"。这一要求，既明确了"十二五"期间审计工作的主要任务，也对国家审计工作所指向的"宏观政策"做出了范围界定，即中央重大方针政策和宏观调控政策。

根据经济学原理，宏观经济调控的作用动因源于市场机制失灵理论，即在市场经济条件下，市场机制起着配置资源的基础性作用，但市场机制功能存在失灵和缺陷，需要非市场的力量来校正和弥补市场机制的缺陷，政府干预（调控）成为一种替代选择①。宏观经济调控有多种政策手段，包括财政政策、货币政策、收入政策、产业政策、价格政策等，其中用得最多和最有效的还是财政政策和货币政策。财政政策是指一国政府在一定时期内，针对一定的经济发展目标，运用国家财力调节国家经济运行，促进经济协调、有序发展的间接控制工具和行为准则，其主要的政策工具包括财政支出、税收、国债和财政预算。货币政策是指一个国家的货币当局

---

① 刘瑞主编：《国民经济管理学概论》。中国人民大学出版社，2004年，第7页。

或中央银行根据国民经济形势和目标的要求，运用货币政策工具实现货币政策操作目标和中间目标，从而实现最终目标的总方针和措施，其主要的政策工具包括再贴现政策、公开市场业务和法定存款准备金率等。改革开放 30 多年来，我国积极探索宏观经济调控和管理的方式方法，在市场配置资源的基础上，形成了以计划、财政、金融、社会保障等多种手段相互配合和相互协调的宏观调控体系模式；积极探索财政政策和货币政策协同利用，形成了财政政策与货币政策相互促进、相辅相成的良好局面。

在不同的经济周期，我国采取了不同的财政政策和货币政策协调搭配。如针对"高增长、高通胀"的经济形势，1993 年下半年，政府调整宏观调控措施，实施财政政策与货币政策的"双紧"式配合。经过三年半的努力，1996年，实现经济"软着陆"。1997 年下半年爆发的亚洲金融危机，对我国经济造成了严重冲击，在单独使用扩张性货币政策对刺激需求和拉动经济增长效果不显著的情况下，政府选择了实行积极财政政策和稳健的货币政策，通过投放国债资金、吸收大量社会资金，扩大投资与消费双渠道拉动国内有效需求的增长，改善了银行资产结构，取得了良好调控效果。2008 年以来，受国际金融危机影响，我国宏观政策迅速大幅调整：货币政策从 2007 年底的"紧缩"转为"扩张"，同时财政政策也从"稳健"转为"积极"。具体包括：

——积极的财政政策[①]。本次国家宏观调控所采取积极财政政策方面的主要着力点有五项：一是扩大政府公共投资，大力促进消费需求。增加国债规模，扩大政府公共投资，并与刺激消费、统筹发展、深化改革等有机结合起来，优化政府公共投资结构，重点安排民生工程、基础设施、生态环境和灾后恢复重建，带动和引导消费需求，迅速拉动经济增长。二是推进税费改革，减轻企业和居民负担。三是增加财政补助规模，提高低收入群体收入。四是进一步优化财政支出结构，保障和改善民生。要进一步调整财政支出结构，严格控制一般性支出，重点加大"三农"、教育、就业、住房、医疗卫生、社会保障等民生领域投入，并向中西部地区倾斜。五是大力支持科技创新和节能减排，推动经济结构调整和发展方式转变。

——适度宽松的货币政策。一是调动市场积极因素，恢复市场活力，

---

① 谢旭人：《实施积极的财政政策要把握好五个着力点》。

提高经济运行的弹性和自我修复能力；二是为积极财政政策的推行创造良好的环境和提供必要的空间，既减轻积极财政政策的实施成本，又通过提高"乘数"和减少"挤出"保障积极财政政策的实施效果；三是为克服经济中的问题和矛盾提供支持和便利。

——其他宏观调控政策。2008 年 11 月以来，宏观调控的产业政策方面，推出了钢铁、汽车、船舶、石化、纺织、轻工、有色金属、装备制造、电子信息和物流等十大产业振兴规划。2009 年 10 月后，国务院将钢铁、水泥、平板玻璃、煤化工、多晶硅、风电设备六大产能过剩的行业，确定为调控和引导的重点。

二、宏观政策贯彻落实及执行效果跟踪审计的必要性和作用途径

国家审计机关作为国家财政经济的专门监督部门，基本职能是进行经济监督，不直接参与宏观调控政策的制定，从一定意义上说也不直接参与政策的实施。但国家审计作为国家治理的重要组成部分，作为国家治理这个大系统中的一个内生的具有预防、揭示和抵御功能的"免疫系统"，也必然是国家宏观调控体系监督控制系统的重要组成部分，需要也能够通过促进政策措施落实、揭露政策执行中存在的问题、揭示问题产生原因、分析体制机制障碍、提出政策建议和决策参考信息等途径，在加强和改进国家宏观调控中发挥重要作用。

（一）宏观政策贯彻落实及执行效果跟踪审计的必要性

1. 对宏观政策贯彻落实及执行情况开展跟踪审计是推动完善国家治理的重要方式

宏观调控政策的制定和施行是国家进行治理的重要内容与任务，其根本目的是为保障国家利益和维护国家安全。国家审计作为国家治理系统中内生的监督控制系统之一[①]，要紧紧围绕国家治理的各项任务，加强对宏观政策贯彻落实及执行情况的跟踪审计，通过依法用权力制约权力，服务

---

① 刘家义：《国家审计与国家治理——在中国审计学会第三次理事论坛上的讲话》，《审计情况通报》2011 年第 14 号。

于国家治理的决策系统，对国家治理的执行系统实施监督和约束，全面、真实、准确地反映调控政策的落实情况和执行效果，保障宏观调控各项经济政策措施落到实处，从而在更宽领域、更高层面发挥更大作用。

2. 对宏观政策贯彻落实及执行情况开展跟踪审计是国家审计发挥"免疫系统"功能的重要途径

审计作为国家经济社会运行的"免疫系统"，不仅要揭示、查处经济社会运行中的问题，而且要预防经济社会运行中的问题；不仅要坚持批判性、坚持监督、坚持微观查处和揭露，而且要立足建设性、立足服务、立足全局；不仅要查错纠弊，而且要预警预防、促进内部控制、提高系统运行质量。通过对宏观政策贯彻落实及执行情况开展跟踪审计，及时揭示中央宏观政策措施执行中出现的新情况、新问题，深入剖析体制性、机制性和制度性原因，能够更好地保障和促进中央各项方针政策落到实处，能够更好地体现国家审计的建设性和为宏观大局服务的工作方针。

（二）宏观政策贯彻落实及执行效果跟踪审计的作用途径

1. 总体评价与信息反馈

在中央重大决策部署和宏观调控贯彻执行过程中，审计机关对政策执行进展情况进行总体评价，并及时将审计发现的问题、分析的原因、提出的意见或建议反馈给决策部门，促进相关部门及时修正和完善各项经济政策措施，使政策更加符合实际，更加科学、合理和有效。

2. 揭露问题与维护执行

通过跟踪审计，重点揭示和反映有令不行、有禁不止，影响政令畅通的行为，特别是揭露重大违背国家产业、土地和投资政策、重大铺张浪费和损失浪费，通过督促整改，完善政策，维护和保证宏观政策的执行效果。

3. 政策评估与促进效果

宏观调控经济政策举足轻重，跟踪审计的过程实际上也是对宏观调控经济政策的后评估过程，审计结果将为未来的相关决策部署提供参考，促进国家和有关部门出台宏观调控政策的决策更加科学，措施更加完善，机制更加健全。

三、宏观政策贯彻落实及执行效果跟踪审计的主要内容

（一）落实国家宏观调控政策所采取的主要政策措施

做好宏观政策贯彻落实及执行效果的跟踪审计，首先要围绕某一时期，中央的某项或某几项重大决策部署和有关宏观调控政策，评价有关地区、部门所采取的主要措施，从政策措施层面客观反映宏观政策的施行程度。同一时期，贯彻落实国家宏观政策的不同方面内容，所采取的措施各有侧重，不尽相同；不同时期，贯彻落实国家宏观政策的同一方面内容，所采取的措施因时制宜，也不尽相同。因此，对采取贯彻落实主要措施的审计与评价重点，要基于对当前国家宏观调控政策取向的正确把握，基于对宏观调控政策涉及的不同方面的充分理解。

以 2008 年以来国家扩大内需宏观调控政策为例，主要是运用经济手段，以推出和实施积极财政政策、适度宽松货币政策和产业政策等为主，相关跟踪审计也重点关注了上述宏观政策在有关地区、部门的贯彻情况，对照检查是否落实了有关政策，制定并执行了相关配套措施：

——审查相关地方和部门实行积极财政政策情况，采取了哪些调整政府支出、实行结构性减税和推进税费改革、减免行政事业性收费、发行地方债等有利于扩大内需、促进经济增长和增强发展后劲的政策措施。

——调查相关地方和部门是否合理安排政府性投资和引导各方投资采取的举措，如增加政府投资力度，引导和带动社会投资，加快项目建设进度，保持投资稳定增长等。

——检查相关地方和部门是否按照中央"调结构、保民生、促增长"的政策要求和各项产业规划布局安排投资，调整投资方向，重点投向民生工程、重大基础设施、生态环境、灾后重建和产业结构调整升级等方面建设，加快推进经济战略性调整和发展方式转变。

——审查相关地方和部门是否加强了对建设用地的统筹规划和计划调控，是否严格保护耕地和节约用地，保障被征地农民的合法权益，以及环境保护等。

——了解各级纪检监察和审计等部门是否及时跟进，加强对投资项目

和资金的监督管理情况。

（二）落实国家宏观调控政策取得的主要成效

对于宏观调控政策贯彻落实情况及取得的阶段性成果，主要应利用相关宏观经济指标如 GDP、城镇固定资产投资总额、社会消费品零售总额、规模以上工业企业增加值等和相关具体成效指标，将定性分析与定量分析相结合，从总体上进行反映和评价。

以评价国家扩大内需宏观调控政策执行取得的成效为例，主要应包括以下内容：

——摸清中央和地方扩大内需投资项目总体规模及总体进展情况，对社会投资资金及全社会固定资产投资的拉动情况。

——调查被调查地区主要经济指标增长变化情况及趋势，包括 GDP 总值、社会消费品零售总额、就业人口数等。

——关注促进财政增收节支，控制经常性支出，用于扩大投资、提高居民收入和社会保障水平，促进失业人员和新增劳动力就业等情况。

——掌握改善涉及民生如居民住房、安全饮水、卫生医疗、教育等方面条件取得的成效。

——评价实施土地保护政策、加强生态建设及环境改善，促进产业振兴和结构调整方面取得的成效。

（三）相关投资计划、资金安排及项目总体进展情况

宏观调控政策的贯彻落实除了上述政策层面的传导机制、制度安排外，还有更为重要的实体层面的贯彻落实措施，那就是与该宏观政策密切相关的政府投资计划的安排与建设。如本次扩大内需宏观调控，在推出进一步扩大内需、促进经济增长的十项措施的同时，中央又做出了"4 万亿元投资"的安排和促进经济平稳较快增长的一揽子经济刺激计划。对宏观政策贯彻落实及实施效果的跟踪就离不开对相关政府投资计划及具体项目建设的审计。

以本次扩大内需宏观调控政策跟踪审计为例，对这部分内容的关注重点包括：

1. 有关地区和部门投资总体情况

包括投资计划总体规模，资金计划来源及结构。分清中央投资项目计划安排总体情况、地方投资项目计划安排总体情况，以及中央、地方投资项目的数量、计划投资总规模，资金计划来源及结构，包括中央、省、市、县各级政府财政投资，通过政府融资平台或由政府担保、建设单位或其他方式获得的银行贷款，建设单位自有资金和其他社会资金等各项投资资金规模及比例，分析政府性投资对社会投资的带动效应。关注地方在转批、分解中央投资计划中，有无随意调整中央投资项目计划规模，减少地方配套资金，或计划分解不到位等问题。

2. 投资项目的具体投向及分布情况

按照大类投向及项目类别进行归类汇总，做出总体分析。关注有无随意调整中央投资项目计划投向，地方投资项目安排不符合中央政策规定投向和国家相关产业调整规划等要求，投入"两高一剩"、低水平重复建设项目，或投资建设形象工程、楼堂馆所等问题。

3. 项目落实及资金保障情况

调查了解已落实项目的数量及投资规模，掌握各项目资金包括中央、省、市、县等各级财政资金，各种渠道的银行贷款，建设单位自筹资金及其他社会资金的实际到位情况，项目开工建设及总体进展情况，分析未开工项目、已开工项目、已完工项目个数及总体情况。关注项目出资主体不明确、配套责任悬空；上级政府向下级政府或企业、金融机构转移投资及配套责任；超出地方财力安排项目，财政投资资金拨付不及时，导致政府性投资资金无法到位，以及大量举借银行债务对项目建设、地区经济持续发展所带来的影响。

（四）有关投资项目建设、管理情况

如上所述，对宏观政策贯彻落实的跟踪审计离不开对相关政府投资计划与具体投资项目建设情况的检查。在摸清总体情况基础上，审计还应结合各地实际，选取部分投资额度大、有一定代表性的投资项目，对其有关情况深入剖析，关注宏观政策在具体项目建设实施中的体现与执行：

1. 审查项目的实际投向情况

即所选项目虽列示为某类投向，实际是否属于该类投向，有无列示为该类投向但实际属于其他类投向，如列为民生类，实际是基础设施类的问题。

2. 关注项目的产能过剩情况

即不符合国家产业政策，投资于产能过剩行业的情况，主要是全国、全省该行业产能已达多少、已过剩状况，现又投资该行业产能多少。

3. 检查项目的能耗情况

即所选项目建成后，其能耗（包括资源、能源）来源保障如何，是否符合国家产业政策、行业标准等。

4. 调查环境保护情况

主要是所选项目中有无高排放、高污染，不符合国家环保政策的项目，污染程度如何，其项目和投资分别占所选项目的比重多大。

5. 审查土地占用及审批情况

主要是所选项目占用土地、特别是耕地尤其是基本农田情况，所用土地是否经过批准，有无违背国家政策法规情况，违规用地多少，占所选项目的比重多大。

6. 检查资金到位及管理使用情况

调查了解项目资金实际到位情况，摸清各项资金来源结构，分析各类债务资金来源渠道、金额及所占比重，关注项目资金有无大量闲置、被挤占挪用，或将扩大内需投资资金用于偿还以前年度拖欠工程款，将政府债券资金投入非公益性项目或用于经常性支出，或将政府性投资资金用于置换建设单位自有及其他社会投资资金，甚至虚报项目、重复申报项目套取政府投资补助等问题。

对于具体项目管理情况的审计，与一般建设项目跟踪审计区别不大，主要是沿着立项审批、实施管理、竣工验收、运营效果等各个环节来开展，这里不再赘述。

四、宏观政策贯彻落实及执行效果跟踪审计实例介绍

为应对国际金融危机给我国经济带来的不利影响和冲击，2008 年 12 月召开的中央经济工作会议提出，2009 年经济工作的首要任务是保持经济

平稳较快发展。自 2008 年第四季度起，中央陆续出台了包括大规模新增政府性投资（即 4 万亿元投资）、大范围产业调整和振兴、大力度的科技支撑和大幅度提高社会保障水平在内的扩大内需促进经济平稳较快发展的一揽子计划和政策措施。审计署迅速部署，将促进经济平稳较快发展作为审计工作的主线和重中之重，以保障和促进中央应对国际金融危机政策措施的贯彻落实为目标，积极组织开展了中央扩大内需促进经济平稳较快发展有关政策实施情况及效果专项审计调查、国际金融危机对广东等 5 省市影响审计调查、政府投资保障性住房专项审计调查、节能减排资金管理使用情况审计、商业银行信贷投向跟踪审计调查、9 省市应对国际金融危机落实中小企业扶持政策专项审计调查、16 省区市国税部门税收征管情况审计调查、新型农村社会养老保险基金审计调查等系列审计和专项审计调查项目，在推动"扩内需、保民生、调结构、促发展"等宏观政策贯彻落实和提高政策措施效果方面发挥了积极的作用，取得了明显的成效。如：

2009 年 9 月至 10 月，审计署组织相关业务司、18 个特派办和部分派出局人员，对湖北、重庆等 17 个省（自治区、直辖市）以及铁道部、国家电网和南方电网公司、3 家国有商业银行贯彻落实中央扩大内需政策措施情况及效果进行专项审计调查，重点抽查投资项目 1981 个。审计调查的结果客观评价了各地区各部门贯彻落实中央有关政策所采取的主要措施及取得的初步成效，揭示和反映了地方配套或投资资金未落实到位，部分地方债券资金使用不合规定，执行国家产业政策不够严格，有的项目不符合国家环保政策和土地政策，部分单位套取挪用政府投资资金，有的地方政府通过融资平台大力举借债务进行建设存在较大债务风险等一系列普遍性、倾向性和典型性问题。审计调查结果引起了国务院领导的高度重视，国务院办公厅将审计调查结果报告全文转发各地政府、各中央部门，并提出了整改要求。各地政府、各部门高度重视，按照中央要求采取措施进行整改，并完善了相关制度和措施，强化了管理。同时审计署对 1981 个扩大内需投资项目建设管理及资金使用情况审计调查的结果公告，在社会上引起广泛关注和较大反响。2009 年 12 月，温家宝总理在听取审计署工作汇报时，对包括这次审计调查在内的审计工作给予了高度评价。

第五章 跟踪审计成果及其运用

跟踪审计实质上是审计机关行使国家以法律形式赋予监督权的一种工作方式，跟踪审计成果是审计机关向权力主体和社会公众阐释监督权行使得如何、监督责任履行得如何，以解除公共受托责任为目的的说明。本章主要阐述跟踪审计成果的内涵、载体以及各种载体的内容、特点和作用，并探讨跟踪审计成果运用的意义、影响因素及加强运用的对策。

第一节 跟踪审计成果概述

跟踪审计成果载体是由其目的所决定，成果内容是由经济社会发展特点所决定，它们共同构成了跟踪审计成果的内涵和外延。

一、跟踪审计成果的内涵

跟踪审计成果是审计项目从立项到调查乃至审计实施过程的价值体现。一般认为，跟踪审计成果主要是指审计机关、审计人员在依法进行跟踪审计实践过程中形成的促进经济社会健康发展的有用信息。

跟踪审计成果在内容上可能呈现为查处的大案、要案的数量和金额，向被审计单位及其主管部门提出的改进意见、建议以及避免损失浪费的金额，向政府部门报送的关于体制、机制等方面存在的问题及建议等；在形式上主要表现为审计情况通报、跟踪审计报告、跟踪审计决定书、跟踪审计移送处理书以及对外发布的跟踪审计结果公告等。从时点来看，跟踪审计成果不仅有传统的审计完结后出具的综合性审计报告和审计结果公告，而且还有在审计过程的某个节点，出具的阶段性审计报告和审计结果公告。

二、跟踪审计成果的载体

跟踪审计成果的载体，亦即跟踪审计成果信息的外在表现形式。跟踪审计作为一种特殊的审计方式，其成果载体从表达交流的方式来看，可以分为口头和书面两种。口头形式的载体是一种非正式的表达形式，主要用于跟踪审计中发现的一般性问题，与被审计单位及其主管部门进行沟通。口头形式的成果载体使用范围相对狭窄且涉及的问题重要性程度相对较低，因此，本书没有研究口头形式的成果载体。

书面形式的载体是一种正式的表达形式，主要用于审计发现的重点问题或倾向性问题，包括跟踪审计报告、专题报告、审计情况简报、移送处理书、审计情况通报、审计建议函以及跟踪审计结果公告等。这些载体共同承载着跟踪审计成果，同时由于它们在成果接收主体、公开程度以及成果发布的时点、出具的审计文书与跟踪审计任务完成情况之间的关系等方面存在差异，具体如表1所示。因而，它们分别适用于不同情形。

表1 （书面形式）跟踪审计成果的载体比较

跟踪审计成果的载体	信息接收主体	涵盖的具体成果类型	公开程度	定性与否	是否定期①
审计情况通报	被审计单位和有关政府	审计建议函、审计建议书、审计情况通报等文书	中	过程性	不定期，根据需要随时发出
审计报告	审计机关与被审计单位	专项审计报告、阶段性审计报告、联合检查报告和综合审计报告	中	结论性	定期
审计信息	本级政府和上级审计机关	审计信息、审计简报、跟踪审计动态、审计工作通讯、审计要情、重要信息要目等文书	低	过程性	不定期，根据需要随时发出
审计结果报告和审计工作报告	政府和人大	审计结果报告和审计工作报告	低/高	结论性	定期
审计结果公告	社会公众	阶段性与综合审计报告	高	结论性	定期

---

① 定期与否是相对于审计过程而言，如认为审计结果公告和审计报告是定期的，是因为通常半年或一年发一次。

此外，跟踪审计中的审计结果报告和审计工作报告通常是与年度其他财政、财务收支合并向政府和人大进行报告。因此，本书也没有阐述这两种跟踪审计成果载体。

三、跟踪审计成果的内容

跟踪审计成果的内容是指不同的成果载体向相关信息接收主体所予表达的内容，它是跟踪审计人员在审计过程中围绕审计对象和目标展开具体工作与取得成就的反映。

（一）宏观政策贯彻落实与完善情况

审计署"十二五"审计工作发展规划确定，将加强对中央重大方针政策和宏观调控措施贯彻落实情况的跟踪审计，促进政令畅通，保障各项政策措施落实到位。这表明跟踪审计的对象之一是国家政策执行情况和效果，已有跟踪审计实践表明，审计机关在促进宏观政策贯彻落实方面取得了丰硕成果，如审计署在2008—2009年实施对"中央保持经济平稳较快发展政策措施贯彻落实"的跟踪审计，发现一些项目的地方配套资金到位率不高，部分政策的实施办法不够完善。随后相关部门针对跟踪审计发现的问题，下发了《关于进一步落实新增中央投资项目地方配套投资有关问题的紧急通知》，有关地方随后采取措施加快资金落实和项目前期工作。

（二）重大突发性公共事项引发的社会风险防范情况

重大突发性公共事项具有危害严重、波及面广等特点，是跟踪审计的对象之一。审计机关对2003年防治非典型肺炎专项资金和捐赠款物进行的跟踪审计，是对突发性公共事项开展的跟踪审计尝试。审计机关在2008年汶川地震中，对抗震救灾资金物资进行跟踪审计，在2009年的青海玉树地震中，对青海玉树地震抗震救灾资金物资进行跟踪审计，两次跟踪审计在很大程度上打消了社会公众对所捐款物能否真正用于灾区群众的疑虑。跟踪审计提高了捐赠款物流向的透明度，让社会公众在灾难面前众志成城，较好地维护灾区社会稳定和人民生命财产安全。

（三）项目建设进度、质量和造价情况

跟踪审计的项目通常是关系国计民生的重大建设项目，如近年来，审计署对奥运场馆的持续跟踪审计，对三峡工程跟踪审计、京沪高速铁路跟踪审计、西气东输二线跟踪审计。审计机关对这些项目进行跟踪审计，通过适当的载体揭示项目进度、质量以及成本控制中存在的问题，有助于监督项目进展和工程质量，并通过审计核减杜绝造价中的水分。

（四）财政资金和公共资源管理活动的绩效情况

跟踪审计成果之一是发现资金大量结存闲置、重复安排建设资金、弄虚作假套取建设资金、挤占挪用资金等，审计机关从确保资金安全和效益的角度提出整改建议。如湖北省审计厅 2009—2011 年在南水北调移民资金跟踪审计中，发现上亿元的移民资金存在违规使用，并提出了相关改进建议，促进相关部门制定规章制度，加强资金运用管理，提高资金使用绩效。

四、跟踪审计成果的特征

跟踪审计成果的特征是由跟踪审计的特性和目标所决定，与事后审计相比，跟踪审计成果还具有以下几个方面的特征：

（一）建设性

国家审计在国家治理系统中属于监督控制系统。国家审计的建设性作用是以监督作用为基础，并且不是直接发挥作用，必须通过对审计成果有效利用来实现。[①] 随着跟踪审计实践与理论的不断发展和完善，跟踪审计已经成为一种较为成熟的审计方式，应用范围日益广泛。建立在监督职能之上的建设性作用成为跟踪审计发挥"免疫系统"功能的最佳体现，原因在于它能够根据审计对象的实际情况，灵活地选择审计介入时点，预防重大问题发生。同时，由于跟踪审计与被审计单位之间的联系更为紧密，对

[①] 宫军：《国家审计建设性作用的理论定位》，《审计月刊》，2008 年第 8 期，第 6 页。

政策或制度在实际执行中存在的问题或缺陷体会更为深刻，更能够从实际出发，提出促进政策或制度完善的建议。无论是微观上预防重大问题的发生，还是宏观上促进政策的完善，均是跟踪审计的重要成果，也是跟踪审计成果建设性作用的重要体现。

（二）及时性

跟踪审计成果要发挥建设性作用，还必须具有及时性特征。事后审计成果主要通过查处问题和处理处罚等"秋后算账"的方式追究责任和挽回损失。跟踪审计通过及时介入，将其成果及时告知被审计单位及其主管部门，要求他们及时采取相应的措施，避免造成不良影响或防止影响进一步扩大，将问题扼杀在萌芽之中。审计情况通报是跟踪审计成果及时性的重要体现，通过灵活便捷的方式促使被审计单位在审计过程中及时整改，政策制定部门及时完善相关政策或制度。

（三）阶段性

跟踪审计通常是关系国计民生的重大建设项目、特殊资源开发与环境保护事项、重大突发性公共事项、国家重大政策措施的执行，因而社会关注度高。同时跟踪审计的突出特点是时间跨度长，如汶川地震灾后恢复重建跟踪审计历时长达三年。若跟踪审计全部结束才出一份审计报告或审计结果公告，跟踪审计成果可能就失去意义。

此外，审计机关可以根据审计资源的优化配置，在跟踪的具体形式上选择不同的审计介入时点，如奥运项目跟踪审计采取每年审一次。这也要求跟踪审计成果呈现出阶段性特征。当前，我国跟踪审计实践中有阶段性跟踪审计报告和阶段性跟踪审计结果公告，如北京市审计局在汶川地震灾后恢复重建跟踪审计中，每年出具一份阶段性审计报告。

（四）多样性

跟踪审计成果的多样性，主要表现在形式和实质两个方面。

1. 形式上的多样性

跟踪审计的突出特点是跟踪审计人员长驻被审计单位，事实上形成了嵌入式的审计模式。从成果的表达交流方式来看，跟踪审计成果有口头和书面两种方式；从成果载体来看，有常规的审计报告、审计结果公告等，还有独有的审计情况通报。

2. 实质上的多样性

实质上的多样性主要是指跟踪审计成果的内容，跟踪审计成果可能不仅仅是查处大要案的数量或金额，而且也体现为跟踪审计过程中提出了多少条审计建议，帮助相关部门和单位建立健全了多少项规章制度，督促多少问题得到了解决和整改。

（五）过程性与结论性成果并存

与传统的事后审计相比，跟踪审计的建设性作用需要审计人员不能在全部或阶段性审计任务完结后再出具审计报告，而是在审计过程中，随时都可能产生过程性成果。如口头向被审计单位及其主管部门提出审计意见或建议，以及以书面形式出具的审计情况通报。因而，从审计成果内容与审计任务完成与否之间的关系来看，可以分为结论性与过程性的跟踪审计成果。

第二节　审计情况通报

《中华人民共和国国家审计准则》第一百二十四条规定，采用跟踪审计方式实施审计的，审计组在跟踪审计过程中发现的问题，应当以审计机关的名义及时向被审计单位通报，并要求其整改。因而，审计情况通报是跟踪审计特有的一种成果载体，主要用于在审计过程中发现的特定单位、地区和特定事项问题，及时提出审计意见和建议，构成了审计报告的下一层次审计结论性文件。在跟踪审计实践中，审计情况通报既讲审计情况，又讲审计意见或建议，在跟踪审计中发挥了信息及时传递的作用。

一、审计情况通报的内容

审计情况通报主送单位是政府、单位或主管部门，形式与审计报告相同，但处理程序灵活、时效性强、内容也更具针对性。审计情况通报一般包括下列内容：

（一）跟踪审计基本情况

主要包括跟踪审计依据、审计实施的基本情况以及被审计单位或项目的基本情况，是审计文书的背景信息。

（二）跟踪审计评价意见

审计评价意见应围绕已实施的审计目标，依据相关法律法规、政策及其他标准，对审计事项发表意见，对审计过程中未涉及、审计证据不充分、评价依据或标准不明确以及超越审计职责范围的事项，不发表审计意见。评价意见既包括正面评价，也包括对审计发现的主要问题的简要概括，不能与审计发现的问题相矛盾。

（三）跟踪审计发现的主要问题

本部分重点反映跟踪审计发现的政策、体制或制度及其执行中存在的问题。

（四）发现问题的原因分析

原因分析是提出具有针对性和可操作性审计意见或建议的基础，只有客观、公正地找出问题的原因，才能够提出切实可行的审计建议。这是跟踪审计能否发挥建设性作用以及发挥建设性作用程度的重要影响因素。

（五）跟踪审计建议

审计建议是审计情况通报中体现跟踪审计价值、发挥跟踪审计作用的重要组成部分，一般应围绕跟踪审计发现的主要问题，从政策、体制、制度和管理等方面提出具有针对性和可操作性的审计建议，便于被审计单位及其主管部门采纳，及时预防或纠正存在的体制、政策缺陷或管理漏洞，发挥跟踪审计的"免疫系统"功能。

二、审计情况通报的特点

（一）签发主体扩大到派出机构

审计情况通报是审计机关与被审计单位及其主管部门在跟踪审计过程中进行沟通的重要工具，作为一种对外传递的公文，必定有其规定的流程。与跟踪审计报告和跟踪审计结果公告不同的是，为了实现促进被审计单位及其主管部门及时整改和规范的目的，审计情况通报可以由审计署或地方审计机关直接发报，也可以由派出机构发报①。审计文书签发主体范围得到扩大，即派出机构可以签发审计情况通报，但需要强调的是，派出机构签发的审计情况通报仍然是以审计机关的名义签发，如审计署特派办在进行跟踪审计时，签发的审计情况通报是以审计署的名义向被审计单位及其主管部门发出。

（二）发报频率高、时效性强

审计情况通报的时效性主要体现在两个方面：其一是派出机构拥有签发审计情况通报的权力，减少了层层上报批复的时间，缩短了从查出问题到与被审计单位及其主管部门就查出的问题进行沟通的时间；其二是审计情况通报是审计机关根据情况可以随时向被审计单位和相关部门发出，改变了传统审计在项目完结时才发布审计报告和审计结果公告的做法。时效性强带来的必然结果是跟踪审计发报频率高。审计情况通报的上述特性极大地便利了跟踪审计实现"边审计、边整改、边规范、边提高"的目的。

（三）审计意见或建议的针对性和可操作性强，且强制性较高

审计情况通报是审计机关为解决问题向被审计单位或相关部门发报，这就意味着每一份审计情况通报是与特定的问题紧密相连，并且审计机关针对特定问题的意见和建议具有较强的针对性和可操作性。

审计机关在以往的审计建议函中提出的建议，被审计单位和相关部门

---

① 刘家义：《刘家义审计长在汶川地震灾后恢复重建跟踪审计工作现场会上的讲话》，审计署网站，2009 年 6 月，第 9 页。

可以采纳，也可以不采纳，不具备强制性。审计情况通报是以《中华人民共和国国家审计准则》的形式规定下来，要求被审计单位或部门进行整改，提高了执行力度。

（四）适用范围广

审计情况通报从政策措施完善、工程质量缺陷整改到账务处理调整均可适用，是跟踪审计尤其是灾后恢复重建跟踪审计中应用最广泛的一种审计成果载体。

（五）过程性

审计情况通报是跟踪审计作为嵌入式审计方式的产物，与审计实施过程紧密相连，既揭示了被审计单位或部门在被跟踪过程中存在的问题或不足，又反映了审计人员在审计过程就特定问题取得的工作成果。它是审计过程的产物，不具有对审计进行全部总结的特性。

三、审计情况通报的作用

（一）是对审计工作情况和建议的说明

审计情况通报是对审计建议书的进一步修订和完善，一方面向被审计单位及其主管部门说明审计过程中发现的情况；另一方面，就存在的问题向相关主体提出意见或建议。

（二）构成审计报告的下一层次审计结论性文件

审计情况通报就审计过程中发现的特定问题及时做出总结，与被审计单位及其主管部门进行沟通，而审计机关定期出具的跟踪审计报告通常是对诸多问题的总结或汇总。

（三）是跟踪审计发挥建设性作用的重要手段

审计情况通报充分体现了跟踪审计持续性和时效性特点，对审计中发现的问题，尤其是涉及政策执行、资金管理、工程质量管理、进度管理、安全管理和投资控制管理的问题，不是等正式审计报告出具后再行处理，而是以审计情况通报的形式及时向被审计单位及其主管部门提出整改要求和建议并规定整改时限，注重整改工作的实效性，充分发挥了审计的建设性作用。

（四）有助于提高审计工作效率

审计情况通报在处理程序上的灵活性，缩短了审计工作时间。更为重要的是，它与现场审计同步进行，审计机关在后续审计过程中即可进行整改情况检查，提高了审计工作效率。

第三节　跟踪审计报告

跟踪审计报告是审计机关或派出审计组以书面形式对审计过程进行正式总结的文书。它是审计机关与被审计单位及其主管部门之间规格较高的沟通方式。

一、跟踪审计报告的内容

审计机关的审计报告包括下列基本要素：标题、文号、被审计单位名称、审计项目名称、内容、审计机关名称。与之相比，审计组的审计报告不包括文号，审计机关名称也应为审计组名称及审计组组长签名。跟踪审计报告的内容主要包括：

（一）实施跟踪审计的依据

依法审计是审计机关履行职责的基本要求。审计依据即审计法律法规及相关法律法规对审计职责和权限范围的规定。跟踪审计报告中的审计依据应当与跟踪审计特点保持一致。

（二）实施跟踪审计的基本情况

说明跟踪审计的基本情况，一般包括跟踪审计起止时间、范围和内容、方式以及责任划分。跟踪审计实施的起止时间应说明开始实施审计到征求被审计单位意见的时间，不包括实际准备阶段和实际终结阶段的时间。这里尤其需要注意的是，跟踪审计的通知书与被审计单位或项目之间不是一一对应关系，审计实施的开始时间应以进点时间为准。跟踪审计范围和内容应说明所涉及的被审计单位财政财务收支所属期间和有关审计事项。跟踪审计方式是说明阶段性跟踪审计还是全程跟踪审计或其他跟踪方式。

（三）被审计单位的基本情况

简要介绍被审计单位、项目和资金的基本信息，便于跟踪审计报告使用者了解被审计单位或项目，理解审计报告内容。一般不得引用未经审计核实的数据，如必须引用，应当注明来源。如《京沪高速铁路建设项目跟踪审计》的审计报告（审投报〔2009〕119 号）在基本情况中介绍了项目概况、京沪高速铁路股份有限公司和参建单位基本情况、投资完成情况和建设进度三部分与该项目审计目标密切相关，帮助使用者获悉相关背景信息。

（四）跟踪审计评价

跟踪审计评价是围绕审计目标，依照有关法律法规、政策及其他标准，对跟踪审计对象的管理、项目进度等方面进行评价，包括正面评价和负面评价两个部分。如《京沪高速铁路建设项目跟踪审计》的审计报告（审投报〔2009〕119 号）从项目管理制度的设计和执行、工程进展情况、项目造价和投资控制、科研创新及成果转化等几个方面对项目整体情况发表评价意见。

此外，还包括对被审计单位以往审计决定执行情况和审计建议采纳情况做出总体评价。如果有审计决定未执行的，要在审计报告中详细反映，而且要说明未执行的原因。

（五）发现的主要问题和处理、处罚意见

审计发现的问题主要包括审计发现的被审计单位违反国家规定的财政财务收支问题、影响绩效的突出问题、内部控制和信息系统重大缺陷等。

如《京沪高速铁路建设项目跟踪审计》的审计报告（审投报〔2009〕119号）指出，工程管理存在着漏洞、工程造价以及财务管理等方面存在着问题。反映被审计单位违反国家规定的财政财务收支问题，一般应表述违法违规事实、定性及依据、处理或处罚意见及依据；反映影响绩效的突出问题的，一般应表述事实、标准、原因、后果以及改进意见；反映内部控制和信息系统重大缺陷的，一般应表述有关缺陷情况、后果及改进意见。处理处罚意见应当具体、能够落实。审计期间被审计单位对审计发现的重要问题已经整改的，应当表述有关整改情况。

（六）跟踪审计建议

跟踪审计报告可以就跟踪审计过程中发现的问题提出具有针对性和可操作性的改进意见和建议。审计建议的对象一般为被审计单位及其主管部门，如果需要被审计单位和其他有关单位共同整改的，应建议被审计单位商有关单位共同研究解决。提出的审计建议要有针对性、可操作性，要结合被审计单位的实际情况，便于被审计单位和其他有关单位采纳。

此外，根据需要确定是否有需要依法移送其他主管机关或者单位纠正、处理处罚或者追究有关人员责任的事项，跟踪审计报告要反映移送处理事项的事实和移送处理意见，但是涉嫌犯罪等不宜让被审计单位知悉的事项除外。

二、跟踪审计报告的特点

（一）表现形式多样

审计机关对审计对象进行跟踪的过程，可以选择使用专项审计调查或审计开展审计活动。《中华人民共和国国家审计准则》第一百二十条规定："审计组实施审计或者专项审计调查后，应当向派出审计组的审计机关提交审计报告。审计机关审定审计组的审计报告后，应当出具审计机关的审计报告。遇有特殊情况，审计机关可以不向被调查单位出具专项审计调查报告。"跟踪调查的对象主要是关系到宏观性、普遍性、政策性或者体制、机制问题，开展该项工作可以在较大范围内进行深入调查研究，跟踪调查的结果，即专项审计调查报告可以对领导机关和有关部门完善宏观控制和改进工作起到参谋作用①。如审计署 2009—2010 年三次对"贯彻实施中央扩大内需促进经济平稳较快发展有关政策"实施情况及效果进行专项审计调查，在每次调查任务完成后出具专项审计调查报告。

需要注意的是，在汶川地震灾后恢复重建跟踪审计中，对于实施的审计调查和专项调查都需要征求意见②。当前的审计准则规定，只有审计要征求意见，审计调查不需征求意见。该项要求有助于进一步加强沟通和交流，提升审计质量和效果。

（二）阶段性与综合性报告并存

就某一特定审计对象而言，无论采用何种跟踪模式，跟踪审计从审计机关初次介入到跟踪结束，通常都历时较长。针对这种情况，跟踪审计报告呈现出与传统事后审计不同的报告模式。对于全过程跟踪审计，如汶川地震灾后恢复重建跟踪审计，在跟踪时间上通常具有不间断性，审计机关会定期（如半年）出具阶段性审计报告。对于每年审一次模式的跟踪审计，如对奥运项目的跟踪审计，是在每年审计结束后出具一次跟踪审计报告。有时也根据具体审计对象的特点，直接出具综合性跟踪审计报告。

（三）连续性和递进性

对同一审计对象进行持续跟踪审计与阶段性审计报告共同决定了序列跟踪审计报告之间存在着内在的必然联系，这种联系最为直观的体现就是前后跟踪审计报告之间在内容上具有承接和递进关系。如审计署对金沙江溪洛渡水电站工程进行跟踪审计，2008 年派出审计组对截至 2008 年 8 月之前的建设管理、资金使用、征地补偿和移民安置等情况进行审计，该项审计工作是在审计署 2007 年对该项目跟踪审计的基础上开展的③。审计工作上的承接关系注定了跟踪审计报告内容上具有承接性和递进性。

①　宫军：《专项审计调查的历史观察》，《审计研究简报》，2010 年第 9 期。
②　刘家义：《刘家义审计长在汶川地震灾后恢复重建跟踪审计工作现场会上的讲话》，审计署网站，2009 年 6 月，第 16 页。
③　引自中华人民共和国审计署审计报告（审投报〔2009〕96 号）。

（四） 跟踪审计报告与审计通知书之间不存在一一对应关系

常规的事后审计，审计报告与审计通知书之间存在一一对应的关系，一份审计通知书，一份审计报告。跟踪审计，尤其是汶川地震灾后恢复重建跟踪审计，对县人民政府发一个审计通知书；对于援建省如果是交钥匙工程，审计通知书发给援建指挥部；特派办审计的单位，如果这个单位涉及很多个项目，就把审计通知书发给这个单位①。确立了审计通知书发给谁，审计报告、审计决定也就发给谁。在跟踪审计中，尽管审计通知书与审计报告的接收主体是一致的，但是一份审计通知书可能会收到序列审计报告。

三、跟踪审计报告的作用

（一） 是对跟踪审计过程的总结

跟踪审计具有时间跨度长的特点，与传统事后审计结束后出具一份审计报告不同，部分跟踪审计项目有阶段性和综合性审计报告②，它们都是对跟踪审计事项实施审计后，就相关事项发表的评价性意见，分别标志着阶段性或全部审计任务终结，是阶段性任务或全部审计任务完成的标志。

（二） 说明跟踪审计工作情况和责任

审计组的审计报告与审计机关的审计报告，尽管报告对象与繁简程度存在差异，但都需要介绍被审计单位基本情况、实施审计的基本情况，还需要说明审计依据和审计责任等。一方面向审计报告使用者说明审计工作开展情况、审计结论；另一方面，也向审计报告使用者说明审计行为的法律依据，界定审计的责任。

（三） 是做出审计决定和移送处理的依据

跟踪审计报告在内容上包括审计发现的被审计单位违反国家规定的财

---

① 引自刘家义：《刘家义审计长在汶川地震灾后恢复重建跟踪审计工作现场会上的讲话》，审计署网站，2009 年 6 月，第 15 至 16 页。

② 审计署办公厅关于印发汶川地震灾后恢复重建 2011 年跟踪审计工作方案的通知（审办投发〔2011〕24 号），要求提交年度跟踪审计报告，全面报告跟踪审计，具体名称尚未查到统一规定。

政财务收支行为和其他重要问题的事实、定性、处理处罚意见以及依据的法律法规和标准，是审计机关做出审计决定或者移送相关部门处理的依据。

（四）是跟踪审计成果后续利用的基础

跟踪审计报告在内容上，既包括审计发现的事实，也包括审计评价意见、做出处理处罚或移送处理决定情况，是全面完整反映审计工作开展情况和审计结果的载体，为审计结果公告、审计信息等进一步开发和利用提供基础信息。

（五）是追踪落实整改的依据

跟踪审计报告提出了审计结果和建议，审计机关可以据此对审计结果和建议的落实情况进行跟踪检查，发挥审计的监督作用。

四、跟踪审计决定书与移送处理书

审计组针对审计发现的应当进行处理处罚的问题，在提出处理处罚意见时，应当充分考虑法律法规的规定，问题的性质、金额、情节、原因和后果，对同类问题处理处罚的一致性等因素，认真分析。对于审计发现的被审计单位违反国家规定的财政收支、财务收支的行为，属于审计职权范围的，依法应当由审计机关进行处理处罚的，审计组应当直接提出处理处罚意见，由审计机关下达审计决定书；对于不属于审计职权范围的，对依法应当由其他有关部门纠正、处理处罚或者追究有关责任人员责任的事项，审计组应当提出移送处理意见，由审计机关以审计移送处理书的形式移送有权部门处理处罚。

跟踪审计决定书和移送处理书，反映了审计机关在跟踪审计中或审计后针对特定审计事项或审计结果提出的意见或做出的决定，是审计机关对审计发现的问题进行处理处罚的常用形式。二者的主要内容分别如下：

（一）跟踪审计决定书的主要内容

跟踪审计决定书的内容主要包括：实施审计的时间和内容，做出审计决定的依据，违反国家规定的财政财务收支行为的事实、定性、处理处罚决定以及法律法规依据，处理处罚决定执行的期限和被审计单位书面报告审计决定执行结果等要求，被处理处罚单位依法提请政府裁决或者申请行政复议、提起行政诉讼等救济途径和期限。审计决定书中要处理处罚问题的表述应当与审计报告的相关表述一致。

（二）跟踪审计移送处理书的主要内容

跟踪审计移送处理书的内容主要包括：实施审计的时间和内容，依法需要移送检察机关、公安机关、纪检监察机关、主管机关或者单位纠正、处理处罚或者追究有关人员责任事项的事实、定性及其依据和审计机关的意见，移送的依据和移送处理说明包括将处理结果书面告知审计机关的说明，所附的审计证据材料。

第四节　跟踪审计结果公告

跟踪审计结果公告是审计机关依法向社会公开，解除公共受托责任的结论性文书。跟踪审计结果公告的内容和特点是由跟踪审计所处的经济社会环境来决定，具体来说就是社会公众的需求与审计机关满足社会公众需求的能力共同决定。

一、跟踪审计结果公告的内容

西方发达国家的审计结果公告与审计报告在内容上是一致的，出于提高信息集中度、便于社会大众理解等方面的考虑，目前，我国审计结果公告是对审计报告的内容按照一定的要求进行的归纳、提炼。这种方式要求审计公告不能面面俱到，其主要内容是审计工作和结果的简单介绍。其主要内容一般包括：

（一）跟踪审计的基本情况

这部分内容主要包括跟踪审计的依据、范围、审计起止时间、审计项目的资金筹集、使用、管理状况及绩效情况，目的在于使社会公众了解跟踪审计结果公告的相关背景。

（二）跟踪审计情况和审计评价

跟踪审计情况主要介绍审计对象涉及的地区和行业分布等全局性审计指标以及审计方法。审计机关根据不同的审计目标，以审计认定的事实为基础，依照有关财政财务收支的法律、法规，以及国家有关政策、标准、项目目标等方面的规定发表评价意见。

（三）跟踪审计发现的主要问题及整改情况

跟踪审计发现的主要问题应当以陈述事实为主，客观真实地反映审计查出的主要问题，揭露资金管理、使用中存在的漏洞。因为跟踪审计要求适时公告，跟踪审计结果公告前可能有审计情况通报等，跟踪审计结果公告也要一并反映截至公告时被审计单位的整改情况。

（四）处理与审计建议

跟踪审计查出问题后，根据问题的性质及严重程度，可以进行审计处理或提出审计意见或建议，审计结果公告披露的审计处理与审计建议，一方面向社会公众表明审计机关对这些问题的立场和态度；另一方面，将被审计单位接受整改或建议的情况置于公众的监督之下。

二、跟踪审计结果公告的特点

（一）社会关注度高

社会公众是国家权力的最终所有者与授予者，跟踪审计结果公告是社会公众行使其作为权力所有者的具体体现，也是审计机关向权力所有者解除公共受托责任的重要载体。当前，我国正处在经济社会转型时期，很多制度和规范有待进一步建设和完善，各种不规范行为普遍存在，社会公众对公共资源配置、使用过程中存在的违法违规问题痛心疾首。审计是监督制约权力的重要力量，加之跟踪审计对象具有关系国计民生或重大社会影响的特点，决定了跟踪审计结果具有极高的社会关注度。根据审计署办公厅编撰的《审计宣传与舆情动态》显示，汶川地震灾后恢复重建跟踪审计结果公告（第2号和第3号）引起媒体和社会公众的热议，各大媒体纷纷转载和报道，有不少网民也对此发表了评论。

（二）时效性强、频率高

社会公众对跟踪审计结果的高聚焦率与跟踪审计的时间跨度长，决定了审计机关不能等到跟踪审计任务全部结束后再向社会公告。若太长时间才公告，有些阶段性项目可能早就结束了，但是社会公众都很关心。因此，在汶川地震灾后恢复重建中，刘家义审计长提出了跟踪审计要"适时公告"。汶川地震灾后恢复重建跟踪审计是一项跨时三年，关系国计民生的重要项目，通常情况下每半年公告一次。从2009年9月14日，审计署发布《汶川地震灾后恢复重建跟踪审计结果（第1号）》到2011年6月17日发布第4号审计结果，在不到两年的时间里，审计署就该项审计发布了4次跟踪审计结果公告[1]。

（三）阶段性、连续性和递进性

跟踪审计的时间跨度长和社会关注度高，与跟踪审计报告一样，有阶段性跟踪审计结果公告，并且它们在内容上呈现前后衔接、相互递进的关系。

三、跟踪审计结果公告的作用

（一）是发挥审计监督作用的重要举措

审计结果公告把被审计单位置于社会公众的舆论监督下，有利于提高社会公众对国家审计的认知度，扩大国家审计的影响，增强审计威慑力，为审计执法创造良好的环境，形成各方面、各部门齐抓共管，共同维护财经法纪的良好局面，促进审计结果的落实；也有利于其他执法部门和社会各方面共享审计结果，整合执法资源，提高行政效率，健全法律法规。

---

[1] 参考审计署官方网站。

（二）有助于发挥鉴证的作用，促进社会和谐

跟踪审计涉及政府重大投资、特殊资源开发与环境保护事项、国家重大政策措施的执行和重大突发性公共事件，这些审计对象具有资金量大、社会关注度高的特点。适时的审计结果公告是社会公众获取信息的重要渠道，便于社会公众获悉项目的有关信息，保障公众的知情权，增进公众与公共资金运用部门之间的沟通和理解，有助于促进社会和谐。

（三）有助于提高审计工作质量

跟踪审计结果公告在将审计对象置于公众监督之下的同时，也使审计机关的工作置于社会公众的监督之下。审计结果公告会增强审计机关和审计人员的责任感，从客观上要求审计人员提高业务素质和工作水平，保证审计质量，避免疏漏和不当造成工作上的被动，使审计结果经得起检验。这些对提高审计工作质量、提升审计工作地位具有重要促进作用。

第五节　跟踪审计信息

跟踪审计信息是指审计机关在跟踪审计情况通报、跟踪审计报告、跟踪审计决定书、跟踪审计移送处理书、跟踪审计结果公告等审计文书之外，以特定规范的形式，加工、编制、传递和利用审计结果的文书，目的在于将审计工作情况、做法和经验在审计系统内部进行交流，或为政府宏观决策提供依据。

一、跟踪审计信息的内容

根据跟踪审计信息所反映内容的不同，跟踪审计信息可分为不同类型，由不同的刊物来承载。在实际工作中，不同跟踪审计信息的内容划分并非特别严格，采取何种信息刊物承载，报送对象给谁，还要看信息的重要程度以及工作需要。

（一）反映跟踪审计工作情况的信息

此类审计信息主要反映各级党委和政府对审计工作的指示和要求、党政领导关心和支持审计工作的典型事例、审计工作的经验和做法、重要的审计工作思路和打算，重要审计项目进展情况、社会各界对审计的评价、对审计工作有启发借鉴作用的理论观点，以及国际审计动态等。

根据信息内容的用途不同，此类跟踪审计信息又分为上报上级审计机关和本审计机关领导参阅的信息，以及发送本级和下级审计机关供审计人员广泛参阅的信息。例如：汶川地震灾后恢复重建跟踪审计中，各参审单位需要定期向上级审计机关报送审计情况报表，说明审计范围内的资金总体投入、资金到位情况、已开工项目数、审计项目数、已审计项目数、已审计资金数、投入现场审计人员、审计发现的案件数等。还要定期报送正式跟踪审计工作情况报告，包括文字报告和报表；审计署定期编发灾后恢复重建跟踪审计情况动态。目前，在审计系统常见的承载这种内容的信息刊物有《审计工作动态》和《审计工作通讯》，其发送范围主要是审计系统内部。

（二）反映跟踪审计工作或者被审计单位成效的信息

此类跟踪信息是向政府、人大、政协等较大范围的相关部门反映审计工作的重要举措、重要成果、取得成效、突出困难或被审计单位遵纪守法、规范管理、成效良好的正面典型，以及需要引起相关部门重视的重要动态等。此类信息和第一类信息的主要区别在于报送对象的不同，一类是在审计系统内部，另一类是报送与审计工作相关的外部单位和组织机构。目前，在审计署承载这种内容的信息刊物有发送中央各相关单位和部门的《审计简报》。

（三）反映需要党政领导批示解决跟踪审计发现重大问题的信息

此类跟踪审计信息主要是需要领导批示解决的问题，如性质恶劣、金额巨大的严重违法违规问题和经济犯罪案件；限于审计手段无法彻底查清，需政府领导批示有关部门介入的重大违法违纪问题；需要政府领导批示相关部门尽快采取措施，予以解决的重大事项和问题等。对于此类审计信息，审计机关往往规定一定的条件，对于能够向纪检监察和司法机关移送处理的案件线索，直接移送这些部门处理，不再通过这类审计信息反映。另外，审计机关发现的需要紧急处理的可能引发群体性事件或造成严重后果的事故隐患等危害公共安全和人民群众生命财产的问题，也属于此类。此类信息的突出特点是时间要求紧迫，不能拖延。目前，在审计署承载这种内容的信息刊物有上报政府部门的《审计要情》和《审计机关值班简报》。

（四）反映需要领导了解掌握的重要情况的信息

此类跟踪审计信息主要反映重要的、典型的、带有普遍性和倾向性的问题或需要领导了解掌握的重要情况，可以反映单项问题，也可以反映综合问题；既可以是工作和管理中存在的突出问题，也可以是体制、机制和制度方面的问题；既可以是当前审计发现的问题，也可以是综合历史审计情况分析得出的问题。总之，此类信息内容比较丰富。目前，在审计署承载这种内容的信息刊物有上报国务院的《重要信息要目》。

此外，还有一类信息，在内容上与上述后两类相似，但在发送形式上有区别，主要是转送相关政府及其有关部门处理或者参阅，如目前在审计署有《信息转送函》和《审计长批转函》等。

二、跟踪审计信息的特点

（一）时效性

跟踪审计信息与其他跟踪审计成果一样，对时效性具有较高要求，这样便于提高审计工作效率，及时揭示和抵御各种苗头性、倾向性问题，将其消灭在萌芽状态。

（二）苗头性

《中华人民共和国国家审计准则》第一百五十一条规定，向本级政府、上级审计机关报告的涉嫌重大违法犯罪问题，在财政财务收支有关政策及执行、关系国家经济安全和国家信息安全、影响人民群众经济利益等方面存在重大问题，使用审计信息等方式进行报告。跟踪审计信息涉及的问题在很大程度上没有定性，具有苗头性，有待进一步查证核实。

（三）过程性

跟踪审计跨时较长，审计机关需要随时掌握动态，在汶川地震灾后恢复重建跟踪审计中，建立了地方审计机关和派出机构定期向审计署报告的制度。这种报告制度有月报制和半年报告制。此外，重大情况需要随时向审计署报告。[①] 因此，审计信息是与跟踪审计过程紧密相连，具有较强的动态性和过程性。

（四）保密性

与跟踪审计成果的其他载体不同，审计信息仅限于在政府相关部门或审计系统内部流通，被审计单位及其相关部门与社会公众不便获悉此类信息。

三、跟踪审计信息的作用

跟踪审计信息是反映跟踪审计成果，发挥审计"免疫系统"功能的重要形式，也是交流审计情况、指导审计工作、扩大审计影响的有效手段，能够在较大范围、较高层次上发挥作用。其作用主要体现在以下几个方面：

（一）提供综合信息，服务政府宏观决策

审计署"十二五"审计工作发展规划将从体制、机制、制度层面发现和分析研究问题，提出审计意见和建议，促进政策、法律、制度的落实和完善，作为审计工作的主要任务之一。审计机关通过"贴身"审计，容易发现宏观政策、体制等在实践层面中存在的不足，从宏观角度进行综合分析、研究，提出改进工作和完善有关政策、法规措施的意见和建议，以审计信息的形式向政府相关部门反映，为政府相关部门及其领导做决策、定制度、安排工作提供真实可靠的依据。此外，审计机关对于审计过程中发现的需要推广或者宣传的经济社会管理中的先进做法、成功经验，也可以

---

① 引自中华人民共和国审计署文件（审投发〔2009〕124 号），第 3 页。

通过跟踪审计信息反映。

（二）上报重要情况，推动问题及时解决

审计机关对于跟踪审计中发现的性质恶劣、金额巨大，限于审计手段无法彻底查清，需要政府领导批示有关部门介入的严重违法违规违纪问题、经济犯罪案件线索、管理漏洞，以及亟待处理、制止或者预防的危害国家、国有资产、生态环境、人民群众生命财产安全的问题等，及时通过审计信息将事项上报政府领导或者转送有关部门处理，推动问题的及时、有效处理和解决。

（三）交流经验做法，促进跟踪审计工作发展

跟踪审计既要跟踪项目，又要跟踪资金，审计的内容和要求比较高。审计机关通过特定的审计信息形式，在审计系统内部或者向政府领导、相关部门通报审计机关工作、重大审计事项的开展情况和取得的成效，传达政府和审计机关领导的指示、审计工作方针、社会各界对审计的评价、审计动态和审计理论观点等信息，注重反映审计工作各个方面的新情况、新问题和新经验，总结交流审计工作中的典型做法和先进经验，增进政府领导、相关部门、审计系统内部对审计工作情况的了解和对工作的支持，扩大审计影响，促进提高工作水平，推动审计工作科学发展。

第六节　跟踪审计成果的运用

跟踪审计成果的运用就是对已有的各种有价值的审计资料和信息，从改进被审计单位绩效、提高审计机关审计效率和质量、增强政府宏观调控能力的角度，进行综合分析和再加工。

一、加强跟踪审计成果运用的意义

审计关系人理论表明，审计行为的发生是审计人基于审计授权人或委托人的授权或委托，对被审计人进行监督检查。从理论上讲，审计成果是审计人生产的"产品"，它的运用对审计人自身没有价值和意义；审计授

权人或委托人与被审计人是审计成果的重要使用者。但是从审计人生产"产品"的效率和"产品"市场占有率的角度进行分析，审计人可以充分挖掘审计成果信息，提高审计生产的效率和效果。因而，加强审计成果运用对于审计关系人具有重要意义。

（一）可以提高被审计单位绩效

相对于传统事后审计，跟踪审计在项目的关键环节介入，通过审计情况通报等审计成果随时向有关责任方提出发现的问题，要求被审计单位在过程中发现、在过程中纠正、在过程中规范，使问题能够得到及时有效的解决，对于审计中发现的倾向性问题或可能发生的影响建设项目质量等问题，审计机关可凭借跟踪审计的优势，建议有关方面建章立制，提高资金和物资的使用效率。

（二）可以提高审计机关整体工作水平

审计机关履行监督职能，发挥建设性作用的重要前提是取得高质量的审计成果，审计资源的投入是审计成果取得的决定因素。审计工作普遍存在着资源"瓶颈"的限制，而跟踪审计又是"能耗"较大的审计方式。因此，加强跟踪审计成果运用，整合资源的优化配置显得尤为重要。

1. 有助于审计人才队伍建设

实践是审计人员快速成长的跑道，经过多年的实践，审计人员积累了很多行之有效的审计技巧和方法，但在实际工作中，各审计组之间未能充分交流审计经验，使审计机关的整体审计水平受到影响。审计经验的交流与审计智慧的共享有利于提高审计青年干部的业务水平，为审计事业的发展提供人才支撑。

2. 有助于提高工作效率和效果

跟踪审计作为一项探索性的工作，在实践中得到不断的发展和完善。过去的跟踪审计成果是当前和未来审计工作的基础，审计机关若能充分利用过去审计成果，加强审计线索数据库的建设，使各审计组互相利用彼此在审计过程中发现的疑点、线索和其他有借鉴价值的基础信息，形成线索联动机制的整体效应，有助于提高审计机关的工作效率和效果。

（三）可以有效地服务国家治理

国家审计作为国家治理的重要组成部分，通过依法用权力有效制约权力，充分发挥揭示、抵御、改进和预防的"免疫系统"功能，在维护民主法治，保障国家安全，推动落实责任、透明、法治、廉洁、公平和正义等原则和理念，改善国家治理，进而实现国家的可持续发展等方面发挥着积极作用。跟踪审计在国家治理中发挥建设性作用通过跟踪审计成果得到有效利用、建议被采纳、揭示的问题被整改、相关人员责任被追究来实现。跟踪审计贴近被审计对象，因而跟踪审计成果也具有"亲民"的特点，具体来说主要体现在以下几个方面：

1. 跟踪审计成果的有效运用有助于体制、机制的完善

审计机关从微观入手，通过从现象到本质、从个别到一般、从局部到全部、从苗头到趋势、从微观到宏观的深层次分析，找出制度性问题、管理不规范的问题、需要各部门统筹协调考虑的问题以及政策不完善的问题，并提出改革体制、健全法制、完善制度、规范机制、强化管理、防范风险的建议，促进提高经济社会运行质量和绩效，推动经济社会全面协调可持续发展。

2. 跟踪审计成果的有效运用有助于宏观经济政策得到落实和完善

对宏观调控政策执行情况的审计监督，确保推动经济社会发展的各项政策措施得到落实是跟踪审计的重要内容之一。审计成果得到有效运用，实现查处问题与问责相结合是跟踪审计促进宏观经济政策得到落实的根基。此外，跟踪审计与基层接触更为紧密，能够深切感受到政策在实践中存在的不足，审计机关可以通过对初级审计成果进行数据统计分析，加强专题研究，为领导进一步完善宏观经济政策提供必要的支撑数据。

二、影响跟踪审计成果运用的因素

事物的发展都受内部和外部两个方面因素的影响，跟踪审计成果的运用影响因素也是如此。

（一） 影响跟踪审计成果运用的内部因素

1. 审计理念

跟踪审计的目标是尽量使被审计单位"不出问题、少出问题、至少不出大问题"。与传统事后审计相比，跟踪审计不再局限于查错纠弊，而是通过对关键环节和重要事项的跟踪监督，帮助被审计单位对可能发生的问题和风险保持警惕，最终达到预定的目标和效果，这是最重要的审计成果。实现上述目标，需要审计机关及其工作人员改变审计理念。

（1） 改变审计人员的审计理念

若审计人员还是抱着常规审计的理念，一味关注问题和缺陷，而对全面履行跟踪审计职责、防范风险的工作重视不够，则会影响着跟踪审计建设性作用的发挥。

（2） 改变审计机关考核审计成果的观念

跟踪审计成果不仅包括查出了多少问题，而且包括预防了多少问题。良好的审计成果评价体系有助于促进审计人员对考核的认同，并调动其工作积极性，引导产生更多审计成果。否则，会出现扭曲的跟踪审计成果。

2. 跟踪审计成果质量

审计质量是审计工作的生命线，加强审计质量管理是发挥审计监督作用与提升审计公信力的重要保证。当前，我国跟踪审计成果质量有待提升的地方，主要表现在以下几个方面：

（1） 现行审计报告模式

目前审计实践中，往往遇到某些难以查清、审计证据不充分、审计评价依据或标准不明确等审计事项，在现行报告模式下，难以在审计报告等文书中予以反映。这导致审计人员可能放弃对目前尚无确凿证据的潜在问题，若在跟踪审计报告中，借鉴注册会计师审计的报告模式，引入"特别提示"或"重要说明"，可以使审计报告的内容更为完整，审计成果得到更为全面地利用。

（2） 初级产品较多，高端产品少

在我国审计实践中，各级审计机关普遍面临着人员少、任务重的困局，繁重的审计任务迫使审计人员忙于开展日常审计工作，缺少进一步整理初级审计成果、提升审计成果质量的时间。这导致当前跟踪审计成果普遍存在着初级产品多、高端产品少，就事论事多、分析挖掘少，反映个性问题多、综合共性情况少的"三多三少"问题。若审计机关及其工作人员能够在初级产品的基础上，从政策、制度、机制、体制等方面提出解决建议和对策，形成高水平的审计综合报告、专题报告和高质量的审计信息等，为党委、人大、政府进行决策、指导工作和加强管理当好助手，则能够更好地发挥审计的预防性、建设性作用。

（3）审计建议针对性和可操作性不强

跟踪审计要发挥建设性作用，就不能仅仅局限于查处问题、反映情况，更重要的是促进整改。如何使整改的效果达到理想状态，审计报告等文书中的审计建议起着重要作用。审计机关和审计人员不仅有发现问题的职责，而且提出的审计建议要公正、具有针对性和可操作性。新西兰审计署认为，通过审计不仅发挥监督作用，更重要的是发挥"导师"的作用，提供咨询和建议。当前，我国跟踪审计建议缺乏对良好实践的介绍，部分审计建议缺乏针对性和可操作性，影响了跟踪审计成果的运用。

3. 审计信息共享水平

随着经济社会不断发展，审计环境也在不断变化，国家审计也面临着诸多挑战，跟踪审计作为一种新的审计方式，对审计机关及其工作人员的技术性和专业性要求越来越高。审计信息共享程度是一个国家或地区审计发展水平的重要标志，完善的信息共享机制有助于加强审计经验交流，提高审计效率和效果。当前，各级审计机关彼此之间各自为战，审计资源难以整合，审计信息资源的共享程度较低，造成审计资源不足与闲置并存，信息不灵、资源不活的状况已成为影响审计成果运用的重要因素。例如：汶川地震灾后恢复重建跟踪审计是一项庞大系统工程，涉及众多审计机关和审计人员，从目前的数据来看，除了上下级审计机关之间情况汇报与成都特派办正在建设的地震灾后恢复重建跟踪审计数据库外，同级审计机关之间缺少信息共享和交流机制。

（二）影响跟踪审计成果运用的外部因素

1. 社会公众的审计参与度

随着社会公众参政议政意识的不断增强，我国正经历着快速民主化的进程，社会公众对公共部门在提供服务时管理不善和滥用职权的行为日渐关切。韩国审计监察院在 1996 年已经规定，民间社会组织或人数超过 300 人的团体为了公共利益可以向审计监察院提出请求，进行特定问题的审计①。这种审计请求制度的目的是通过社会公众对审计监察院审计工作的参与，促进社会公众对审计成果的认可和利用，提高对政府的信任。社会公众参与审计可以保证审计机关在项目选择上为社会公众所关注，审计质量上为公众所信服，审计成果为公众所关切，从而具有更大的社会影响力。

然而，我国自审计机关成立以来，审计计划、实施与处理处罚都处于封闭状态。当前，审计署编制的《审计宣传与舆情动态》仅是一种事后揭示社会公众对审计问题关注程度的刊物，吸纳社会公众全过程参与审计的意识不强。除跟踪审计结果公告外，只有被审计单位及其主管部门的个别人了解审计结果，公众知情度、透明度严重不足。

2. 各部门协调配合程度

跟踪审计的监督和建设性作用是以审计成果的切实有效利用为前提，这需要各部门及时沟通或召开联席会议，对跟踪审计发现的问题、体制或制度上的缺陷进行研究并采取相应的对策。审计机关应负责督促被审计单位限期落实审计决定，对审计报告、审计决定提出的问题进行整改和纠正；纪检监察部门应对审计机关移送的案件线索进一步调查核实，给予相应的处理处分。然而，跟踪审计实践发现，地方政府和项目建设单位对审计发现的问题不重视、整改不及时。

三、提升跟踪审计成果运用的途径

（一）提高跟踪审计透明度，扩大审计成果运用的社会基础

国家审计接受人民委托，对使用公共资源的单位和部门进行监督，理论上国家审计从审计计划制订、实施、处理处罚都应置于公众的视野之下。然而长期以来，这些都处于封闭状态，社会公众获取官方审计信息的

---

① 柴娜琳，崔孟修：《最高审计机关与公民合作的价值、利益和挑战：韩国公民参与审计的经验》，《国外审计动态》，审计署审计科研所，2011 年第 25 期。

渠道主要是审计结果公告，但是审计结果公告承载的信息量有限，难以满足社会公众的需求。若从审计计划开始就吸纳社会公众参与，则可以提高社会公众的参与热情与审计成果的聚焦度。

此外，还可以通过党报、审计报、电视等新闻媒体和政府网、审计署官网等网络渠道，将审计发现的普遍性、倾向性问题和被审计单位的整改情况逐步向社会公开，把审计监督、社会监督及舆论监督有效结合起来，促进依法审计和政务信息公开。

（二）提升审计成果质量，巩固审计成果运用的内在基础

要在提高成果质量上狠下功夫，切实解决审计成果初级产品多、高端产品少的问题。

1. 内容要再贴近

要围绕经济社会发展中的突出问题，客观准确地反映国家宏观调控政策执行情况，反映重大违法违规问题和经济犯罪案件线索，反映损害群众利益和影响科学发展的问题，反映涉及体制机制的问题，增强跟踪审计成果的宏观性、前瞻性、针对性和实效性。

2. 成果层次要再提高

要加强深层次分析，不仅能把问题找准说透，还要能深入剖析产生原因，从根本上提出解决问题的办法。要把审计实施和政策研究、理论研究结合起来，从宏观、全局的角度汇总近几年来的跟踪审计情况、综合各项目的审计成果，强化研究、形成观点，多出精品和高端产品。要建立健全成果质量责任制，定期分析成果质量，及时点评通报。

3. 时效要再增强

要抢前抓早、快速反应、便捷运转，及时反映跟踪审计中发现的重要问题，为有关方面提供第一手真实可靠的信息。

（三）建立科学的成果评价体系，提高成果运用和转换率

跟踪审计考核工作存在着重发现问题、轻整改跟踪，重审计要情审计要目数量、轻审计建议质量，重审计成果金额、轻审计成果时效性

等①。按照这样的考核模式，不仅使得跟踪审计成果难以得到真正的体现，不利于引导跟踪审计实现预定目标，而且在一定程度上挫伤审计人员的积极性，不利于跟踪审计的健康发展。建立科学的成果评价体系，有利于引导审计机关和审计人员转变审计理念，产出更多能够发挥跟踪审计专长的审计成果，从而提高审计成果运用和转换的概率。

（四）建立跟踪审计信息共享机制，实现成果优化

跟踪审计信息共享不足是影响审计成果的重要方面，审计机关可以通过建立与完善被审计单位资料库、审计专家经验库以及审计文献资料库等，促进跟踪审计经验的分享。这有利于进一步探索跟踪审计的有效实现路径等，从而产生更多优质的跟踪审计成果。

（五）加强各部门协调配合，促进跟踪审计成果的有效运用

1. 建立跟踪审计台账，加强被审计单位落实整改

审计结果的落实，既是审计工作归结点，又是审计工作质量的最基本保证。通过建立跟踪审计台账并实行审计回访制度，加强与被审计单位沟通交流，督促审计决定与建议按时落实；同时还要认真听取被审计单位对已采纳的审计建议所取得的效果，以及对审计工作、审计人员等有关情况的意见和建议，进而促进审计水平的提升。

2. 加强部门协调，建立保障机制、责任追究机制，规范审计结果落实

跟踪审计成果可能表现为对发现的体制或制度缺陷提出的审计建议，需要多个部门之间相互配合，可以借鉴经济责任审计中建立的"部际联席会议办公室"，加强各个部门之间的协调配合，充分保证跟踪审计结果得到有效落实。

---

① 审计署成都特派办课题组：《跟踪审计研究》，《审计署审计科研所审计研究报告》，2010 年第 9 期，第 45 页。

第六章　跟踪审计的管理

审计管理包括对机构、人员和业务的管理。

对审计机关而言，机构的管理包括行政管理和业务管理两个方面。审计机关既要依法执行政府管理审计类行政事务的行政职能，又要组织各项具体的审计业务，履行业务管理职能，具有独特的双重属性。

在审计机关内部，审计管理的对象虽然广泛，也无非是对人员和业务的管理。审计管理的方法虽然特殊，但也离不开计划、执行、控制的三位一体模式。具体而言，如果以审计业务为核心进行管理，其主要过程和内容应该包括预测与计划、组织与人事、实施与控制、考核与评价、后勤与服务，等等①。在这些内容中，按照管理主体的不同，可以分为审计机关管理和审计组管理两个层次；按照管理客体的不同，可以分为审计资源管理、审计质量管理、审计进度管理，等等。

本章主要按照审计客体分类，对审计管理中的审计资源管理、审计质量管理、审计现场管理等展开讨论。这几个方面也是跟踪审计管理中的主要难点。对审计管理涉及的其他对象、客体和内容，跟踪审计与常规审计大体相同，不再重复论述。

第一节　跟踪审计资源管理

审计资源管理的成功，是跟踪审计项目成功的根本保障性前提，具有重要的现实意义，需要审计机关和审计组的管理层引起高度重视。

一、审计资源及其管理原则

何谓资源？本书第四章提到的土地资源、矿产资源、水资源等，都属

---

① 李凤鸣：《审计学原理》，中国审计出版社，第十二章"审计管理"。

于自然资源。如果从经济学角度，"资源"可以定义为"生产过程中所使用的投入"①，这一定义很好地反映了"资源"一词的经济学内涵。因此，从本质上讲，资源就是生产要素的代名词。各行各业，由于生产产品不同，生产流程、工艺不同，所需要的生产要素资源也不同。

（一）审计资源的组成

如果将政府审计视为一个产业，则这个产业的产品，主要是审计报告、审计结果公告、审计信息、审计简报等审计成果性资料。审计机关形成这些产品所需的资源，则包括人力资源、经费资源、行政资源、法律资源、信息资源、技术资源等。

人力资源，指审计机关从事审计业务所需的审计业务人员、审计管理人员和审计后勤保障人员的总和。人力资源是审计机关最重要、最主要的决定性资源。人力资源的计量指标，应当既包括数量，也包括质量因素，通常包括审计人员数量、专业知识结构、审计能力、专业知识的学习运用能力、审计工作经验、外聘专家数量和质量等。

经费资源，指审计机关从事审计工作所需的各项经费资源，目前审计机关工作经费均来自各级财政拨款。

法律资源，指审计机关从事审计业务所依据的宪法、审计法及其他法律法规、规章等。

行政资源，指审计机关因执行审计业务之需，依法享有的行政强制权、行政处理处罚权等行政权力，和审计机关依法享有其他行政机关和单位采取必要协助措施的便利条件。审计法授予审计机关的行政权力包括警告、罚款、审计制止权、封存资料和财产权、通知暂停拨付款项权、责令暂停使用款项权、依法采取其他措施权等。

信息资源，指审计机关工作中使用的各类公开信息，和审计机关依法在审计工作中获取的非公开信息的总称。审计机关依法获取的国家秘密信息、被审计单位工作秘密信息、审计机关内部产生的工作信息，是审计机关的信息优势，也是审计机关保密工作的重点。

---

① ［英］门德尔：《经济学解说》，经济科学出版社，2000 年。

技术资源，指审计机关依靠自身在信息科学、财务会计学、金融理财学、法学等方面的人才储备，结合工作中形成的工作机制和技巧，形成的各类审计工作技术的总称。

（二）跟踪审计资源及其可控性

1. 跟踪审计资源的特殊性

跟踪审计是一种特殊的审计组织方式，需要对同一审计事项进行一次较长时间或者多次连续的审计，其特点有长期性、系统性、阶段性、递进性、时效性等[①]。受这些特点影响，跟踪审计对审计资源也有特殊的需求。主要体现在：

一是跟踪审计资源的数量需求与常规审计周期不同，安排难度更大。跟踪审计的长期性和阶段性，要求跟踪审计在人力、财力资源数量配置上打破原有审计项目的周期安排，要长、短结合，重新配置各种资源。在跟踪审计项目和常规审计项目混杂安排时，会更加增大审计机关资源配置的难度。

二是跟踪审计对人力资源质量的要求更高、更专业。跟踪审计的系统性和递进性，对跟踪审计人力资源的质量提出了更高的要求，对于专业项目，如工程建设项目、资源环保项目的跟踪审计，在逐步深入发现深层次问题的同时，也要求审计机关具备相应专业的技术人才，对所发现的问题做出初步判断，否则就只能在低水平上重复日常资金审计。

三是跟踪审计需要更加明确的法律和行政授权资源。跟踪审计的时效性，对审计机关的法律授权资源提出了挑战。多数政府领导希望跟踪审计人员边审计、边发现并提出问题，边整改。但这一程序与审计机关相关法规授权还有不相容之处，审计组如何在未经审计机关规定复核程序、缺乏授权的前提下提出审计意见，是广大审计机关在实践中摸索的新课题。有的地方政府已经以政府令方式出台了地方法规，给予了当地审计机关更多授权，但审计署和多数地方审计机关还缺乏相应法律资源[②]。

---

① 丁仁立等：《跟踪审计研究》，《审计署审计科研所审计研究报告》2010 年第 9 期。
② 李俊：《关于开展跟踪审计有关情况的调研报告》，《审计署审计科研所审计研究简报》2009 年第 9 期。

2. 跟踪审计资源的可控性

跟踪审计的部分资源是可控的，部分资源是不可控的。一般来说，以审计机关为主体考量时，作为一个人员、编制、职责固定的行政机关，几乎一切资源都是固定的，不可控的。以审计项目为主体时，在审计机关总体资源范围内，对某一具体项目所投入的审计人力资源和经费资源，就有了调剂的余地，变得部分可控。审计资源管理，就主要针对这两部分可控资源开展。

3. 跟踪审计资源管理的原则

跟踪审计资源的管理，应当主要遵循以下三条原则：

一是精打细算、提高效率的总原则。资源总是稀缺的，否则就不成其为资源。由于资源的稀缺性，对资源的管理总是要精打细算，努力提高资源的利用效率，这是资源管理的总原则。

二是"以收定支，量入为出"的人力资源分配原则。审计机关对于跟踪审计人力资源的管理，总体上要遵循"以收定支，量入为出"的原则。即根据当前可用审计人员总量（包括数量和质量），估算各项目各自所需人力资源量，两相比较后，决定所审计的项目数。

三是"以支定收"的经费资源使用原则。审计机关对跟踪审计所需财力资源的管理，则总体上采用"以支定收"的流程。即各年度依据列入计划的项目，估算各项目所需外勤经费、专家经费，加上日常运转经费、人员经费，形成年度预算后，再向财政部门申请经费。

二、跟踪审计人力资源的管理

与常规审计相比，跟踪审计对审计人员知识构成、职业素质的需求呈现出多样性。跟踪审计涉及审计事项发展的全过程和多个阶段，要求配备具有审计事项运行全过程相关知识的审计力量。再以建设项目跟踪审计为例，在工程主体结构施工阶段，主要需要土建工程师进行跟踪审计，在工程水电暖通设备安装时，就需要设备工程师参与，在工程装修中，又需要熟悉装饰装修的工程师参加审计。

由于跟踪审计对审计人员知识和能力需求的多样性和审计资源配置随项目进度和审计事项发展动态调整的影响，跟踪审计的资源配置相较于常规审计更为复杂，在资源配置的数量和质量、总量和结构以及时间和空间等方面都有更高的要求。但是，审计资源管理的模式，仍然没有脱离审计机关现行的管理框架。

（一）审计机关对跟踪审计人力资源的计划管理

审计机关对审计项目实行计划管理。

关于跟踪审计，《中华人民共和国国家审计准则》[①] 第三十七条规定，"采取跟踪审计方式实施的审计项目，年度审计项目计划应当列明跟踪的具体方式和要求"。审计计划关于跟踪的具体方式和要求，包括了跟踪的频率、时间长短、内容的复杂程度和深入程度及相应的人力需求等因素。

（二）审计组对跟踪审计人力资源的现场管理

跟踪审计中，审计组对现有人员数量、专业的现场配备，是根据跟踪审计项目的特点随时动态调整的。审计组在被跟踪事项不同阶段，根据审计工作量的不同，投入审计人员的数量需要调整。如在大中型建设项目跟踪审计中，日常变更签证的审计可能只需要两三名审计人员就能完成，但竣工决算审计时对所有合同完工结算的审核，就需要数倍的审计人员。同时，由于审计资源总量不足，跟踪审计关口前移，审计周期延长、检查的内容增多，使得现阶段本来就不足的审计资源更为捉襟见肘。全方位的审计也对审计机关人员的知识结构和实践经验提出了新的挑战。

一些审计机关采用聘请中介机构工作人员的方式来补充审计人员数量和专业质量的不足，这实际上是用经费资源换取人力资源，有效地支撑了跟踪审计项目的顺利开展。但中介机构的审计力量也难以完全胜任跟踪审计要求，其审计的着眼点和出发点与审计机关存在明显差异，审计经费也难以保证。

也有的审计机关借用其他部门、企业的力量来补充审计力量不足，但一方面还存在一定的障碍，另一方面也受到行政体制、工作安排、审计经费、审计独立性等因素制约，审计机关在相当长的一段时期内难以充分

---

① 《中华人民共和国国家审计准则》，审计署 2010 年第 8 号令发布。

利用。

三、跟踪审计经费资源的管理

跟踪审计所需的经费资源都来自各级财政预算拨款。因此，在审计机关层面，对审计工作经费的所有管理、使用活动，都首先要遵从《中华人民共和国预算法》及一系列财政预算管理法规、规章的要求。

在审计机关内部，对具体跟踪审计项目工作经费的管理，主要应采取预算管理的方式，包括预算编制、预算执行和预算考核等阶段。实施预算管理的目标，是力求在支出可控的情况下，实现审计成果的最大化和最优化。

跟踪审计人员均是审计机关工作人员，人员经费不可控。项目经费主要是外勤差旅费和外聘人员费用。这两部分经费的科学管理，与审计组长的工作安排是否合理息息相关，具体要求：（1）提前计划，细化预算。跟踪审计的工作量，与项目开展进度、资金支付比例关系紧密，因此要根据被审计事项的进度计划，制订翔实的审计实施方案，对每一阶段的工作量，都要做出充分合理的预计。审计组合理分工，提高效率。（2）合理分工，新老结合。要对各阶段工作中所需特殊专业人才做出针对性分工，尽可能做到专业对口。也要安排工作经验丰富的审计人员带领各类事项审计小组，由工作年限较短的审计人员作为辅助，既能充分调动审计人员积极性，也从长远上保证了审计队伍的梯队成长。（3）厉行节约，确保廉洁。外聘人员工作经费有时占到跟踪审计外勤经费的相当比例，经费的节约取决于审计组长及其指派的管理人员对外聘人员工作方向和工作进度的督导质量。同时，在选择中介机构、结算外聘费用等环节，要注重规范操作，避免廉政风险。

跟踪审计工作经费的管理，要遵循几个原则：一是责任、过程的控制原则。经费的可控与否是制定预算和执行预算的最基本的要求，同时也是建立预算考核责任体系的标准。二是高效运行、效率优先的原则。在注重节约的同时，讲求效率、注重实效，保证对重点业务和重点部门的审计不间断、不放松，注重实际需要，保证总体审计目标的实现。三是权责对等的原则。要适当地允许审计项目负责人介入预算编制和预算评价过程，避免脱节，使审计工作预算的责任主体真正具有生命力，使得预算任务能够层层进行分解，有利于责任的落实和考核的实行。

较之常规审计项目，跟踪审计项目经费资源管理更应当注重投入产出的考量。其主要原因，一是跟踪审计项目的个性化决定了其投入无法标准化；二是跟踪的长期化、分期化，又导致项目经费资源投入远远超出常规的单一审计项目；三是跟踪审计的产出更多体现在预防和"免疫"功能上，与常规审计项目的收回违规资金、增加财政收入有较大区别。

对跟踪审计投入产出的考核，应当针对其特点制定区别性的管理办法和考核办法。在制定办法时应当注意，一方面不能唯"跟踪"是优，在少数重点项目的跟踪审计上投入大量审计资源，忽略了其他大批待审计单位和项目的覆盖；另一方面，也不能唯"成果"而论，对跟踪审计起到的"免疫"作用要有充分的正面估计。

第二节　跟踪审计质量管理

审计质量是审计工作的生命线，是审计工作的核心。审计质量包括两层含义：第一层含义是每一个审计环节，包括每一个审计事项、审计取证、审计结论、适用的法规依据、审计定性、审计数据等都要真实、准确、完整，有法规依据，这是最基本的层次；第二层次含义是审计所提出的全部事项，包括审计意见和建议都必须是高水平的[①]。因此，审计质量的管理，是一项要求高、标准高、难度大、风险大的工作。

跟踪审计质量的管理，又在审计质量管理的基础上，对审计人员和质量控制人员提出了更高的要求。本节，我们将侧重就跟踪审计在质量管理中的特殊要求展开讨论。

一、审计质量管理

根据《中华人民共和国国家审计准则》规定，审计质量控制的目标包

---

① 刘家义审计长在全国审计法制处长培训班上的讲话（2008 年 4 月 9 日），审计署《审计情况通报》2008 年第 16 期。

括遵守法律法规和本准则，作出恰当的审计结论，依法进行处理处罚等。审计质量的要素包括审计质量责任、审计职业道德、审计人力资源、审计业务执行、审计质量监控等，审计机关实行审计组成员、审计组主审、审计组组长、审计机关业务部门、审理机构、总审计师和审计机关负责人对审计业务的分级质量控制，是一套科学、全面的质量管理体系。

鉴于跟踪审计这一特殊组织方式带来的特有审计风险，审计准则对跟踪审计提出了专门的要求。《中华人民共和国国家审计准则》第五十六条规定，"采取跟踪审计方式实施审计的，审计通知书应当列明跟踪审计的具体方式和要求"；第五十八条规定，"采取跟踪审计方式实施审计的，审计实施方案应当对整个跟踪审计工作作出统筹安排"；第一百二十四条规定，"采取跟踪审计方式实施审计的，审计组在跟踪审计过程中发现的问题，应当以审计机关的名义及时向被审计单位通报，并要求其整改。跟踪审计实施工作全部结束后，应当以审计机关的名义出具审计报告。审计报告应当反映审计发现但尚未整改的问题，以及已经整改的重要问题及其整改情况"。

二、跟踪审计质量管理的主要特点

由于跟踪审计具有审计目标更加面面俱到，内容更加丰富、深入，跟踪审计成果表现形式更加多样等特殊性，对跟踪审计的质量控制在以下几个环节相应地表现出与传统审计的不同特征。

（一）审计实施方案编制环节，难度较大

大部分跟踪审计项目具有涉及面广、现场审计持续时间长的特点，在广度和深度、时间跨度上较一般审计项目有更高的要求。因此，审计实施方案编制很难做到面面俱到，难以保证审计组在有限的资源条件下完成审计任务。审计实施方案编制环节的质量控制和考核重点主要在于项目的审计目标是否清晰、可行，能否明确审计重点，审计资源能否得到合理有效利用，审计分工和时间安排是否恰当，以及对重要事项安排的审计程序是否到位，审计步骤是否明确。由于跟踪审计的动态特征，审计实施方案并非是一成不变的，可以根据事态的发展变化及时进行调整，要对项目的进

展有一定的预见性和应对解决办法。

（二）审计证据采集环节，证据的充分性和适当性保证难度大

审计证据采集是审计质量控制最关键的一环。对跟踪审计而言，其审计证据采集的难度，主要在于证据范围广、形式多样、证据采集到审计报告编写相隔时间长等几个方面，需要分别采取不同的质量控制措施。

1. 证据涉及专业范围广

跟踪审计由于跟踪被审计经济活动的全过程，会有意识地全方位接触到财务会计工作之外的经济活动。审计人员对工程建设、环境保护、资源开发等事项的专业知识、认知能力、工作经验，都会对其取证工作质量造成影响。一是可能影响审计证据的相关性，即证据应有与应证事项形成审计意见这一目标存在密切的关系。二是可能影响审计证据的重要性，即证据所反映的事实的性质和数额是否重要。

针对此困难，跟踪审计之前，应当做好准备，一方面要组织或聘请具有专业知识、能力、水平的人员参加审计；另一方面，要加强审计人员针对性专业知识培训。同时，审计组要根据人力配备情况，对审计范围进行重新审视，超出能力范围的专业技术领域，无充分把握时，不宜轻易涉足。

2. 审计证据形式多样

尽管国家审计准则未对审计证据的类型做出限制性规定，只是推荐运用直接证据、外部证据、原始证据，并要求证据相互印证，但实践中，审计一般倾向于运用传统的"查账"手段获取书面证据，对口头证据、实物证据、影像证据等运用不多。由于跟踪审计更加倾向于关注被审计经济事项的过程管理而非结果评价，往往在事项进展中，需要采集多种形式的审计证据，如现场的录音、录像、照片等影像证据，工程材料和物资甚至已建成工程的取样试块等实物证据，如对管理人员的谈话问询等口头证据。这一特点，一则可能影响审计证据的可靠性，即可信赖程度，这是审计人员对被审计事项进行判断和评价的最重要的基础；二则口头询问、取样等取证过程的恰当性有可能影响审计证据的客观性控制，即如何保证审计人员应对一定审计对象的具体内容进行客观、真实的描述，而不能涉及任何

偏见。

3. 证据采集后到形成审计结果的间隔长

各地审计机关对跟踪审计项目的组织方式不同，也体现在审计结果报告的方式不同上。有的审计机关对一些跟踪审计项目采取年度跟踪的方式，每年单独立项，出具年度跟踪审计报告；有的审计机关对一些项目持续多年审计，阶段性（如半年或三个月）出具审计报告，有的审计机关对项目一审多年，项目结束时才出具审计报告。无论哪种审计方式，从采集审计证据到出具审计报告的现场审计时间往往都长于一般审计项目的两个月左右。因此，跟踪审计证据的适时性控制难度较高。审计证据的空间范围是应证事项或应证项目，与其相对应，审计证据也有特定的时间范围。某一审计证据，只能证实某一时期或某一时点的事项，超出这时间，该证据就失去了其特有的证明力。所以，审计证据的效力与时间是相关关系。对于一次审计持续多年、最终出具一个审计报告的项目而言，补充的审计质量控制手段就是需要特别注意在审计报告中列明发现问题发生的时间及其后续整改情况，以避免误导审计报告读者。

（三）审计报告阶段，要以审计风险为硬约束，充分考虑审计证据的充分性和经济性的平衡

审计证据的充分性就是指审计人员应获得足够数量的审计证据，以保证合乎逻辑得出审计结论。但审计受到资源制约，又要讲求经济性，要求控制审计证据的效用及其收集、评价的成本之间的对比关系。审计人员应当用最经济、最合理的办法，去抉择支持审计结论的有效证据。审计证据的经济性就要求审计人员在审计工作中必须时刻运用"功能—成本分析"技术去收集评价审计证据的成本与取得的收益间的关系。控制审计证据的风险性就是要在审计证据的可靠性、充分性、风险性之间进行权衡，以寻求一种最佳均衡点。需要说明的是，在审计工作中，不能因为证据的经济性而省略重要的审计程序，更不能借口经济性而减少必要的审计工作量，以节省审计费用。

跟踪审计投入大，产出也多。日复一日跟踪在现场，能发现被审计资金、项目、政策执行中一系列不流畅、不合理的操作性问题。审计对操作

中的问题严重性做出筛选判断是比较难的。如建设项目跟踪审计，发现工地现场部分民工未戴安全帽，是作为问题反映还是仅仅口头提醒？如果仅仅口头提醒，如不幸发生事故，跟踪审计一方未免又至少负有道义上的未尽职责任；如果列入审计报告，则此类问题举不胜举，报告将不胜其长。这是跟踪审计的难点之一。常规的事后审计则规避了这一风险，因事项基本已经完成，过程中的风险或者已经显现成为问题，或者自然消除，审计报告定性相对简单许多。

因此在审计报告阶段，跟踪审计就要考虑审计证据充分性和经济性的平衡，判断的标准，就是审计人员对审计风险的把握。对审计发现的各类问题，均应编制审计工作底稿，审计组应组织审计专家进行分级复核，必要时引进外部行业专家进行咨询。通过汇总分析、综合提炼的审计报告不仅要形式规范、要素完备，还要深刻分析问题产生的原因，并从宏观上提出解决问题的办法。该环节的质量控制和考核重点在检查审计依据是否充分、评价对象和标准是否适当，审计风险是否控制在合理范围内，审计报告反映的问题和解决方案有否实现预期审计目标。

三、跟踪审计质量的考核与评价及其难点

审计机关近年来广泛开展对审计项目质量的考核与评价。从审计署近年来的考核评价体系看，考核评价的主要指标包括规范、恰当、成效及影响四个方面，即[①]：

——审计工作全过程能严格按照审计法及其实施条例、审计准则和审计项目质量控制办法的规定进行；

——审计结果事实清楚，证据确凿，定性准确，评价客观公正，处理处罚适当，建议切实可行；

——审计揭露出重大违法违纪问题或重大违法犯罪案件线索，或者在效益审计方面取得明显成效；

——审计结果得到较好采用并产生较大社会影响。

尽管每年都有一些跟踪审计项目荣获优秀审计项目称号，但跟踪审计

---

① 《审计署关于印发优秀审计项目评选办法的通知》，审法发〔2009〕84号。

在评比中仍然经常有"水土不服"的感觉，审计人员自身的投入和对被审计单位、被审计事项的良性促进作用在评比中难以得到认可。其主要表现是：

（一）绩效审计成果缺乏可比性，难以度量

现行的审计项目成果考核，仍然把审计揭露的违法违纪问题或者查处的违法违规金额作为审计业绩考核的主要指标。而跟踪审计项目基本都属于绩效审计项目，我们对项目绩效本身就缺乏成熟的考核体系，不同项目之间的绩效就更难比较。其审计成果之间相应地缺乏比较性、不可计量性，因此在考核评价时，不能简单地沿用传统审计查处损失浪费金额为成果计量方式。

（二）跟踪审计"免疫系统"功能难以体现为业务成果

跟踪审计的目的是要把问题消灭在萌芽状态，及时揭示、纠正重大问题，尽量保证被审计项目"不出问题、少出问题、至少不出大问题"，体现审计的"免疫系统"功能。而现行的审计项目质量考核办法将审计发现问题的严重程度作为考核指标，以《审计要情》《重要信息要目》采用数量为主，社会影响的产生也大多源于大要案的查处和揭露。跟踪审计业务成果显然难以体现。

这一特点同样体现在审计成果的采纳层次上，跟踪审计通常以《审计情况通报》、审计取证，甚至审计口头交换意见的形式，将大部分的问题及时通报给被审计单位，并解决在萌芽状态，因此报送较高层次政府领导的意见建议较少。根据现行的考核评价标准，将难以体现跟踪审计的成果特点。

（三）跟踪审计项目跨年度实施，不利于参加年度考核

多数跟踪审计项目跨年度实施，这也正是"跟踪"一词的来历。对跨年度项目，很多审计机关只制订一次审计工作方案和审计实施方案，在方案中对跟踪审计项目全过程做出安排，各年度的审计不再另行制订审计方案。一些审计机关要求审计组应在年度结束后向审计机关提交年度审计报

告，另一些则要求在项目结束后提交总体审计报告。现行的审计项目质量考核标准是按年度对审计项目进行考核的，跟踪审计即便其审计档案也按年度进行整理，但由于缺少一个完整的审计周期的档案，使得对跟踪审计项目质量的考核评价难以胜出。

（四）跟踪审计的前瞻性无法及时体现为成果

跟踪审计所关注的问题大多具有一定的前瞻性，而成果的体现具有滞后性，无法在审计结束后即时显现，尤其是政策类的跟踪审计成果更加无法在量上进行衡量评比。

上述困难并非对现行考核体系的批评，而是指出对跟踪审计项目质量评价的方向。大体上，对跟踪审计成果的评价考核要对照审计目标，更多地从社会效益角度来进行反映，以领导批示、信息采纳、被审计单位整改落实、群众反响等方式为主要评价指标。

第三节 跟踪审计的现场管理

管理既是一门艰深的科学，也是一门深邃的艺术。无论是在企业还是在机关，对管理人才的要求都很高，需要他同时具备多种素质，既要统帅全局，又要谋划长远，还必须身先士卒。管理被称为"艺术"，追根溯源，其实是与"科学"的对称。管理过程受到多重约束，变数多，应变无一定规则，因此管理活动的结果永远无法在事前有准确的、"科学"的推演。从这一点上讲，跟踪审计的现场管理，完全符合"管理是一门艺术"的论断，是一门基于技术、经济、社会、管理等多门科学基础上的综合艺术。跟踪审计的现场管理者，通常是审计组长（或者其授权的副组长、主审）。审计组长既要对被跟踪审计单位、被跟踪审计事项的宏观经济政策背景、法律法规环境、具体业务内容、技术特点、工艺流程有足够的理解，又要对审计、会计、金融、经济等学科有娴熟的掌握，同时，还要具备一定的人际关系处理、紧急情况处置能力。因此可以说，成功的跟踪审计项目，通常都是在一名有经验的审计组长管理之下完成的。

对跟踪审计项目通常的管理要求，首先要遵从《中华人民共和国审计法》《中华人民共和国审计法实施条例》《中华人民共和国国家审计准则》的规定，要遵循审计实施方案编制、审计证据获取、审计记录编写、审计报告起草和公布等各个环节对质量管理工作的相关要求，如"三级复核""五级复核"等，还要遵循复核、监理等有关工作规定，与常规审计项目管理并无二致。

项目管理的难点是在为了满足甚至超越项目涉及人员对项目的需求和期望而将理论知识、技能、工具和技巧应用到项目活动的过程中时，要想满足或超过项目涉及人员的需求和期望，需要在一些相互间有冲突、有矛盾的要求中寻求平衡，这些矛盾冲突通常包括：

——范围、时间、成本和质量之间的矛盾。

——项目各利益相关方人员不同需求和期望之间的矛盾。

——明确表示出来的要求（需求）和未明确表达的要求（期望）之间的矛盾。

在跟踪审计项目管理中，同样会遇到一些相互冲突、相互矛盾的要求，需要管理者加以协调。协调这些矛盾的过程是否成功，事实上就是跟踪审计现场管理是否成功的关键。下文就跟踪审计现场管理在人员管理、进度管理、导向管理、突发事项的应急管理、安全管理、风险管理等方面分别分析各类矛盾的产生、协调和解决思路。

一、审计现场的人员管理，要处理好分工与协作的平衡

跟踪审计组一般由三五名审计人员数十名审计人员组成，规模特别庞大或特别重大的审计项目，参与人员可能多达百余名。近年来，常有审计署或省级审计机关组织多家单位对一批项目的统一审计，如 2011 年审计署组织对全国地方政府性债务的审计调查，参与人员达数万名。但我们倾向于认为这是多个审计组对多个审计项目的同时审计，而不是一个大的审计组，多个审计机关和审计组之间的组织协调和管理不在本章讨论之列。

审计组多名审计人员必须分工，其原因主要是被审计事项业务循环的天然分离状态。任何一个单位、一项工作，都会具备人、财、物几个方面，都有准备、实施、收尾几个环节，都有领导、承担、监督几种分工，因此必然形成若干业务循环，如制造业的销售和收款循环、采购和运输循

环、生产循环，再如建筑业的施工现场管理、工程计量管理、合同管理、财务管理、计划统计管理等循环等。这些，都要求审计组分头负责、齐头并进，以明确审计职责、提高审计效率、方便审计工作考核。

审计组分工之后又必须协作，其原因则是被审计单位各项业务循环之间，有着天然的不可割裂的必然联系。同样，审计组各位审计人员按照审计实施方案，也有共同完成审计事项的需要和对被审计事项进行综合评价的需要。协作的方式，一是纵向的审计事项前后联系，部分审计事项完成后自然转入下一审计事项。如建设项目跟踪审计中，合同结算审计中发现工程材料采购量与结算量不符应当扣减工程款的事项并认定后，应当交由负责工程质量审计的同事，进一步取证落实，确定是否偷工减料影响工程质量。二是横向的互相配合。如建设项目跟踪审计中，工程造价审计发现工程进度款超进度结算问题的，应当要求财务审计人员配合取证，落实工程款实际支付情况。三是例行沟通。审计组一般应当建立定期例会制度，一方面由负责各审计事项的审计人员向组长汇报进展情况，另一方面各小组也应当互相沟通、互相启发，讨论修订下一步工作计划。

《中华人民共和国国家审计准则》第五十八条、第七十八条、第一百七十五条、第一百八十条都提到了审计组内部分工问题，但没有涉及如何进行分工。同样，也没有提及协作事项。因此，这完全属于审计组长现场把握的范畴。为了做到绩效审计成果的最大化，针对跟踪审计的特点，审计组长现场进行人员分工时，要把握的原则主要是新老结合、工程财务结合、发挥各人长处、职责明确、调动个人积极性等。

二、审计业务的进度管理，要处理好速度与质量的平衡

《中华人民共和国国家审计准则》要求在审计实施方案中对审计进度做出安排，部分审计机关对于审计项目进度管理做出了更加详细的规定。如《审计署办公厅关于印发审计署审计项目进度管理办法（试行）的通知》（审办法发〔2009〕44号），要求审计组应当在年度审计项目计划确定的时间范围内，根据审计工作方案组织开展审前调查，并在此基础上编制审计实施方案，细化审计项目的进度，具体到事，落实到人。且要求审计组应当按照审计实施方案的要求，严格控制审计进度，确保在计划时间

内完成现场审计工作，不得自行延期。

跟踪审计的进度管理与项目的具体组织方式有关。对于建设项目的跟踪审计，多采用发一个审计通知书，一次进点，分期多次报送阶段性审计报告，完工后报送一个总报告的方式。这类项目的进度管理一方面要参考工程项目的建设进度；另一方面，要根据审计机关对报告日期的需求，如需要截止在某个规定日期向政府报告审计工作情况等。

在项目跟踪审计现场，审计组长通常需要根据审计预订报告日期"倒排工期"，安排审计力量。限时的工作不免会遇到项目管理中常见的困境，即速度和质量的矛盾。有的新发现的重要审计疑点需要更多时间深入查处，但如果投入力量追查，不免耽误其他已经安排的工作，进而影响预订日期提交审计报告的目标。

在这种困境中，因为有最终报告作为"托底"，审计组长首先必须把按时提交阶段性审计报告作为"硬约束"，在不同审计事项之间做好平衡。一方面，要做好"开源节流"工作，尽可能争取其他审计力量支持，并删减部分不重要的审计内容；另一方面，审计组长时时刻刻需要根据最新掌握的信息重新评估各个审计事项的重要性水平，判断放弃或者简略某项审计事项可能带来的审计风险。目前，绩效审计的重要性水平和审计风险还没有成熟的数字化模型，这些评估和判断大多是审计组长根据自身经验做出，因而跟踪审计的组长人选一定要具备相当丰富的同类项目审计工作经验。

三、审计思路的导向管理，要处理好全面与重点的平衡

"全面审计、突出重点"，是审计工作二十字方针中最具有操作性的指导原则。由于我国审计力量相对工作对象而言总体不足，几乎所有审计项目目前都采取抽查的方式做出审计结论，因此在审计工作中，无论在审计系统层面，还是在审计机关、审计组，甚至每个审计人员层面，都会经常遇到全面和重点的平衡问题。

在跟踪审计项目中，由于对被审计单位业务的研究更加持久、深入，审计的"抓手"更多，审计涉足面也比常规审计要广泛得多，因此跟踪审计中对于全面和重点的平衡要求更高，对审计组长和具体审计人员现场把

握重点的能力要求也更高。

在实践中，跟踪审计现场把握全面和重点的原则，应当主要包括以下几条：

第一，要在充分了解被审计单位、被审计事项特点的基础上，定义何者构成"全面"。如抗震救灾物资发放的跟踪审计，应当将所有物资、资金总体作为"全面"，还是将所有等待救助的灾民作为总体？这是牵涉到整个审计采用顺差法还是逆查法的重大抉择。要回答这个问题，就必须把握党中央、国务院以及审计署交办此项审计业务的目的，是保证灾区人民生命得以延续、生活水平不致过多降低，还是保证各项资金和财物的安全、顺利发放？所谓正本清源之后，答案就呼之欲出。

第二，要在充分把握被审计单位、被审计事项管理战略及其重点的基础上，把握何者为"重点"。如工程建设项目的跟踪审计中，经常遇到甲乙双方对于工程索赔存在重大争执未决，乙方坚持拿钱再干活，甲方坚持履行合同，该干活干活，该算账算账。在这种时候，审计对于因此造成的多付索赔款或者延误工期的审计，应当以何者为重？显然，要根据工程自身对社会公众的意义、所争执的工程部位是否处于该工程关键线路上、所争议的索赔事项金额多大等等情节，综合加以判断。

第三，对"全面"和"重点"的判断，要集思广益，避免风险。把握"重点"的同时，事实上就是对部分审计事项做了舍弃，审计风险是比较高的。个人的力量总是有限的，审计组长负有把握全局的责任，审计人员负有独立完成某审计事项的责任，但遇有重大疑难问题时，既不能推诿责任，也不能独善其身，而是要群策群力，多方面研究，努力把握好重点把握问题。

四、审计现场突发事项的应急管理，要处理好计划与变化的平衡

跟踪审计对审计队伍的锻炼是非常有效的，有时能起到类似行政机关与基层单位挂职交流相类似的锻炼作用。因为审计人员要长期在被审计单位现场工作，目睹、耳闻几乎所有被审计单位重大决策的做出过程，身临其境地感受管理的难度，对于审计人员开阔思路、公正判断，是非常有益的。

但跟踪审计的特点也决定了审计人员必须具备一定的应急管理能力。一方面，如被审计单位遇到某些重大外部环境变化，变更了项目执行计划，审计人员对于原定审计实施方案中的内容就无法进行，需要做出应急方案，继续完成审计工作或者中止审计项目。另一方面，有的跟踪审计方式是按环节跟踪，如在被审计单位招标投标中，对被审计单位业主编制好的招标标底进行审计，由于招标投标程序严格规定了某阶段的工作时限，也要求审计人员对其间发生的一些重大变更做出及时、准确的判断。

五、审计资料的安全管理，要处理好效率与安全的平衡

《中华人民共和国审计法》和《中华人民共和国国家审计准则》都要求审计人员具备保守秘密的职业道德。所谓保守秘密，就是审计人员应当保守其在执行审计业务中知悉的国家秘密、商业秘密；对于执行审计业务取得的资料、形成的审计记录和掌握的相关情况，未经批准不得对外提供和披露，不得用于与审计工作无关的目的。

在跟踪审计中，审计人员做到保守秘密，有比常规审计更大的难度。由于长期深入了解被审计单位、被审计事项的需要，审计人员工作场所必须贴近甚至深入被审计单位内部；工作方式必须与被审计单位同步，有时会列席被审计单位重要会议；工作作风必须平易近人，与被审计单位具体工作人员打成一片，根据工作环境的不同，有时还需要与工人、管理人员交朋友，甚或称兄道弟；跟踪审计的工作时间必须与被审计单位反复协调，要求其在不耽误其自身重要工作的前提下，配合审计工作。这些特点在提高了审计工作效率、方便获取被审计单位信息的同时，也增大了审计保守秘密的难度。

审计保守的工作秘密，有来自被审计单位的，有来自审计机关内部的。在跟踪审计中，最难保守的秘密，是审计人员对于目前正在审计的单位和事项，通过执行审计业务取得的资料、形成的审计记录和掌握的相关情况，极易在与被审计单位工作交流无意泄露，从而违背了《中华人民共和国国家审计准则》关于"未经批准不得对外提供和披露"的规定。在跟踪审计中，由于审计事项涉及的行业、专业知识相对比较深入，很多时候，审计人员关于被审计事项的初步印象和即将形成的审计意见，也必须

在和被审计单位工作人员充分沟通的前提下，才能做到准确无误、客观公正。前文中提到的跟踪审计的时间压力，也加剧了这种"泄密"的可能。

因此，在跟踪审计项目中，如何界定泄露审计工作秘密的问题，应当尽量考虑实际情况，考虑审计人员的主观动机。如果有的审计人员在跟踪审计中出于工作考虑，为了更快、更好地做好审计工作，与被审计单位沟通交流中无意间泄露了一些工作资料和情况，而这些工作资料和情况又都是取材于被审计单位，则不宜视为泄密。

六、审计风险的管理，要处理好权力与独立性的平衡

常规审计的组织方式相对简单，根据审计项目的要求组成人员相对固定的审计组，审计组在检查历史资料的基础上，完成审计工作。但跟踪审计由于其阶段性和时效性的特点，各阶段审计内容存在巨大差异以及审计人员与审计事项发展和管理职责贴近，使得审计各阶段对审计人员需求的差异很大，特别是审计与管理工作可能出现的相互交叉，对审计的组织方式提出了挑战。

在实践中，有的审计机关通过长期工作，树立了较高的权威。在建设工程造价审核、财政资金管理等方面，得到了地方政府领导和社会的一致认可。因而通过地方立法、行政授权等方式，得以在一些重要建设项目、民生项目中承担较多任务。如有的地方政府要求重大民生建设项目采取跟踪审计方式的，审计必须在工程进展重要节点予以控制，如：

- 项目初步设计概算必须经过审计才能批准；
- 招标标底或招标控制价必须经过审计才能开始招标；
- 设备采购或施工承发包合同文本必须经过审计才能签署；
- 工程预付款、结算进度款必须经过审计才能支付；
- 工程变更必须经过审计才能确认；
- 单项工程完工后必须经过审计才能办理合同结算；
- 工程竣工后必须经过审计才能编报竣工决算。

…………

地方政府对审计机关的上述授权，充分体现了审计机关"有为才有位"思路指导下的工作成果及审计机关和审计人员严谨细致的工作作风、

专精结合的业务能力赢得了政府和公众的信任，应当说，是审计工作成绩的重要体现。

同时，审计人员上述工作，虽然是对工程项目进展过程中的概算、变更、结算等工程成果经济资料的事后审核，但在环环紧扣的工程项目建设过程中，上一环节的成果审批就是下一环节起始的条件。因此，审计工作也不免具备了管理审批的性质，某种意义上成为管理的一环。

审计介入工程项目管理，从审计机关接受政府授权承担交办任务的法律意义上并无问题，但在理论上，对审计机关整体独立性构成威胁。独立性包括实质上的独立性和形式上的独立性。从实质上看，审计人员在长年累月接触甲乙双方并成为双方经济利益博弈的评判方时，难免会有感情、性格、偏好、利益等因素导致的倾向性，不恰当的或者过多的倾向性会形成审计人员自身和其工作的利益冲突，从而危及其执法独立性，进而影响公正性。从形式上看，审计人员承担"审批"的前置职能后，在事后其他阶段审计中，如果发现前置环节中存在审计中未能发现的问题，可能陷入无法否定自身工作的尴尬局面。

因此，在通过跟踪审计扩大审计机关影响、提高审计机关形象的过程中，如何把握审计机关和审计人员的独立性，不失本色，是审计机关需要严肃认真思考的问题。

第七章　跟踪审计的发展与完善

近年来，审计署牢固树立科学的审计理念，对跟踪审计进行了有益的尝试和探索，积极服务国家良治。如先后开展了奥运场馆工程跟踪审计、汶川地震灾后恢复重建跟踪审计、京沪高速铁路跟踪审计、西气东输二线、玉树地震灾后恢复重建跟踪审计、支持新疆发展项目和资金跟踪审计，并在《审计署"十二五"审计工作发展规划》中提出"积极开展关系国家利益和社会公共利益的重大建设项目跟踪审计"。但跟踪审计作为国家审计的新型组织方式，在我国仍然处于探索阶段。无论从审计的内容来讲还是从审计的方式来看，都是"摸着石头过河"，处于起步阶段，需要在今后的审计实践中不断总结完善跟踪审计的方式方法，在研究创新中不断探索跟踪审计的本质规律。

第一节　跟踪审计的现状

跟踪审计由于着眼于预防，将审计关口前移，更能有效地发挥审计"免疫系统"功能。当前，跟踪审计在发现问题、督促整改，帮助规范、促进提高、抵御腐败、节约资金等方面取得了重要成效。

一方面，审计署率先垂范，积极开展跟踪审计。审计署在《审计署2008至2012年审计工作发展规划》中指出，对关系国计民生的特大型投资项目、重大突发性公共事项等项目要试行全过程跟踪审计。近年来，审计署对西气东输工程、京沪高速铁路等特大型投资项目实施了跟踪审计。为落实党中央、国务院"廉洁办奥运、节俭办奥运"的指示精神，按照"服务奥运、保障奥运"的总体指导思想，根据《中华人民共和国审计法》规定，审计署于2005年9月至2009年3月，组织对第29届奥林匹克运动会组织委员会（即北京奥组委）的财务收支情况和奥运场馆建设情况进行了全过程跟踪审计，并于2009年6月19日向社会进行了公告。2008

年汶川特大地震发生后，审计署对救灾款物和灾后恢复重建开展了自审计署成立以来最大规模的全过程跟踪审计。先后下发了十多份指导性文件、四份审计工作方案、四批重点跟踪审计项目计划，编发了 64 期跟踪审计工作动态，积极推进汶川地震灾后恢复重建跟踪审计工作。此次跟踪审计得到了党中央和国务院的高度肯定，得到了灾区各级党委政府的认同，有效地促进了科学重建、规范重建、高效重建。截至 2011 年 5 月，审计署通过跟踪审计，先后就汶川地震灾后恢复重建发现的问题累计向国务院上报重要审计信息 26 份，向有关部门和地方提出审计意见和建议 12866 条，其中 11202 条得到整改落实，审计整改率 87%，促进建立健全规章制度 2469项，极大地推动了灾区的制度建设，进一步为灾区的可持续发展提供了制度上的保障。

另一方面，全国各地审计机关结合实际，积极探索跟踪审计。青海省对玉树地震救灾款物和灾后恢复重建开展了跟踪审计，提出了跟踪审计的总体要求：一是增强政治敏锐性，积极有效履行审计法定职责，切实保障救灾款物规范运行和安全有效使用；二是建章立制，规范运作，立足整改，严肃查处重大违法违纪行为；三是把握总体，严谨细致，建立审计问责追究制度，确保审计结果准确无误；四是分工负责，各尽其责，协调配合，发挥整体合力。上海市对世博会相关资金进行跟踪审计，提出世博园审计实现的"四个同步"，即对世博运营资金决算审计与世博运营资金财务决算同步；对工程决算全过程监督与工程审价结算同步；对项目决算审计与竣工财务决算报表编制同步；审计揭示问题与促进落实审计发现问题的整改同步。2010 年 3 月开始，广东省积极开展"亚运审计"，借鉴审计署审计奥运工程项目的成功经验和有效做法，及时组织广州、佛山、东莞、汕尾四个市审计局和社会中介机构 100 多名审计人员，组成 20 个审计组，对 80 多个场馆和相关资金进行全程跟踪，为实现"平安亚运、廉洁亚运"目标做贡献。与此同时，全国其他各地审计机关也积极投入人力、物力，对民生工程、政府和社会关心的政府投资重点项目实施跟踪审计（调查），规范跟踪审计组织方式，创新跟踪审计技术方式方法。

第二节　跟踪审计存在的问题和挑战

近几年来，跟踪审计在各地得到实践并在全国得到推广。跟踪审计摒弃了以往的以事后审计为主的审计模式，强调事先的预防和控制，克服了事后监督的局限性，无论是在提高建设项目的投资效果上，还是从源头上遏制投资领域的腐败行为上，都有着无可替代的作用，是现行建设项目审计领域中比较有效的一种审计方式，也是重大工程项目审计发展的必然选择。但是，由于跟踪审计作为一项探索性的工作，其本身还存在着许多的局限和不足，审计人员在进行跟踪审计时对怎么审、审什么有着许多的困惑，社会各界也对审计机关的跟踪审计及其效果产生了许多疑虑，在实践中也碰到了许多新问题，存在一些影响和制约跟踪审计发展的薄弱环节。

一、跟踪审计法律依据不足，工作机制不健全

（一）跟踪审计缺少法律保障

建设项目的审计大多为事后某一方面的静态审计，而跟踪审计则是动态审计，属于全新的审计方式，其责任重大，风险也较大。目前，跟踪审计工作在全国尚处在摸索阶段，国家还没有一部专门的跟踪审计行为规范，具体做法尚不成熟，有些问题还存在较大争议。如跟踪审计每阶段的审计内容是什么，审计的方式方法如何，等等。目前，政府审计工作逐步实现审计工作法制化、制度化、规范化，投资审计随着社会经济的快速发展，也有了显著的发展和进步。虽然审计署已经颁布了《政府投资项目审计规定》，但跟踪审计的保障机制仍不健全。又如，同样都是重特大自然灾害恢复重建项目，在不同的时间、不同的地区，跟踪审计的主体、目标和组织方式等都有所不同。此外，当前跟踪审计在法律、法规的建设、评价体系的建立以及计算机应用等方面都缺少创新和成熟经验。当前计算机审计主要侧重于工程算量、计价等方面的应用，信息化程度较低，计算机审计缺乏专家经验，特别在计算机管理跟踪审计行为、提高工作规范化程度等方面还比较欠缺。再比如，效益审计占投资审计的比重还比较小，如

何将效益审计的理念和方法有机地融入投资审计的各个环节，仍是亟待研究探索的课题。

（二）跟踪审计的工作机制还不健全

目前，有多个部门对政府投资建设项目进行管理，在政府投资建设项目的管理上各自为政。如我国的政府投资建设项目的立项、审批、招投标工作由发展改革委负责管理，建设资金的拨付与财务管理由财政部门负责监管，建设监理工作由住建部管理。另外，质量监督、纪检、监察等部门也都对政府投资建设项目负有监管的职责。看似机构很多，监督机制健全，但在实际的运作中则出现多头监管、责权不明、部门之间配合不协调、责任落实不到位的现象①。在传统的竣工决算审计中，审计机关更多的是关注建设资金使用的真实合法性，跟踪审计从建设项目的立项审批开始就已经可以介入审计，其中也包括了招投标、监理、施工等环节，直至工程竣工验收交付使用。跟踪审计打破了建设项目的传统管理模式，而又因跟踪审计制度、规范尚未建立健全，因此参与建设项目各方的管理职能和权限尚未从制度上合理界定，各方责权利关系不很明晰，往往容易造成各管理方不到位或越位情况，制约着审计机关的参与力度。例如，目前北京、上海、广东、陕西等全国各主要省份对政府投资项目监督资源配置上，主要包括财政、审计、监察、建设及投资主管部门几个方面，各个部门依据各自部门规定在各自职权范围内开展工作，具体监督模式不够统一，部门之间缺乏相互协调的机制。对政府投资建设项目，财政、审计、监察、主管部门都可以依法实施监管，各部门的监管独立进行，但没有明确的法律法规对这些不同的部门、不同层次的监管加以协调，容易出现有的项目监管交叉，而有的项目出现监管盲点的局面，监管的资源得不到有效的配置。

二、审计力量严重不足，审计人员素质亟待提高

跟踪审计是对项目贯穿始终的全过程审计，涉及项目建设的方方面

---

① 《我国政府投资项目监管存在问题分析》，《唯实》，2007 年第 9 期。

面，所以需要充足的审计力量和较高的审计人员素质，以满足跟踪审计内容的大量性和广泛性。

（一）审计力量不足制约跟踪审计的全面开展

近年来，我国不断健全完善扩大内需工作推进机制，重点项目建设力度不断增强，全社会投资保持较快增长，投资规模不断扩大。由于固定资产投资审计的任务繁重，政府投资审计受人员编制、审计经费等因素的制约，审计力量严重不足。在跟踪审计中，审计人员随着项目建设进程，对各阶段的审计事项进行审计，并及时做出审计意见和建议，督促被审计单位纠正存在的问题，促使建设工作得以规范、有序、有效运行，建设单位越来越认同和欢迎跟踪审计人员进驻项目现场。但是对审计机关而言，由于跟踪审计的审计范围更加广泛，审计内容更加丰富，审计深度更加深入，审计频率更加频繁，耗用审计力量越来越大，除了年度审计计划外，地方政府领导交办、上级政府领导交办、建设单位主动要求进行跟踪审计的项目任务应接不暇，跟踪审计孕育着巨大的风险。虽然近年来，国家审计工作有了长足的发展，各审计部门都相应地增配了审计人员，但全国各级审计机关投资审计人员力量不足的情况仍普遍存在，投资审计力量的现状远远不能满足政府投资审计发展的需要。

（二）审计人员素质不能适应跟踪审计要求

当前，我国经济社会正处于经济结构调整期、资源环境改变期、社会矛盾凸显期和各项改革攻坚期。新的经济形势对审计工作提出了新的更高的要求，审计任务也更加艰巨更具挑战性。建设项目施工的全过程包括了投资决策阶段、项目设计阶段、招投标阶段、项目施工实施阶段以及竣工结算阶段五个重点阶段，每个阶段都涉及专业的技术和知识，对建设项目实施跟踪审计也就具有了审计涉及面广，需要的专业知识面宽的特点，加之跟踪审计不同于传统模式的审计，审计形式和审计内容都有了新的变化，所以也要求审计人员具备更高的素质。当前，投资审计人员的素质存在以下不足：

1. 审计人员思维方式不能完全适应跟踪审计模式的要求

长期以来，审计工作都是以审查经济业务的真实性、合法性为核心工作，对效益情况关注较少，而跟踪审计却恰恰需要对建设项目的效益性、效率性、效果性进行审查分析，以达到规范投资、节约资金、减少浪费、提高效益的目标，以一般审计业务审查真实、合法性的思维模式必然会制约跟踪审计工作的全面深入。

2. 审计人员知识体系不完整

实施建设项目跟踪审计不但需要审计知识，还涉及规划设计知识、经济管理知识、工程施工技术知识、工程概预算知识、财务知识、相关法律知识等。根据审计署 2010 年审计干部队伍结构调查显示，我国审计队伍知识结构以会计、审计人才为主，比重达 65.5%，工程技术等专业人才仅 13.1%，一专多能的复合型人才更是少之又少，知识体系的不完整势必会影响跟踪审计的效果和质量。

3. 审计人员工作的全面性不强

传统审计模式中，审计人员一般以会计核算周期为阶段实施审计，这种方式不能够适应跟踪审计的需要。跟踪审计的特点决定了审计人员必须要具有对问题分析的系统性、整体意识和层次感，要全面把握建设项目的各个环节，对事情发生的前因后果很好地加以分析，进而提出切实可行的解决办法。

4. 审计人员的协调沟通能力不强

在对建设项目跟踪审计的过程中，有时对某一个问题的审查、分析需要建设项目的其他监管部门的协助和配合，如发展改革委、财政、建设、规划、国土资源、房管、环保、监察等部门，这就需要审计人员与相关部门进行协调与沟通。另外，跟踪审计过程中经常会对勘察、设计、施工、监理、采购、供货、咨询、代理、项目管理等单位与政府投资建设项目直接相关的财务收支进行延伸审计或审计调查，对这些原本不属于审计监督对象的单位实施的延伸审计或审计调查，就更需要审计人员去沟通。目前，审计人员还处在以审计业务为核心工作的圈子里，协调沟通工作经验不足，造成了跟踪审计在深入开展时往往会受到影响。

三、审计独立性受到一定制约，审计风险加大

审计的独立性原则是指审计机关依法独立行使审计监督权。我国宪法规定："审计机关在国务院总理领导下，依照法律规定独立行使审计监督权，不受其他行政机关、社会团体和个人的干涉。"按照审计独立性原则的定义，可以看到审计机关作为国家监督机关，要充分发挥其监督作用，与其能否独立地工作有着至关重要的关系。独立性是审计工作的根本属性，是进行审计监督的根本前提和生命线，离开了独立性，审计工作就难以保证客观公正。

（一）行政体制对审计独立性的制约

在我国，审计机关隶属于国务院，是政府的一个职能单位，根据法律所赋予的职责权限实施审计，并对政府负责。从理论上讲，这种方式会在两个方面影响审计机关形式上的独立性。

1. 在审计机关组织地位方面

审计机关组织地位的高低是决定其独立性程度的一个极为重要的因素，由于审计机关作为政府的职能部门履行行政职能，而被监督者同时隶属于政府部门。一般情况下，审计结果公开前要经政府同意，而对于违反财政收支的行为进行处理处罚时，如果被审计对象对审计决定不服，也可以通过政府裁决的方式在政府内部进行协调和处理。因此，政府就极有可能是从自身利益出发而不是从社会公众利益出发来决定审计结果是否公开。

2. 在经费来源方面

审计机关的主要职责是监督国家财政收支，监督管理者经管和运用公共财产的情况。而审计活动的开展又需要运用公共资金，需要财政管理部门拨付经费。审计机关所需经费由本级财政预算解决，受本级财政预算约束，即经费来源于被监督部门，进一步影响了审计结果的公开工作。

（二）审计监督权与建设项目管理权的界限模糊

开展建设项目跟踪审计，肯定会涉及工程管理、决策、施工等各个环

节。审计机关应独立发挥审计监督职能，不应该参与建设项目的决策和管理工作。而从跟踪审计工作目前开展的现状看，建设过程中各种相关合同的签订、各种计价支付，一般都会要求跟踪审计人员进行现场审核，出具审计意见单加以确认，这种从审核到确认的过程，实际上履行着建设项目内部管理的职能，也就是审计人员直接参与了工程管理。在这种情况下，审计人员很难保持审计的独立性。另外，建设项目实施过程中的各种协调会议，一般也会要求审计人员参加，并要求对相关问题发表意见，这样不仅把审计人员"拉"进了项目的管理过程。再者，在建设项目跟踪审计过程中，审计人员进驻建设现场实施跟踪审计，对发现的问题及时提出审计建议，供被审计单位纠正和改进工作。一旦把握不好，这种审计模式很容易使审计人员偏离正确的审计定位而无形之中行使了管理者的职能。由于介入了项目管理，会产生利益冲突，审计风险加大，也破坏了跟踪审计所建立的权力制衡机制。

（三）对社会审计人员的监督管理难度加大

跟踪审计与以往的审计模式在审计的对象、范围、内容和环境上都有了很大的变化，也就是它的这种广泛性、全面性、过程性，决定了开展跟踪审计的成本相对于以往的传统审计模式要高得多。跟踪审计较多的采用聘用中介机构人员，对审计人员专业知识提出了更高的要求，审计机关跟踪审计专业人才的培养和储备不足，专业知识更新滞后，严重影响了对中介机构人员审计的监管能力，形成潜在审计风险。

1. 审计机关对社会中介机构审计人员进行约束的难度较大

审计署《政府投资项目审计规定》对审计机关利用外部力量参与政府投资审计做出明确的规定："审计机关应当制定有关聘请外部人员的工作规范，加强对聘请外部人员工作的督导和业务复核，保证审计质量。"实践中，审计机关普遍采用聘用中介机构人员参加审计。由于审计机关与社会中介机构在管理体制上不存在隶属关系，而是一种聘用与被聘用的关系，审计机关对社会中介机构的行为无法用行政手段来规范，对其管理主要靠合同的约定和社会审计的行业自律。这就给审计机关的监管带来了不小的难度，如果发现被聘方存在着违反行业纪律或者行业准则的行为，审计机关只能通过解除聘用合同的方式来对其进行惩戒。

2. 审计复核量急剧增加，审计风险不断加大

为了保证审计的质量，防范审计风险，对于由中介机构完成的跟踪审计项目，审计机关要对其进行全面的复核，通过复核来检查中介机构审计质量和审计效果，对审计中出现的错误和存在的问题及时纠正，或者由审计机关到审计现场对相关问题进行重新审查、核实。由于聘用中介机构审计人员后，大量的跟踪审计的工作任务都由中介机构审计人员来参与完成，审计机关审计复核工作数量急剧扩张，若想对所有完成的项目全面进行复核，难度非常之大。目前，大部分审计机关采取的是对中介机构的审计结果实行抽查或互查，这种做法减少了工作量，缓解了复核压力，但是审计机关却难以全面掌握其准确程度，加大了复核风险。

（四）组织管理方式有待进一步改进

对某些重大事项进行跟踪审计时，由于参与部门多，参与人员多，审计事项多，这就要求审计机关必须就审计人员和审计资源进行合理的安排，规范审计行为。如在汶川地震灾后恢复重建跟踪审计过程中，参与跟踪审计工作的既有审计署驻地方特派办，还有对口援建省市审计机关和受灾当地的审计机关；既有国家审计机关人员，也有社会中介机构人员；既有财务会计专业人员，也有工程造价、管理专业人员。由于参加跟踪审计的人员来源不同、职责不同、分工不同，如不提前进行科学合理的组织和安排，很容易造成审计遗漏、审计重复、审计责任不清、审计意见不一致、审计效率低下等一系列问题。为此，一是要对各审计机关的审计范围进行合理的划定，明确各审计机关的职责范围和重点审计对象；二是要明确界定国家审计人员和社会中介机构聘用人员的职能和定位，在实施跟踪审计过程中，严格执行以国家审计人员为主导、社会中介机构人员为补充的方式；三是根据各审计小组人员的专业结构进行合理的分工和协作，提高工作效率；四是建立良好的沟通协调机制，审计机关之间要充分协调，加强交流，并建立良好的审计资源和审计信息共享机制。

第三节 健全完善跟踪审计的对策和建议

一、健全相关法律法规，总结跟踪审计经验

跟踪审计是一项全新的尝试，在审计过程中必然会碰到各种困难和问题，只有不断地加强对新知识的学习，不断地研究和探索，碰到问题及时商讨，寻找解决的办法，"把审计实践作为第一跑道"，在实践中不断总结，才能健全完善跟踪审计的制度保障措施。

（一）健全完善跟踪审计相关法律依据

依法审计是审计工作的基本原则。跟踪审计是建设项目审计模式的重大创新，跟踪审计还处在发展的初期，跟踪审计实施办法以及程序还不规范。只有通过法律、法规的形式把跟踪审计确定下来，使跟踪审计工作有法可依，才能顺利、全面地推行和开展建设项目跟踪审计并有效地实现其目标，使这一模式能更好地为建设项目服务。当前，需要出台一系列跟踪审计的规章制度，制定明确的、可操作性强的跟踪审计的指导性意见或业务指南，建立和完善跟踪审计的程序与审计规范以及与此相衔接的项目管理制度、财务管理制度等，为跟踪审计人员、项目管理人员、财务管理人员提供具体的指导，使各部门各司其职，相互配合，协调运转。既为建设单位制定项目管理制度提供可遵循的依据，也为跟踪审计部门提供衡量的标准，对于规范审计行为，减少审计风险，提高审计质量意义重大，它可以使跟踪审计工作逐步走向严密、科学、规范。

（二）注重总结跟踪审计经验

在实际工作中，大多数审计人员在开展政府建设项目跟踪审计时一般都是执行着事前、事中、事后三个重要的控制环节，审计报告出具完毕，审计工作就基本结束了，缺少必要的审计后评价分析工作。建设项目跟踪审计是一项知识面广、综合性强的工作。每一次审计的成果都应该成为开展跟踪审计的优秀教材，但由于跟踪审计工作量逐日增大，力量明显缺乏

等原因，审计后评价分析工作一直没被充分重视，对审计成果的利用也仅限于对外界的宣传报道，并没有真正从分析问题产生原因，寻求改进对策方面做出综合的评价，在很大程度上制约了跟踪审计经验的总结和深入开展。审计后评价分析工作作为对整个建设项目的一次综合性评价，也是跟踪审计工作的总结。因此，每完成一个项目，都要进行认真的总结，不仅要总结好的经验，而且还要揭露建设项目管理中存在的问题和不足，分析问题产生的原因，找出解决问题的对策。在总结中不断探索跟踪审计相关问题，并逐步完善相关制度。

（三）加强各相关部门的协作配合

首先，审计工作要与财政、监察、检察等监管部门相结合，形成监督合力。其次，审计机关的国家审计要与建设管理部门的内部审计相结合，一般建设项目由内审部门进行审计，审计机关对其进行指导和监督，重大建设项目由审计机关负责审计。再次，审计机关审计与社会中介机构审计相结合，充分利用中介机构的技术优势和人员优势，解决审计任务重与审计力量相对不足的矛盾。最后，各级审计机关之间要相互配合，在统一审计工作方案、统一审计重点、统一审计时间等要求下，实现各级政府审计机关的联动审计，实现共同的审计目标。

二、不断整合审计资源，提高审计人员素质

（一）整合审计资源

"人才是第一生产力"。在进行政府投资审计特别是实施跟踪审计的过程中，跟踪审计人力不足是制约审计发展的瓶颈。首先要争取政府的大力支持，在人员编制配备上能够考虑审计工作的发展实际，为审计机关提供人员配置支持。目前，全国已经有很多地市成立了投资审计分局，如武汉市、青岛市。分局的成立在编制、资金上都有了更为有力的保障，为投资审计工作的深入开展打下了基础。此外，在审计资源有限的情况下，积极进行审计资源的整合，注重培养、充实投资审计力量，充分发挥社会中介机构和人员的积极主动性，以弥补政府审计力量的不足。各地审计机

关探索多种审计资源整合的方式，以山东省济南市为例，为适应全市重点工程建设项目审计工作的需要，济南市审计局 2003 年充实了专业工程造价人员，2007 年至 2008 年初，在原有固定资产投资审计处的基础上，济南市审计局调整处室职能，进行审计资源整合，增加了两个业务处室负责投资审计工作，并在全局范围挑选业务骨干充实投资审计力量。投资审计人员已由 2003 年的 9 人增至目前的 29 人，占全局一线审计人员的 30%，其中工程专业人员 14 名。同时，通过公开招标筛选了 12 家社会审计机构的 120 余名审计人员参与政府投资审计，在一定程度上缓解了政府投资任务重与审计力量不足的矛盾，整合后的审计资源整体合力有了较大提升。

（二）提高审计人员素质

1. 审计人员素质的转变

跟踪审计涉及的内容及领域更多、更广、更宽，对审计人员的素质提出了更高的要求。要胜任这项工作，就要不断地提高自身的专业技术和业务知识面，尤其是要加强对经济、工程、信息化技术等有关知识技能的学习，熟悉参与工程建设单位的工作程序与方法，理顺工作思路，解决实际工作中遇到的问题。

2. 审计人员观念的转变

对于审计人员而言，目前普遍在心理上存在目标考核导向的业绩评价观，即以某项工程的审减额来评价审计的绩效。实际上，这种观点不利于跟踪审计发挥作用，只有树立科学的审计理念，才能跳出事后竣工决算审计的圈子，迈开跟踪审计的步伐。建设项目审计是审计机关的一项新的审计工作，风险高，专业性强，已经不是以往从事财务审计的人员所能胜任，要鼓励审计人员刻苦钻研建设工程计量与造价方面的业务，积极报考和取得注册造价工程师资质，成为既精通财务审计又精通建设工程审计的复合型审计人才，推进跟踪审计工作的全面发展。

（三）培养多学科的审计人才

审计学是一门边缘性、综合性很强的学科，需要较强的逻辑推理和综合分析能力。跟踪审计时效性强，涉及面广，这对审计人员的专业素养提出了更高的要求，也对审计机关如何培养审计人才提出了更高的要求，跟踪审计的进一步发展需要培养多学科的审计人才。

1. 审计人员要注重哲学、逻辑学等方法论学科知识的学习

正确的思维和符合逻辑的判断，对于正确的审计结论是必不可少的。审计人员系统地掌握各种方法论知识，对于熟练运用各种审计方法，提高审计质量，控制审计风险都是非常必要的。

2. 审计人员要注重经济学、管理学、财政学、金融学、贸易学、工程管理等方面知识的学习

尽管审计学具有相对独立的学科属性，但经济学等方面的知识对于构建审计知识体系来说，仍然是必不可少的，因为审计工作实际上已经涵盖了上述各种学科所涉及的领域，缺少关于这些领域的知识，审计工作将寸步难行。

3. 审计人员要注重应用数学、统计学、计算机科学等方法类学科的学习

因为审计学中的审计方法多是由相关学科与审计学科相交叉而产生，没有其他学科的一般性方法作为基础，审计学中的审计方法是无法形成的。

4. 审计人员要关注审计学的边缘性和综合性

因为审计学理论和方法的创新，实际上就是发生在相关学科与审计学的交叉层面上。

（四）培养多技能的复合型审计人才

专业知识的多样性并不代表技能的多样性，跟踪审计实践中需要的是具备多样技能的人才。实际上，专家型人才其本身就具备了一种复合型的知识结构，而这种结构是在对某一专业领域有很深造诣的基础上，又通晓相关其他专业的知识，并能够熟练地综合运用。唯有对所学的专业知识精通，熟练掌握和运用该专业技能，能够把握所在专业领域的理论动态并有所建树，并且关注和掌握被审计单位所运用的操作技术的专家型的审计人员才能担当重任，承担起实施跟踪审计的重任。

三、准确把握审计监督定位，保持审计独立性

（一）科学界定审计监督权

《中华人民共和国宪法》和《中华人民共和国审计法》都明确规定了审计机关的审计监督职能，审计工作同时应该秉承独立原则，这不仅是保持审计独立性的要求，也是廉政建设的需要。跟踪审计的主要特点就是实时动态审计，审计人员要参加工程建设活动，及时提出审计建议，如果审计人员对审计工作的定位把握不好，就极易涉足工程管理。实施跟踪审计的目标是堵塞项目建设漏洞、完善项目管理机制，审计机关作为监督者参与项目建设的过程，而不是建设项目管理者。审计机关通过履行审计监督职能，对建设管理、施工、监理方面进行监督，从而促进项目建设的规范、有效运行。对于跟踪审计过程中发现的问题，应及时以书面形式向建设单位进行反映，督促建设单位进行纠正、整改，而不应直接以管理者的角度干涉相关建设单位的工作。所以，在跟踪审计工作中，应把握好审计监督者角色的定位，努力做到到位而不越位，不应成为建设项目的管理者；同时，要把握好审计监督的独立性，强调依法独立开展监督。另外，在建设项目跟踪审计模式下，审计工作涉及的单位不仅有建设单位，还有勘察、施工、监理、设计、供货等诸多部门，这就导致最终跟踪审计的成果如何，除了审计工作本身，往往也与有关方面的互相尊重、沟通协调密不可分。从这个意义上说，与各方关系的协调是影响跟踪审计的成败的重要因素之一。在目前我国的法律框架模式下，采用"建议型"的跟踪审计工作方式更适合审计工作的顺利开展。也就是说，对那些法律法规没有明确界定的审计意见，作用于工程建设活动时，审计机关最好行使建议权，不行使工程决策方或审批方的否决权，这样可以避免审计过程中发生不必要的矛盾与纠纷。同时，建设项目跟踪审计要强调服务工程建设，逐步建立起审计单位与被审计单位相互间的良好沟通机制。

（二）抓好对中介机构审计人员的监督工作

1. 把好"准入关"，建立招标准入机制

当前，中介机构就其整体素质和行业信誉而言还有待提高，审计质量、人员素质及专业水平参差不齐。政府投资建设项目一般都具有投资额度大、时间跨度长、要求质量高的特点，审计机关聘用社会审计人员参与投资审计，一般是与社会审计人员所在的中介机构签订聘用合同，由中介机构指派参加审计人员。所以，设置中介机构参与政府投资建设项目审计的"准入关"就尤为重要。《审计署聘请外部人员参与审计工作管理办法》规定："从社会中介机构和其他专业机构聘请外部人员的，拟聘请人员所在机构一般应当符合下列条件：（一）依法设立，能够独立享有民事法律权利、承担民事法律责任；（二）具备与审计事项相适应的资质、等级；（三）社会信誉好，近3年未因业务质量问题和违法违规行为受到有关部门处理处罚；……"在审计工作实践中，可以审计署规定的必备条件为基础，同时采用公开招标并结合社会调查的方式来确定社会中介机构，建立政府投资项目聘用社会审计人员备选库，根据政府投资建设项目的规模、性质、用途，具体在备选库中选择确定最为适合的中介机构。同时建立外聘人员档案库和动态考核制度，动态掌握社会审计人员的基本信息和动向，为招标确定中介机构提供第一手资料。对参与跟踪审计的中介机构审计人员考勤、业务基础及审计成果等方面进行综合考核，并将考核结果与审计费用的发放挂钩，并在一定范围内予以通报，能够更有效地提高跟踪审计参与人员的工作积极性，强化责任意识，提高跟踪审计的质量。

2. 强化审计质量控制，保证政府投资审计质量

一是坚持以审计机关为主、中介参与审计的原则。审计机关聘用中介机构审计人员参与政府投资审计，审计的主体仍应为审计机关，审计组的组成、审计组长的担任、审计过程的管理仍然是审计机关的责任。另外，审计机关应充分做好中介机构审计人员与被审计单位沟通信息、协调交流的工作。由审计机关的审计人员驻工地现场，担任审计组长和主审，组织进行跟踪审计，协调各方面关系，监督工作质量，考核工作业绩，管理委托项目审计的中介机构审计人员，定期出具跟踪审计报告反映审计

成果。

二是加强与中介机构审计人员的沟通。中介机构审计人员往往对造价、施工、工程管理方面的知识了解较多，但对审计法律法规、审计程序、审计规范及准则方面的知识掌握不充分。尤其是审计署 2010 年出台的《中华人民共和国国家审计准则》，对审计人员从审前调查开始直至出具审计结论的全过程都提出了详细的质量控制标准，要求审计人员严格执行。中介机构审计人员参与政府投资建设项目审计，同样应当受到审计准则的约束，这就要求审计机关要及时地传达相关规定的精神，积极引导中介机构审计人员按照政府审计的要求实施审计。另外，在审计中往往涉及与相关职能部门的沟通，可能还涉及对建设单位重大决策的评价，有些内容和方面是中介机构参审人员力所不能及的。即使在结算审计方面，也有不同的审计角度和侧重点。建立岗前培训制度，着重从工作要求、资料的收集整理、纪律及廉政建设等方面对其进行规范，使其明确审计思路、指导思想和审计依据。对审计中遇到的问题，尤其是技术性的问题，要及时召开会议，共同研究解决的办法，要慎防因政策把握不当造成审计失效。

三是加强对聘请中介机构审计人员的审计质量监督。中介机构在结算审计方面的水平和力量是社会公认的，但国家审计机关在投资项目审计上的全面性及力度和深度却是中介机构所不及的。为确保政府投资建设项目审计质量，应当制定相应的政府投资建设项目审计的规范和准则，以落实审计方案要求，提高效率，约束中介机构审计行为，力求把审计风险降低到最小。

四、创新跟踪审计方式方法

实施跟踪审计，必须实现审计理念的提升，跳出就审计论审计的羁绊，以宽广的眼界、开拓的思路开展审计。必须以科学发展观作为审计工作的灵魂和指南，发挥审计"免疫系统"功能，以强烈的事业心、责任心和时不我待的紧迫感，及时跟进，创新审计理念，树立科学审计、民本审计、责任审计、文明审计理念。切实增强审计工作的宏观性、建设性和开放性，以"预防、揭露、抵御"为目的，着眼防范、着力规范，创新思路，跟踪问效。

（一）创新质量控制体系

1. 实行多级复核（审理）和先行审核制

为了强化"机关＋中介"模式下的跟踪审计的监督管理，应切实加强审计复核和审理工作，加大审计复核检查力度，特别是对中介机构和外部专家成果的审核工作，除审计机关的四级审理外，凡由中介机构或专家参与实施的审计项目，必须由审计机关人员对中介机构和外部专家的成果进行先行复核，并做出职业判断。

2. 实行集体研究制

跟踪审计的质量如何，很大程度上取决于证据的质量，也就是审计证据的可靠性、相关性和全面性。为此，首先要提高跟踪审计的透明度，所有跟踪审计的重点环节、重点事项、审计处理、审计结论、审计建议等，均要实行审计组或审计机关集体研究制度；其次审计组在技术上无法界定、无明确依据决定的重大事项、疑难问题，都必须申请审计机关业务会研究决定，克服一人审到底、一人说了算、一人决定的弊端，与此同时，也要注意集体研究集体负责而最后无人负责的尴尬局面。

3. 实行审计结果公告制

对各种类型跟踪审计项目的结果，应采取不同形式进行公告，对规模较大或影响较大的工程项目、国家政策落实、环境保护等重大事项对社会单独进行公告；对一般跟踪对象则可采取行业整合或问题整合后集中公告，通过公告的形式逐渐推进审计整改制度的创新，在更高的层次和更广的层面上推动解决问题。

（二）创新现场审核取证方法

跟踪审计项目实施过程中，审计人员适时深入现场，灵活采取审计与审计调查相结合的方法，掌握大量的第一手资料，为提高审计效能奠定了基础。如在工程建设项目跟踪审计中，可以采用拍照、录像、全球卫星定位技术等先进技术手段，对项目的原始地理、地貌、隐蔽工程、路基填筑等进行现场取证，并调查建设、设计、施工、监理等单位现场管理人员履行职能情况。随着信息和网络技术的迅猛发展，各种审计软件开发已成熟并广泛应用于投资审计领域。跟踪审计的深化，必须依靠科技进步，依托信息化技术提高审计工作的科技含量，扩大审计的覆盖面，提高审计效率。针对信息化程度比较高的被审计单位，要积极探索信息系统联网审计，充分发挥信息系统联网审计在跟踪审计中的作用，通过实时监控被审计单位信息系统运行情况，或定期从被审计单位下载财务和业务运行数据查找可能存在的问题，分析原因，提出有针对性的建议。

（三）创新绩效评价体系

跟踪审计要关注项目、资金和政策绩效，探索跟踪审计工作中绩效评价指标体系。跟踪审计应做到从微观项目入手，从宏观全局来分析问题，处理好揭露问题与解决问题的关系，真正把重大损失浪费、影响国家安全和政策目标实现的问题揭示出来，提出有针对性和可操作性的审计建议；处理好经济效益、社会效益和生态效益的关系，在关注经济效益的同时，将社会效益和生态效益摆在更加突出的位置；处理好资金使用绩效与政府行政效能的关系，把评价资金使用绩效与评价政府行政效能统一起来。从体制效率、管理效能、资金效益、工作成效、政策效用五个方面来发挥审计的建设性作用，探索建立具有中国特色的跟踪审计方法和制度。跟踪审计过程中要努力发挥绩效审计的作用，保障跟踪审计的建设性作用的发挥。如从汶川地震灾后恢复跟踪审计的实施情况来看，应从以下几个方面建立跟踪审计成果考核体系：一是提出审计建议的数量以及整改率。跟踪审计的过程，就是不断发现问题，不断督促整改的过程。审计建议数量多少可以用来衡量跟踪审计的工作深度，被审计单位依据审计结论做出整改的数量占审计建议总量的比例可以用来衡量跟踪审计的工作力度。二是跟踪审计促进建章立制的数量。该方面指标不仅要包括中央各部门、省、直辖市根据审计建议和审计结果完善规章制度，还应包括各地（市）、县依据审计结果完善和建立的规章制度，但在考核权重上区别对待。三是节约财政资金，挽回国家损失的金额。通过跟踪审计，追回被挤占挪用的建设资金，审核工程结算的数量等应纳入跟踪审计成果考核范围。

（四）创新发现问题的整改机制

跟踪审计过程中要尤其注重被审计单位对跟踪审计发现问题或提出相关建议的整改或采纳情况。跟踪审计要改变传统事后审计方式下先发现问题、后督促整改的审计整改机制，要将督促相关单位整改作为跟踪审计日常工作的一部分，要将问题如何整改作为指导审计工作的重要思路，建立与相关单位的信息沟通机制，确保审计整改常态化，为跟踪审计建设性作用的发挥提供可以利用的平台。为此，要创新跟踪审计发现问题的整改机制，为跟踪审计充分发挥"免疫系统"功能创造良好的条件。要改变那种发现问题先放着、等问题性质严重了再予以追究的做法，避免片面追求审计信息或大要案线索的做法，要始终将审计建设性作用和服务性功能的发挥作为跟踪审计的指导思想，充分发挥跟踪审计的"免疫系统"功能。

《中华人民共和国国家审计准则》第一百二十四条规定："采取跟踪审计方式实施审计的，审计组在跟踪审计过程中发现的问题，应当以审计机关的名义及时向被审计单位通报，并要求其整改。"这就要求我们对跟踪审计中发现的问题要进行定期、不定期通报，对重大问题可随时通报，并加大跟踪审计通报的频度。通报范围不仅是当地政府，还要扩大到上级政府、项目建设、施工、监理单位，同时也要向地方审计机关适当通报，以利于有关部门掌握相关情况，积极督促整改。此外，还可以建立经常性督促提醒机制，由审计组组织专门人员对以前反映的问题整改情况开展"回头看"活动，进一步加大跟踪审计发现问题的整改力度。

（五）创新管理方式

从单一利用本级国家审计机关的资源，向整合各级审计机关、社会审计、内部审计以及各类专家资源转变。要充分发挥审计"免疫系统"功能，担当起维护国家安全、保障国家利益的重任，必须整合各类审计资源，拓宽工作思路。利用国家审计资源，调动各级审计机关的积极性，针对一些重大问题开展审计，三级联动，形成合力；利用社会审计资源，加大对投资审计和企业审计的力度；利用内部审计资源、力量和成果，实施一些覆盖面广、工作量大且涉及金融、行政事业单位或专项资金审计的项目，提高工作效率。跟踪审计管理要充分利用先进的信息化技术手段，对于点多、面广的审计项目，积极尝试运用 AO/OA 交互管理功能，全面提高审计工作效率。

附录

跟踪审计案例

案例1　重建规划投资一减一增
彰显跟踪审计实事求是

引　言

汶川地震灾后恢复重建跟踪审计是近年来审计署组织开展的规模最大、时间最长的一次跟踪审计。广大审计人员在审计实践中不断总结，从各个途径对跟踪审计作用的有效发挥进行了探索。从2009年3月至2010年10月，审计署某特派员办事处三次派出审计组，对映秀湾水力发电总厂汶川地震灾后恢复重建情况开展跟踪审计。审计组围绕电厂重建规划投资的合理性，在审计数据支撑下，分别提出调减预算、增加预算、预算不变的审计建议，受到了被审计单位的理解和尊重。在跟踪审计过程中如何发挥预防、抵御、揭示功能，又如何根据审计对象进行适当的审计思路调整？跟踪时点选择、跟踪审计方法运用、跟踪审计成果认识这些跟踪审计的难点又如何把握，下面的案例有一定的借鉴意义。

电站受损严重　恢复重建神速

"好个映秀湾，成都亮半边。"位于四川省阿坝藏族羌族自治州汶川县映秀镇的映秀湾水力发电总厂，距都江堰市36公里，距成都市88公里，总装机容量45.5万千瓦，年均发电量20多亿千瓦时，曾经是汶川县电力的支柱，也是成都地区的主要电源之一。

"5·12"汶川地震让映秀镇几十年的繁荣，瞬间化为废墟，同样给位于映秀镇的映秀湾水力发电总厂带来巨大的损失，昔日的"高原明珠"顿失光彩。电厂下属的映秀湾电站、渔子溪电站、耿达电站三个水电站被严重震毁，厂房全部成为废墟，仅正式员工就遇难 94 人。

2008 年 6 月 20 日，映秀湾水力发电总厂召开恢复生产动员大会，标志着灾后重建恢复的启动，原勘测设计单位——成都勘测设计研究院进行该厂灾后重建恢复的勘察设计工作，抢险和重建施工由武警水电三总队等施工单位负责。

在电厂职工和武警水电官兵的共同努力下，映秀湾电厂创造了一项项快速抢修的新纪录，重新焕发出新的光彩：13 名勇士 96 小时人工摇起 5 扇 100 吨重的受损闸门；13 天完成原计划 30 天才能修通的尾水桥；2008 年 11 月 29 日 14 时 28 分，映秀湾电站首台机组正式并网发电，比预计的工期缩短了 100 天……

审计组初到映秀湾

映秀湾水力发电总厂的恢复发电为整个四川灾区灾后重建和工农业生产的恢复以及经济可持续发展起着至关重要的电力支撑作用，受到了社会各界的广泛关注。

2009 年 3 月，特派办跟踪审计组在周组长的率领下，一行四人踏上了对映秀湾水力发电总厂灾后恢复重建跟踪审计之路。由于电厂所属的渔子溪电站和耿达电站在地震后仍然被水淹没，此次审计的目标被选定为映秀湾水电站。

从都江堰市出发直奔映秀湾电站所在地映秀镇，只有 36 公里，但由于都江堰至映秀的高速公路在地震中受损，只能绕行同样在地震中损毁的国道 213 线。从早上 8 点出发，一路颠簸，进入映秀镇地界已是中午。车窗外不时浮现出眼前的一幕：专人站在路旁提醒过往人员车辆"警惕山上飞石下落"，似乎也在提醒着审计人员地震的发生并没有多久。

映秀湾水电站厂区所在地距映秀镇只有 5 分钟车程，步入厂区，震前的原办公楼震损后已被拆除，一排排活动板房已在废墟中拔地而起。不远处电站装配车间，门左侧，一面"中央企业抗震救灾英雄集体"锦旗格外显眼；右侧，一块卡在门框上重达百吨的巨石更加突兀。

到达板房内的会议室，映秀湾电厂的李厂长热情地迎了上来。"我们这儿条件比较艰苦，映秀镇也没有住得，厂里的职工每天早晨就得从都江堰市乘车赶过来，晚上还得赶回去，现在路不好走呀。"

"晚上还得回都江堰住？"这是每一个审计人员没有料到的，从车上拖下的行李只得又拖回到车上了。

"那我们就兵分几路、抓紧时间啊！"周组长和大家在工地凑合了一顿午饭，就立即投入到重建现场。

周组长当机立断，审计组兵分三路：一路为审计经验最丰富的主审老甄，负责对映秀湾电站资金使用总体情况进行审计，同时关注有关工程预付款、进度款的支付情况；一路为具有多年财务审计和工程审计经验的老刘，按照之前计划负责对基础设备的恢复使用资金情况进行审计；另一路为具有多年工程审计经验的小谭，按照之前计划负责对边坡治理、加固除险等方面进行审计。而周组长则负责到地下厂房查看电站已经恢复发电和正在准备恢复发电的机组情况。

老甄一来到财务室，财务人员已将所有财务资料准备妥当。老甄并没有一上来就查阅资料，而是问起了财务处在地震中有没有人员伤亡以及目前的人员构成。谈笑中，老甄很快搞清了映秀湾电厂和电站财务管理模式和人员情况：

映秀湾电厂的财务人员共有8人，财务部门建立了比较健全的财务制度，所有资金申请、拨付审核都需要通过工程部经办人员、工程部负责人、分管厂领导、厂长整个流程。电厂所属三个电站没有单独的财务部门，所有的资金使用由电厂管理，电站只负责具体的项目实施。

在老甄紧张地开展工作时，老刘和小谭也来到了工程技术部。工程技术部的吴主任非常热情地将审计人员直接带到了工程技术部负责资金申请的人员面前，然后满脸愧疚地对老刘说："不知道你们要来看具体项目，今天我们的人没带铁皮柜钥匙，所有资金申请资料都锁在铁皮柜里了。真是抱歉！"与施工单位打惯交道的老刘不动声色，跟吴主任说："既然打不开，我们就随便坐坐。您给我们介绍介绍施工情况。"

刚一坐下，老刘和小谭随即又拿出了准备好的清单请吴主任提供资料，吴主任恍然大悟："你们今天不是来查账的？"老刘一笑："不是因为你们打不开嘛！"刘经理看看清单，疑惑了："这全是施工资料。你们审计也管施工？你们不都是会计吗？"老刘和小谭都笑了。老刘给他介绍到：

"跟踪审计要求我们的审计人员既要懂财务更要懂工程，我们审计组成员个个既有会计和审计中级以上职称，还有国家注册监理师和注册造价师等专业资格。"吴主任十分惊奇："审计真是藏龙卧虎呀！你们完全改变了我们对审计的认识！"老刘点点头："我们这次来，主要还是要了解电站施工的进展和工程款的支付情况。麻烦你按清单给我们提供资料！"

资料提交还算顺利，一会儿铁皮柜的钥匙也找到了，老刘和小谭也丝毫不敢耽搁，按照事先的分工，他们很快找出施工投标文件，将武警水电公司在投标时工程量清单单价与常规单价进行对比；接着翻阅监理资料，仔细核对工程量签证是否要素齐全；然后铺开施工图纸，拿着工程量清单，抽查部分标段实际完成的工作量与施工图是否存在差异⋯⋯

另一边的周组长查看电站机组还算顺利，沿着交通隧洞往下走，在地下负二楼的发电机层，厂房上方的梁式吊车来回运行，四五十名工人正在忙碌。重达250吨、直径7.9米的发电机转子已从定子中剥离，正利用直流电烘烤。

"这就是一号机组，我们力争今年6月发电。地震后，因尾水隧洞的闸门无法放下，尾水回灌，地下厂房大部分设备被淹。转子和定子能否运行是确保发电的关键。我们每天有40多人连班倒，把发电机转子和定子都烘烤完。"李厂长介绍到。

"你们的重建效率很高呀！"周组长表示了肯定。

当从交通隧洞返回地面的路上，周组长不经意问了李厂长一句："你们的重建规划上报了吗？"现场的热闹突然变得安静下来，细心的周组长在李厂长的眼神中看出了闪躲。"还没有报，已经初步编制完毕正在调整。""那行，请你们尽快给我们提供一份详细的重建规划！"

审计组夜商重建规划

连夜回到都江堰，审计组简单吃了晚饭，就聚在一起对一天的工作进行梳理。

老甄首先介绍了映秀湾电厂灾后重建资金筹集使用情况："目前灾后重建使用了大约2亿元的资金，资金使用比较规范，都有严格的内控制度，资金支付去向没有发现什么可疑。我简单了解到电厂目前已将灾后重建的总投资 24.8 亿元上报到有关部门。目前灾后重建资金还未到位，电厂使用的主要是企业自有资金。"

老刘和小谭也分别对所查看的情况进行了汇报："总体来看，映秀湾电厂建立了较为规范的资金、工程管理制度，已使用的大约 2 亿元重建资金使用上比较简单，主要是按照合同支付给施工单位武警水电的工程款，初步没有发现违规使用的问题。但是我们注意到部分合同单价报价偏高，一旦实际工程量与设计发生较大差异，电厂将会付出很高的代价，有必要向电厂方提个醒。"

周组长充分肯定了大家一天以来的工作："从大家初步审计的情况看，我们有必要立即确立我们审计的重点。这次审计，是我们三年跟踪审计的开始，很多项目还没有具体实施，确保资金安全和核查重建规划的真实性是我们这次审计的重点。今天他们提供了一份重建规划总投资预算是 24.8 亿元，这里面我判断有些水分。下面我们的工作就是把里面的水分挤出来！"

"今天从整个厂的重建资金使用看，我初步估计 20 多亿元的总投资是偏大的，我从他们财务人员那边打听了下，他们当初担心重建资金没法落实，有多申报点重建资金的想法。我们从源头上弄清了资金来源的合理性，就更有利于我们下一步开展审计工作。"老甄十分同意周组长的想法。

"从目前他们实施的边坡治理来看，预算的重建资金估计会有大量的资金结余。"小谭也谈了谈自己的看法。

了解到这些情况后，周组长沉思片刻，给小谭布置了一个任务，让他去工程部寻找当初这 24.8 亿元重建规划上报测算的原始依据，并设计一张测算表，将电厂重建的总投资重新做个测算。

经过一番讨论和研究，审计人员明确了各自下一步的任务，大家分头准备起来。

座谈会上让人信服的审计建议

第四天，在映秀湾电站的办公室，周组长带着老甄和小谭，与映秀湾电厂李厂长及生产技术部人员一起座谈。

周组长首先拿出了小谭做好的测算表，上面对映秀湾电厂上报的重建规划做了详细的分析。李厂长接过一看，露出十分惊奇的神态："审计工作反应好迅速啊！"很快他的神情又变得凝重起来："我承认，由于重建规划上报时间较早，灾损情况尚不明确，我们厂按单位装机容量每万千瓦时投资 5450 万元的标准估算了重建规划投资并上报省电力公司，三个电站恢复重建总投资约 24.8 亿元就是这么得来的。"

"既然你们很坦诚，那我们审计也开门见山！"周组长拿出一份审计建议函递给李厂长："你们厂恢复重建的规划在震后 3 个月就出台了，由于时间紧张，渔子溪电站和耿达电站的受灾损失当时都暂时无法评估，现有的重建规划没有根据受灾损失和重建实际上报。建议你单位立即组织人员对重建规划重新进行编制，积极向上级部门反映情况，从实际出发，实事求是地编制重建规划！"

周组长的话让李厂长和工程技术部人员连连点头。

周组长接着又拿出一份审计建议函说道："此外，在上报的重建规划中，需要重建的映秀湾电站坑道和机房并没有倒塌，不需要重建，只需要对受损设备进行抢修、对塌方边坡进行治理。建议你单位动态安排重建资金，多出部分的预算决不能擅自挪用。我们审计组将对你们重新编制的重建规划进行严格审核！"

此后的几天，协助映秀湾电厂根据具体灾情和重建需要编制规划，就成了审计人员最紧迫的任务。针对比较大资金需求的项目，审计人员一一进行核实。

老刘身体不太好，有严重的腰病，但为了更真实地了解发电机组的受损情况，他不顾满是油污的地下厂房，进入机组底部，对受损设备一个个进行清理。跑完现场，他还没闲着，又指导起电厂财务人员重新对重建所需资金进行核算。

小谭正好利用自身注册造价师的专业特长，通过对施工单位单价报价的重新评估，将电厂按照地震应急抢险计算的单价改为正常的施工单价，一下子节约了至少 15% 的总投资。电厂财务部的朱主任惊叹道："原来账还可以这样算的呀！"……

结束此次审计，回到成都的第三天，周组长接到了李厂长的电话："我已经在你们办公楼楼下了，可不可以让我见一面？""当然可以，我们审计的门永远是向你们敞开的啊!"原来,针对审计组提出的建议,映秀湾电厂当天晚上立即组织人员研究整改,着手对重建规划进行调整,不到两天时间,他们就将调整后规划报给审计组审查,恢复重建估计6.8亿元就够了。

李厂长说:"审计对我们来说,还是有很多的好处,可以促使我们的资金合理使用、合规使用,对我们来说应该是好事,能够避免各种问题的发生。跟踪审计要比事后审计要好得多。"

周组长表示:"这次审计告一段落后,对映秀湾电厂的跟踪审计将一直持续,下一步审计仍将继续密切关注资金的使用情况,资金没有乱用,这就达到我们审计的目的了。如果像以前事后审计,最后算总账就很难说了,不一定非要等资金挪用了再审计。跟踪审计的优势就在这里,它可以防患于未然。"

映秀湾一年后再回首

映秀湾电厂的灾后重建始终牵动着审计署某特派办领导的心,按照对灾后恢复重建项目一年至少跟踪一次的要求,一年后的映秀湾电厂恢复重建进展怎么样是跟踪审计必须首先回答的问题。

2010年3月,审计署某特派办再次派出审计组,对映秀湾电厂恢复重建和重建规划调整情况进行跟踪审计。审计组仍然由周组长带队,上一次参与审计的小谭也被抽调参加,熟悉电力建设项目审计的老曹和小张也加入审计组。

高速公路已经恢复通行了,从都江堰出发,半个小时就到达了映秀湾电站和岷江对面的渔子溪电站。印有"国家电网共产党员突击队""国家电网青年突击队"字样的旗帜,在岷江江畔迎风招展。

"向周组长汇报,我厂灾后重建进展顺利,映秀湾电站两台机组已完全实现并网发电,另外一台机组和渔子溪电站三台机组今年就能恢复发电。"李厂长的脸上洋溢着幸福的神情。

"可喜可贺呀!这基本上是我们跟踪审计项目里恢复生产最快的企业了!"周组长没再寒暄,直奔主题:"去年的重建预算调整上报了吗?"

李厂长笑着说:"多亏了审计人员及时纠正了我们的问题,我们对申报资金也更加严格细致，以前那种趁机多申请资金的想法完全没有了。去年年底，我们根据实际的灾情做了重建预算，重建投资进行了调整，但是……"李厂长欲言又止。周组长见状也没追问下去，他提出："我们先去看看你们的重建成果吧！"

发电洞内，电站已运行近36年的"东方红"发电机组修复如新，发出和悦的轰鸣，李厂长兴奋地向周组长介绍灾后重建的成果，说得兴起："在我们全厂职工的努力下我们一定把13.5亿元用好！"

"13.5亿元？不是6.8亿元吗？"周组长反问到。

见说漏了嘴，遮不住了，李厂长赶紧道歉："去年你们走了以后，另两个电站的水退了，我们才发现实际情况跟去年你们在的时候又发生了新的变化。渔子溪和耿达电站部分机组被水淹没浸泡以后需要重新更换，但去年我们是认为不需要更换。同时，受地震影响不稳定的边坡也需要治理，这也需要大笔的钱。"周组长听了以后，当即让李厂长将新增加的重建预算明细表提供给审计组。

审计组再次夜商调整预算问题

当晚在都江堰某宾馆房间，审计组又连夜召开了会议。

"大家对映秀湾电厂没按照审计要求调整重建规划投资的事议一下！"周组长把今晚讨论的主题直接告诉大家。

小谭心直口快："我觉得映秀湾电厂在去年我们提出审计建议调整重建预算后又私自增加重建预算！这种行为本身就是违规的！""是啊！"小张接口道："如果我们审计的结果被被审计单位随便调整，那审计还有权威性可言吗？"

"我也发个言。"经验丰富的老曹终于开口了："我们跟踪审计的目的是什么，大家想过没有？不就是在过程中及时发现问题促使被审计单位整改吗？如果我们审计发现的问题随着进程也发生了变化，我们需不需要做调整呢？"小谭和小张听了以后不吭声了。

周组长点了点头，随即拿出一份做着红色记号的重建预算表。

"原来早有预谋呀！"

"上面做上标记的是与上一份重建预算发生变化的内容。经过对比发现，随着重建日程的推进，映秀湾电厂的重建的确发生了一些新的变化。这些做了记号的内容主要是设备更换和边坡治理，都不在当初的重建规划内，也的确需要追加资金。经过映秀湾电厂对重建预算的再次计算调整，重建投资他们确定为 13.5 亿元。"

看到这样的统计结果，大家都陷入了思考。

周组长继续对大家说道，"灾后重建的特点会导致我们对跟踪审计认识的变化。在这个方面，我们一是促进他们及时根据实际情况进行调整；二是不管最后投资规划是多少，我们一定把钱审计好、看好，规范的使用，不能造成损失浪费或者挪用。下一步我们的工作就是再一次调查核实具体情况，只要是合理的部分，审计该认还得认。除此以外，我们还要督促他们注意规划调整上报手续的完善，既要合理更要合规！"

审计组达成了一致，之后的几天又是一阵忙碌……

电厂二次受灾　审计立马赶到

2010 年 8 月 13 日，映秀地区普降中雨至暴雨，岷江、渔子溪流域沿线山体滑坡，形成多个堰塞湖。8 月 14 日，映秀镇段岷江河改道至右岸原国道 213 线，河水水位陡涨，抬高后的河水从尾水洞倒灌进映秀湾电站发电厂房，水位高过渔子溪电站发电厂房交通洞口后涌入厂房，耿达电站发电厂房因隧洞来水增加无法外排其水位逐渐上涨。"8·13"特大泥石流灾害使映秀湾电站、渔子溪电站、耿达电站发电厂房全部被淹，各类发电设备浸泡在水中，三个电站电力、通信、交通等中断。

得知映秀湾电厂再次受灾的消息，特派办领导当即指示投资处有关人员对映秀湾电厂受灾情况进行了解，投资处派出较为熟悉映秀湾电厂情况的审计人员再次前往跟踪审计。这一次，小谭作为主审再次出征，审计组长是老张，还有小毛也一同前往。

审计组马不停蹄来到电厂在都江堰新建的办公楼，当审计组提出要到这次因泥石流灾害受损最严重的耿达电站现场查看灾情时，电厂新上任的吴厂长当即劝审计人员还是别去了。原因是通往耿达电站的必经之路——映秀至卧龙公路，这条由香港特别行政区援建的通往大熊猫保护地的生命之路被泥石流损毁严重。

没到受灾现场，就无法准确核实灾情！每一个审计人员都十分着急。当得知电厂职工每天仍有一班车接送职工上下班，通往耿达电站的道路并未完全阻断时，到最危险的地方去已经成为每个审计人员心中的共识。

通往耿达电站的道路损毁程度比审计人员预想的还要严重，张组长曾经在 2009 年经历过这条道路的危险，当时所有的道路在地震中损毁严重，再加上道路重修的影响让整条路满目疮痍。一年时间仿佛恍如隔世，受泥石流影响，道路又再次变了个更凶险的脸。整个河床抬高了数十米，狭长的山路完全因地震而扭曲变形。路的一边，是无数滚落的巨石；另一边，是水深流急的大河。

利用堵车的时间，张组长向陪同前往的工程技术部吴主任了解耿达电站这次损失的情况。吴主任拿出了一份清单，上面仔细的标注了张组长所要了解的内容。

"准备十分充分呀！"张组长与谭主审对视了一眼。

来到耿达电站，虽然泥石流已经发生了两周，但灾害的痕迹还十分明显，在这个被称为"死亡之谷"的地方，电站旁产生了大量新增堆积体，仍然威胁着电站的安全。100 多名武警水电官兵正在清运堆积体，他们全然把危险置之度外。他们手中挥动着信号旗，口哨指令此起彼伏，十几台大型机械设备有条不紊地进行开挖、装填、运输。

耿达电站交通隧洞位于渔子溪河对岸，通往对岸的铁索桥是泥石流灾害后新搭的便桥，审计人员走上去摇晃得十分厉害，大家紧紧抓住栏杆小心翼翼地才得以走到河对面。沿着掺杂着油污和稀泥的交通隧洞，审计人员进入到了耿达电站地下厂房。由于地下厂房内被洪水淹没太久，厂房的照明用电还没有恢复，审计人员打着手电，耐心地核对电厂上报的因泥石流灾害受损情况。

经过审计人员的仔细核对，耿达电站泥石流受灾情况基本搞清楚了。

座谈会再商重建预算增减

第三天，在映秀湾电厂的会议室，审计组与电厂生产技术部、财务部、审计部等部门座谈会开始了。座谈会的议题就是关于此次泥石流灾害损失认定以及是否需要新增加重建预算的问题。

　　吴主任首先向审计组做了介绍："经清理和检查试验，映秀湾电站、渔子溪电站电气二次设备及耿达电站部分二次设备毁坏不能修复，映秀湾电站和渔子溪电站发电机定子、转子绝缘受损不能恢复；断路器、互感器、开关、各类控制箱、厂用电屏柜、各类电缆等大部分毁损，已恢复的10kV配电线路有倒塔、断线现象，建于映秀湾电站上游侧的恢复生产用临时建筑全部毁坏，映秀湾电站大坝、渔子溪河耿达电站段估计有200余万立方米泥石流堆积体。经过我们初步估计的损失，我们需要增加2亿元的重建资金。"

　　"好大的口气啊！"审计人员没有立即发表意见。张组长拿出一张截止到这次座谈会前一天映秀湾电厂使用重建资金的情况，其中映秀湾电站1.2亿元、耿达电站1.55亿元、渔子溪电站1.44亿元，合计4.19亿元，而上级部门省电力公司共拨付了4.31亿元重建资金。按照国家批复的映秀湾电厂灾后重建13.5亿元的总投资，大约还有9亿元的资金尚未使用。

　　"根据我们昨天去映秀湾电站和渔子溪电站的调查，这次电厂受灾比较严重，对你们上报的损失我们也基本认为是属实的。但是，这次你们上报的部分受灾数据与地震后上报的受灾数据是重复的。我这有一份你们今年上半年重建项目的清单，现在很多项目还没有重建完毕，两次重建很多工作有重复的内容，两份预算里都有的设计费、管理费等开支你们完全可以节约下来。"

　　有理有据，在座的映秀湾电厂人员苦笑道："你们审计人员的算盘打得好精哟！"

　　"这有一份审计建议函，是我们审计组对这一次二次受灾重建的审计建议。灾后重建举世关注，我们都有责任用好每一笔重建资金。我们建议你单位合理调整两次受灾重建的预算，争取在国家批复的13.5亿元重建总投资内最终完成灾后恢复重建的工作。"

　　"你们的跟踪审计实事求是，每一个观点背后都有强大的数据支撑，有理就能服人，我们服了！"参加座谈会的所有人都高兴地笑了。

跟踪审计成效明显

　　两年来，特派办对映秀湾电厂灾后恢复重建的跟踪审计，得到了映秀湾电厂领导和职工的积极支持，审计发现的问题在过程中得到了很好的整改。2009 年和 2010 年，审计署两次组织新闻媒体来到映秀湾电厂，实地采访特派办审计组跟踪审计映秀湾电站情况，多家媒体充分肯定审计工作：映秀湾电厂重建预算一减一增的变化，彰显了特派办审计工作的实事求是。

映秀湾电厂吴厂长说：“灾后重建时间紧、任务重，资金量大，我们深知，组织做好灾后恢复重建工作、用好国家的每一分资金，不仅是对国家投资的每一分钱负责，也是对每一位参与灾后重建任务的员工负责。在这样的情况下，我们其实特别需要有懂政策的专家们给我们把把脉，因此特派办对我厂的跟踪审计既是应形势所需，也是急我厂之所急的。对跟踪审计我厂持欢迎态度，审计实施过程中我们也是主动积极配合的。跟踪审计有利于我们及时发现不足，及早采取整改措施，审计的适时介入推动了我厂灾后恢复重建工作高效、合规、有序进行。”

启　示

汶川地震灾后恢复重建规划是国务院批准的指导灾后恢复重建的纲领性文件。对规划编制的合理性进行检查是汶川地震灾后恢复重建跟踪审计一个十分重要的内容。

重建规划投资不完全等同于项目概算，它是估算总投资的概念，但它决定了重建项目资金的来源和数量。科学、合理地对重建规划投资进行审计，在源头上杜绝了挪用多余的建设资金、项目建设中甩项等行为。在这种情况下，特派办审计人员对重建规划进行审计就具有了现实意义。

对项目重建预算进行审计不仅仅是资金的审计，而是涉及项目预算编制内容的合理性审计，案例中的方法对建设项目跟踪审计，尤其是项目开工前和建设早期较为适用。对项目重建预算审计的实质是要尊重重建规律、准确把握项目建设的特点，审计人员要在跟踪审计过程中实事求是。

案例 2　大爱无疆显真情　跟踪审计促重建

——汶川地震灾后恢复重建跟踪审计组织协调

引　言

2008 年 5 月 12 日 14 时 28 分，四川省汶川县映秀镇发生里氏 8.0 级特大地震，波及四川、甘肃、陕西、重庆、云南等 10 省（区、市）的 417 个县（市、区），总面积约 50 万平方公里。特大地震猝然袭来，大地颤抖，山河移位，满目疮痍，生离死别……西南处，国有殇：69225 人遇难，374640 人受伤，失踪 17939 人；513 万户城乡住房倒塌或严重受损，北川县城、汶川县映秀镇等部分城镇和大量村庄几乎被夷为平地，数百万家庭失去世代生活的家园；基础设施严重损毁，交通、电力、通信、供水、供气等系统大面积瘫痪；学校、医院等公共服务设施严重损毁，大量文化自然遗产遭到严重破坏；众多企业遭受重创，森林大片损毁，野生动物栖息地丧失与破碎……

面对突然而至的历史性灾难，党中央、国务院做出英明决策：决定用三年左右时间，多方筹集 1 万亿元，恢复重建 4 万多个项目，帮助灾区 3 省 51 个县（市区）老百姓迅速恢复生活、学习和生产条件，尽快建设安居乐业、生态文明、安全和谐的新家园，为经济社会可持续发展奠定坚实基础。

——重建范围广泛。川、甘、陕 3 省处于极重灾区和重灾区的 51 个县（市、区），总面积 132596 平方公里，乡镇 1271 个，行政村 14565 个。既有富饶的都江堰、彭州、什邡、江油等平原地区，更多的是松潘、小金、黑水、舟曲、文县等高寒地区和偏远的贫困地区。这些地区 2007 年末总人口 1986.7 万人，地区生产总值 2418 亿元，城镇居民人均可支配收入和农村居民人均纯收入分别为 13050 元、3533 元。

——资金巨大、来源渠道广。根据规划确定的目标和重建任务，恢复重建资金总需求约为 1 万亿元。其中，中央财政按照资金总需求 30% 左右比例建立中央地震灾后恢复重建基金，约 3000 亿元；通过地方政府投入、对口支援、社会募集、国内银行贷款、资本市场融资、国外优惠紧急贷款、城乡居民自有和自筹资金、企业自有和自筹资金、创新融资等，多渠道筹措其余 70% 恢复重建资金，约 7000 亿元。

——重建项目多，门类齐全。涉及国民经济和社会发展的 10 个方面，具体包括城乡住房，各类学校、医疗卫生机构项目、文化体育、就业和社会保障和社会管理等公共服务设施，交通、通信、能源和水利等基础设施，城镇建设；农村建设；工业、旅游、商贸、金融和文化产业等产业重建；防灾减灾；生态环境；精神家园和土地等 4 万多个规划重建项目（含打捆项目），共计 20 多万个基本建设项目。

——参建队伍庞大，涉及项目建设各个环节。既有四川、甘肃、陕西 3 个受灾省的建设队伍外，也有北京、天津、河北、山西、辽宁、吉林、黑龙江、上海、江苏、浙江、安徽、福建、江西、山东、河南、湖北、湖南、广东、重庆和深圳市 20 个对口支援省市的重建队伍，还有红十字会等社会团体的援建队伍。一时间，上百万重建大军聚集在川、甘、陕 3 省 51 个受灾严重的县市区。

2008 年 6 月 4 日，国务院召开常务会议，审议通过了《汶川地震灾后恢复重建条例》，要求审计机关加强对地震灾后恢复重建资金和物资的筹集、分配、拨付、使用和效果的全过程跟踪审计，定期公布地震灾后恢复重建资金和物资使用情况，并在审计结束后公布最终的审计结果。

第一时间部署　全程跟踪审计

2008 年的夏季，神州大地异常忙碌。多难兴邦，面对大劫难，华夏儿女万众一心、众志成城，有钱的出钱，纷纷捐款捐物；没钱的出力，奔赴灾区当志愿者；没钱没力的，出个主意。

此时此刻，审计署党组正在紧张有序地组织开展汶川地震救灾款物跟踪监督。刘家义审计长、令狐安副审计长、余效明副审计长等署领导亲临灾区审计现场指挥救灾款物跟踪审计。面对地震灾区破碎的山河、震损的房屋和断壁残垣，面对堆积如山的救灾物资、成千上万抢险救灾队伍，署领导也在思考灾后恢复重建审计怎么办。

7月1日，地震后不到两个月，此时救灾款物审计仍在紧张而有序地进行着。在北京，刘家义审计长亲自主持召开审计长会议，研究汶川地震灾后恢复重建审计工作。会议决定审计署固定资产投资审计司（以下简称投资司）到发展改革委、财政部、住房城乡建设部等部门，调查了解汶川地震灾后恢复重建规划编制进展情况和灾后恢复重建资金安排，并起草上报《汶川地震灾后恢复重建审计工作安排意见》。

经国务院同意，9月24日，审计署向四川、甘肃、陕西3个受灾省及北京等20个对口支援省市人民政府和发展改革委等部门印发《审计署关于汶川地震灾后恢复重建审计工作安排意见》，安排部署汶川地震灾后恢复重建跟踪审计工作。

——提前介入，从灾后恢复重建规划阶段开始，一直到灾后恢复重建全面完成，用三到五年时间，对整个汶川地震灾后恢复重建进行全过程跟踪审计，发挥国家审计的"免疫系统"功能。

——灾后恢复重建跟踪审计，既要审计灾后恢复重建资金的筹集、分配、管理和使用情况及其效果，也要检查政府性投资项目工程建设管理情况；既要全面检查灾后恢复重建规划的执行情况，也要全面检查国家有关政策措施落实情况和执行效果，还要检查灾区生态修复情况和土地管理使用情况。

——审计署统一领导灾后恢复重建跟踪审计，具体工作由投资司负责组织协调，统筹安排4个特派办、20个对口支援省市和3个受灾省审计机关，按照组织分工分别对中央资金及其项目、对口援建资金及其项目和其他资金和项目实施全过程跟踪审计。

——原则上，对中央投资的审计覆盖面要达到资金量的60%以上，对地方投资的审计覆盖面要达到资金量的80%以上。

2009年1月14日，审计署办公厅印发《审计署汶川地震灾后恢复重建审计工作方案》，汶川地震灾后恢复重建跟踪审计正式拉开帷幕。

一个理念　两个目标

历经周折，灾后恢复重建跟踪审计工作方案终于在春节前下发了。该审计项目工作是一项非常规审计，责任重大，而且这种审计项目前所未有，没有惯例可循，参与跟踪审计的各级审计机关将如何跟踪审计，投资司负责该项目审计的老严心中没底、放心不下。

2009年春节刚过，老严就到汶川地震灾区现场，调查了解灾后恢复重建进展和跟踪审计开展情况。此时，地处祖国大西南的汶川地震灾区正是春寒料峭。为了让灾民早日住上新房子，数十万重建大军春节没有放假，正夜以继日奋战着，灾区重建项目施工现场热火朝天。但跟踪审计工作进展不太顺利。究其原因，主要是不知道如何开展跟踪审计。调查结果让老严心急如焚。

请示司领导同意后，老严要求各参审单位首先把跟踪审计工作开展起来，在实践中探索，再总结经验推广。经过督促，有关审计机关开始派出审计组进驻灾区跟踪审计现场，但情况不断，疑惑重重：

——C办投资处贾处长，为人精明能干，手下小曹等多名业务骨干精通投资审计，该办投资处尤其擅长查工程建设领域的大案要案，最近几年曾有多个项目获得审计署优秀项目。3月，C办结合正在S省开展的病险水库除险加固审计调查项目，跟踪调查震损水库除险加固工程，发现S市M水库管理处震损水库除险加固工程未依法招标，虚假招投标文件应付检查，虚报水下工程抛石量，套取灾后重建资金74万元，移送该市纪委查处。5月，在D市跟踪审计中发现，某中学恢复重建项目虚报灾损，套取大量灾后恢复重建资金。问题查实后以重要审计情况上报审计署。老严像其他常规审计项目一样，要求C办投资处连夜起草重要审计情况上报。老严就像鲨鱼闻到血腥味一样，精神亢奋，准备以审计要情的形式上报国务院。署领导批示：移送S省政府处理！老严傻眼了：莫非跟踪审计走偏了？！

——X办投资处徐处长，个子不高，但审计理论造诣很高，工作认真负责，严谨细致。他发现跟踪审计很难严格按照现有审计准则操作，于是不停来电话请示：怎么发审计通知书？是逐个单位、逐个建设项目发审计通知书，还是以审计管辖的行政区域为单位发审计通知书？跟踪审计，审计日记怎么记，审计报告怎么报，是像竣工决算审计一样一个项目出一份审计报告，还是汇总出审计报告？怎么审计？……

——G省审计厅有关领导说，审计不能包打天下，不能什么都查，应回到审计的老本行，管住灾后重建资金，不要管规划实施和政策的执行，也不要管工程建设质量，更不要管生态修复和土地利用，那是发展改革、建设、环保、土地等部门的事。

——M市审计局长说，投资项目审计要审计工程造价，不应跟踪检查工程建设质量，那是质监站的职责。

——某审计组副组长Z副处长说，跟踪审计直接参与灾后恢复重建，不利于保持审计的独立性，应等项目快建成时再检查项目建设情况和项目资金管理情况。

…………

老严虽然参加过五六个投资项目审计，但毕竟搞投资审计时间不长。面对上述种种情况，他陷入了思考，甚至开始怀疑自己。好在他阅历比较丰富，历经多个岗位锻炼，不惧挑战，善于思考，善于总结。他一边反复琢磨国务院和署领导"提前介入，全程跟踪，把问题发现在前面"等重要指示精神，反复琢磨署党组关于"从本质上讲，审计是保障国家经济社会健康运行的'免疫系统'"的科学论断；一边积极到灾区审计现场调研。2008年年底至2009年4月，老严先后三次去灾区调研，学习借鉴各地好的做法和经验，及时将调查了解的情况向署领导汇报。与此同时，老严与大家一起共同探讨跟踪审计审什么、怎么审等问题，引导大家转变审计理念，积极推动各参审单位发挥跟踪审计的建设性作用。

为推动汶川地震灾后恢复重建跟踪审计，2009年6月13日，刘家义审计长亲自深入灾区开展为期5天的专题调研。6月18日，刘家义审计长在成都主持召开审计现场会。"什么叫跟踪？"刘审计长问："从项目开始到结束一直跟踪叫跟踪呢，还是分阶段进行审计叫跟踪？还是开始来一次最后来一次叫跟踪？"他回答道："我看都是跟踪，具体要根据项目情况来定。比如奥运审计每年审一次，也叫跟踪；京沪高速铁路基本上一个组对它进行全程审计，也是跟踪。"

关于跟踪审计目标，刘家义审计长简明扼要地说："就两句话。第一句是促进灾后恢复重建的顺利进行，第二句是保障灾后恢复重建不出重大问题。要通过审计，发现和处理各类违法违规及管理不规范问题，揭露和反映恢复重建中的体制性、制度性障碍，促进有关部门研究解决，推动灾后恢复重建顺利进行。同时要保障灾后恢复重建不出重大问题，包括不出重大的违法违规和损失浪费问题，重大的质量事故和工程建设安全问题，重大的资源破坏和耕地破坏、毁损、非法占用甚至倒卖等问题。对于可能出现的此类问题，要通过跟踪审计，及时予以揭露、查处、纠正和整改。汶川地震灾后恢复重建跟踪审计的全部审计理念、审计方式都必须围绕这两个目标来进行。"

三个结合

上万亿元重建资金、数十万个重建项目，分布在四川、甘肃和陕西 3 个主要受灾省 11 个地市 51 个受灾严重的县市区。虽说有成都、西安、兰州和重庆 4 个特派办，四川、甘肃、陕西 3 个受灾省，以及北京、天津、河北、山西、辽宁、吉林、黑龙江、上海、江苏、浙江、安徽、福建、江西、山东、河南、湖北、湖南、广东、重庆和深圳 20 个对口支援省市审计机关参与跟踪审计，但情况复杂，每个参与跟踪审计的单位，其跟踪审计任务都不轻松。

——成都、西安、兰州和重庆 4 个特派办，既要负责审计 3000 多亿元中央资金的管理、拨付、使用情况，又要审计中央投资和中央投资为主的项目及跨区域重大建设项目，还要全面检查国家规划的实施情况、国家支持灾区恢复重建政策的执行情况、生态修复和土地利用情况。但 4 个特派办投资审计处加上处长，一共只有 51 名审计人员。

——北京、上海等 20 个省市审计机关在审计署的统一组织下，负责对各自省市对口支援的资金和项目组织实施跟踪审计。但绝大多数对口支援省市审计机关是首次跨省异地审计，而且是到汶川地震受灾最严重的汶川、北川、绵竹、文县、略阳等 26 个县（市）开展现场审计。与此同时，各对口支援省市在本省市还有众多的扩大内需投资项目需要审计。J 省审计厅投资处 X 处长是全国投资审计系统有名的美女处长之一，个子高挑，气质高雅。她电话告诉老严，她与负责该项目的 Q 副处长和一名男同事到四川省阿坝藏族自治州某县开展审前调查。由于灾区强余震不断，地质灾害频发，该县的交通要道省道 303 线不仅要穿过红军长征翻越的夹金山，而且地震后道路不通，地震前坐车半天就能赶到，但她们乘越野车走了 17

个小时，将她们颠簸得花容失色，不仅要忍饥挨饿，更要命的是，女同志沿路没有地方上厕所，在审计现场没有电更没水洗漱。

——四川、甘肃和陕西 3 个主要受灾省审计机关都认为，对汶川地震灾后恢复重建进行全过程跟踪审计是他们义不容辞的责任，必须搞好。但除了 51 个国家确定的受灾严重的县市区之外，四川、甘肃和陕西 3 省还有 200 多个受灾相对小一些的灾区县需要重建，也要进行跟踪审计。

虽说有 27 支队伍，参与跟踪审计的审计人员号称两千多人，但熟悉投资审计业务的审计骨干不足 200 人。而署党组要求中央投资的审计覆盖面要达到资金量的 60% 以上，对地方投资的审计覆盖面要达到资金量的 80% 以上。审计任务这么重，但手头的兵力就这么多，如何排兵布阵实现全过程跟踪审计呢？如何把握总体、突出重点？这让具体负责组织协调的老严犯了难。

老严琢磨：审计比较深入，审计调查覆盖面广，要扩大审计覆盖面，何不将二者结合起来，发挥各自长处呢。他想：投资审计有概算执行情况审计和竣工决算审计两种，前者是对建设项目的概（预）算执行情况进行审计，可以在项目建设过程中进行审计，后者是对工程结算和竣工财务决算进行审计，是在项目建成竣工验收后进行审计，将两者结合起来不就是跟踪审计了吗？于是，他在起草汶川地震灾后恢复重建审计工作方案时，提出"实行建设项目审计与专项审计调查相结合，建设项目预算执行情况审计与竣工决算审计相结合"。

自接受汶川地震灾后恢复重建跟踪审计工作任务之日起，老严就决定，每个月去一次灾区，接接地气，实地调查了解灾后恢复重建进展情况，避免瞎指挥。

在调研过程中，有的审计机关指出，除了跟踪审计任务，他们还要根据审计法和当地党委政府的要求开展预算执行情况审计、经济责任审计、专项资金审计等日常审计工作，审计任务太多了，忙不过来。

有的审计机关抱怨，本来审计力量就不足，现在纪委监察部门牵头搞什么联合监督组，从审计机关抽了不少业务骨干，联合检查灾后恢复重建工作，根本就没有人来进行全过程跟踪审计。

一些受灾严重的灾区基层审计人员反映，除跟踪审计外，各地审计人员还要按照当地党委政府工作安排，直接参与灾后恢复重建，同时他们自己也是灾民，也要重建自己的住房。

2009年6月18日，刘家义审计长在成都跟踪审计现场会上明确指出："灾后恢复重建跟踪审计是一次非常规审计。大家要积极探索，创新审计方式。比如审计和审计调查相结合，可能是在这次灾后恢复重建跟踪审计当中是运用得比较多的一种有效的方式。审计，主要选择几个重点领域，其他的方面，就用审计调查的方式。又比如，重点审计与专题、专项抽查相结合。通过方式创新来实现全面或全过程跟踪审计，并在探索中逐步规范和推广。"

有了尚方宝剑，老严的思路一下子也开阔起来。他想，预算执行情况审计是审计机关的法定职责，经济责任审计在这几年成为基层审计机关的主要审计任务之一，各级党委政府非常重视。而灾后重建期间，各灾区县的财政收支活动主要是灾后恢复重建，各级党委政府负责人的主要经济责任也是灾后重建，将二者结合起来，这既不耽误日常审计工作，也按照工作方案要求实施了跟踪审计，完成了跟踪审计任务，一石双鸟，多好呀。想到这里，他紧皱的眉头顿时舒展开来，露出了难得的笑容。

为了按计划向国务院上报阶段性审计情况，2009年6月底，投资司从4个特派办和部分省抽调六七名业务骨干聚集在成都，审核并汇总27个参审单位的审计情况。L办小李在审核G省提交的审计情况报告时发现，该审计报告反映的问题是审计厅与监察厅一起组成联合调查组检查发现的。

在一次调研中，老严了解到A县有64家各类医院，该县审计局跟踪审计了其中4家医院，将审计结果报告县政府后，县政府要求县卫生局比照审计情况加强对其他恢复重建医院的监督检查，效果非常好。

根据调研了解的情况，结合自己几年前在基层挂职锻炼对基层政权运行的体会，老严想，县里除了审计局跟踪审计外，还有纪委、监察局、发改局、财政局、建设局等职能部门的监督检查，而且大多数县教育系统和卫生系统都建立了内审机构，更为重要的是，在基层，某项工作一旦引起当地党委政府重视，其政策执行力会很强，何不将这些监督力量综合利用起来呢？于是，他要求各参审单位开展灾后恢复重建跟踪审计，要坚持政府审计与纪检监察、发改、财政、建设等职能部门的监管和内部审计、社会审计相结合，充分利用纪检监察、重大项目稽查、财政监督、工程质量监督等职能部门的监督力量，有效整合教育和卫生系统的内部审计力量，形成多兵种协同作战，发挥各部门的监督合力。

此后，每到一个地方检查指导工作，他就宣传灾后恢复重建跟踪审计要坚持"三个结合"，即重点项目跟踪审计与重大事项专项审计调查相结合，跟踪审计与预算执行情况审计、经济责任审计、专项资金审计等日常审计相结合，政府审计与政府职能部门的监督检查及内部审计、社会审计相结合，跟踪审计局面为之一开，再也不用为完不成审计覆盖面而发愁。

三个重点

覆盖面的问题解决了，但如何突出重点，抓住重点资金、重点项目和重点领域呢？老严觉得除了认真研读国家下发的总体规划和各项专项规划，了解恢复重建的优先工作和工作重点外，还是要深入灾区调查了解灾后恢复重建的实际进展情况。

2009 年 5 月 15 日，老严带领两名年轻干部小邵和小汪去青川县检查指导工作。路上与广元市的司机老王唠家常，聊灾后重建。突然老王的一句话引起了老严的注意。

"现在农村的人是人，城里的人不是人！"老王抱怨。

"怎么回事？"老严警觉地问。

"现在各级政府都在拼命抓农房重建，很多农房已经建成了。但城里人的房子还不知道在哪里呢，根本就看不到头。临时板房看来得住两三年了。严处，你是不知道，板房冬冷夏热，根本就不是人住的，很多人又冒险住进原来的老房子。"老王说。

"城房不也是优先重建项目吗？为什么没有建？"老严追问。

"一栋受损的楼房，有一户人家没达成拆迁协议，就拆不了，也就没办法原址或异地重建。"老王说。

老严到了成都，就立即组织 4 个特派办抽查 16 个县的城房重建情况，每个县跟踪审计 4 个城房重建项目，挖掘制约城房重建产权关系复杂等制度性原因，编发重要信息要目上报国务院。

像城镇居民住房重建一样，三年来，根据灾后恢复重建优先工作和调研了解的情况，投资司先后五次制订审计工作方案，确定了五批重点跟踪项目计划，有计划有步骤地对城乡居民住房、中小学校、医院、交通、水利、电力等重点项目进行跟踪审计，并对中央重建基金、对口支援资金、社会捐赠资金、"特殊党费"等重点资金，以及建筑材料供应、产业恢复重建、地质灾害治理、已建成项目资产移交和运营维护等重点领域进行审计调查。

四个边

众所周知，即使是美国这样发达的市场经济国家，政府投资项目也是容易发生腐败问题的地方，因此必须加强监督和管理。更何况汶川地震灾后恢复重建举世瞩目，不仅直接关系到成千上万名灾区群众的切身利益，而且相当一部分资金来自于境内外爱心人士的捐助，最后必然要向社会交出一份明白账、放心账。

"这是一个非常好的制度设计！"读博士时主攻制度经济学的老严由衷地对审计署领导做出的"提前介入，全程跟踪审计"这一决策表示敬佩。

"'提前介入、全程跟踪审计'的决策意图，不像某些事后审计项目那样搞秋后算账，而是通过提前介入、实施全过程跟踪审计，及时诊断，把问题发现在前面，深入分析病因，并有针对性地提出审计意见和建议，达到治病救人的目的。"老严琢磨。

"但如何顺利实现跟踪审计这一制度设计初衷呢？"老严想到了2006年三峡水利枢纽工程效益审计。

2006年8月，老严调到投资司一处工作，协助姜处长负责司里的综合文字工作。三峡水利枢纽工程效益审计是投资司2006年实施的重点审计项目，现场审计时间超过半年。在审计过程中，审计组督促三峡总公司及时整改审计发现的问题，效果非常好。年底，投资司在总结2006年审计工作时将这一做法作为当年审计工作特点写入投资司年度审计工作总结。

"三峡水利枢纽工程效益审计中边审计边整改的做法很好，效果也比较明显。汶川灾后重建现场审计周期长，进行全过程跟踪审计完全可以借鉴这一先进经验，一边实施跟踪审计，一边督促有关单位整改审计发现的问题，帮助规范灾后恢复重建资金和建设项目的管理水平，提高资金使用效益。"想到这里，老严马上在汶川地震灾后恢复重建审计工作方案草稿上加上一段话：各审计单位要提前介入，全程跟踪，立足服务，着眼预防，帮助规范，把问题发现在前面。坚持边审计、边整改、边规范、边提高，充分发挥"免疫系统"功能。

2009年4月下旬，老严陪同境内外主流媒体到灾区审计现场采访。其中一个采访点是最早探索跟踪审计的J省对口援建跟踪审计现场。

J省对口支援的M市是汶川地震中受灾极重灾区。按照规划，J省帮助恢复重建该市人民医院项目。审计组在跟踪审计中发现，该医院门诊楼是地震后续建项目，地震之前已经完成基础部分施工，但地震后重新施工时没有对其抗震设防能力进行重新鉴定。立即发出审计建议函，要求建设单位重新鉴定，并根据鉴定结果采取措施进行加固，由于边审计边督促整改，及时防止了工程质量安全隐患。看到这一审计成果，老严心里踏实了许多。

2009年年底，老严在汇总下半年跟踪审计情况报告时发现，C办在跟踪审计P市城乡居民住房补助时通过计算机数据分析发现，一些地方虚报受灾人数，重复申领灾后恢复重建住房补助资金，立即将有关情况通报给P市人民政府，要求立即整改。P市市委市政府非常重视，安排市纪委牵头对全市住房重建补助申领情况进行全面清理，发现3个村10名村干部涉嫌犯罪，依法追究有关人员的刑事责任，并召集全市有关部门和建设单位开会，通报审计情况及整改情况，并完善相关管理制度。

"这个案例很典型，值得推广。"老严想。于是老严立即编发一期跟踪审计工作动态，总结C办做法。并要求各参审单位在跟踪审计中一边进行跟踪审计，一边发审计情况通报，通报审计发现的问题，并要求有关单位举一反三进行全面清理，及时整改审计发现的问题，完善相关制度，提高管理水平和资金使用效益。

五　统一

跟踪审计目标已经明确，跟踪审计思路和方式方法也有了，但面对既包括"野战军"（特派办）和"地方部队"（地方审计机关），又有"内务部队"（内部审计）和"雇佣军"（社会审计力量）参与的庞大队伍，要将跟踪审计思路贯彻下去，有效实施跟踪审计，顺利实现跟踪审计目标，必须加强组织协调，否则将一盘散沙。

果不其然，跟踪审计刚开始不久问题就来了。

关于组织分工，审计署明确规定，特派办负责中央投资或中央投资为主的项目；对口援建省市审计机关负责对各自援建的资金和项目，其中"交支票"项目由援建省市与受援省省级审计机关共同商定审计组织分工；三个受灾省审计机关分别负责组织本省审计机关对辖区内其他灾后恢复重建资金和项目。跟踪审计开始不久，大家为审计组织分工的问题争吵开了。

——有的省审计机关跟踪审计涉及中央补助的投资项目，特派办审计人员不同意，官司一直打到审计署投资司。

——有的省审计机关反映，该省重建资金主要是中央资金、地方配套资金很少，项目都被 L 办拿去了，他们没东西可跟踪，要求署里划一块地盘给地方审计机关审计。

——有的省审计机关认为，有对口支援的受灾县，其重建资金主要是中央资金和对口援建资金，有特派办和对口支援省市审计机关跟踪审计，他们可以不管。

——部分对口援建省市审计机关认为，"交支票"工程主要由受援地政府有关部门组织实施，他们进行跟踪审计不好办，要求直接交给受援地审计机关进行跟踪审计。但在一些经济欠发达、地处高寒地带和山区的受援县，审计力量薄弱，无法有效进行跟踪审计。

老严一边反复重申审计署有关文件关于组织分工的规定，一边加强组织协调，但效果不佳，协调起来非常吃力。没有办法，老严只好将这一困难向司领导和署领导做了汇报。

对于这一问题，刘家义审计长 2009 年 6 月 18 日在成都跟踪审计现场会上决定在 3 个受灾省分别建立灾后恢复重建跟踪审计协调小组，投资司派人参加，各市州和县（市、区）也相应建立了协调小组。各级协调小组定期召开协调会，统筹协调特派办、受灾省和对口援建省市审计机关跟踪审计中需要协调的有关事宜。并要求投资司建立定期报告制度，加强与各参审单位的沟通和联系，及其审计业务指导。

7月，刘家义审计长要求投资司提出一批重点跟踪审计项目，统一制订重点项目跟踪审计计划。与此同时，投资司根据上半年跟踪审计了解到的情况，提出了下半年跟踪审计工作重点。

但到了年底汇总跟踪审计情况报告时发现，各参审单位仍是各干各的。有的特派办按照署里的统一安排，重点对城乡居民住房和中小学校重建项目进行跟踪审计；但有的特派办则自行其是。有的地方审计机关只对资金进行了跟踪审计，对项目建设管理特别是工程质量管理情况没有开展跟踪审计，跟踪审计成果不突出。对此，新上任的司领导极不满意。

司领导要求老严在统一制订2010年跟踪审计工作方案的同时，分阶段提出统一的跟踪审计信息点，统一下发审计报告框架和附表。与此同时，老严按照署领导的要求选择了第三批重点跟踪审计项目，并下达重点项目跟踪审计计划。

实施跟踪审计过程中，司领导定期召开协调会，组织有关参审单位按照统一确定的审计重点开展跟踪审计。2010年6月，老严在汇总上报上半年跟踪审计情况报告时发现，审计成果丰富多了。

经过不断摸索和积累，在汶川地震灾后恢复重建跟踪审计过程中，逐步形成了"五统一"的组织方式，即统一制订审计工作方案和审计计划，统一确定审计重点和审计信息点，统一下发审计信息、审计报告框架和附表，统一组织实施跟踪审计，统一汇总上报跟踪审计情况，审计效果也凸显了出来。

促进五个重建

截至2010年底，审计署以"促进灾后恢复重建顺利进行、保障灾后恢复重建不出重大问题"为目标，组织各级审计机关派出7000多个审计组、2万余人次，对规划总投资6900多亿元的22500多个汶川地震灾后重建项目进行了跟踪审计，有效地发挥了审计的预防、揭示和抵御的"免疫系统"功能。

一是立足于服务，积极发挥审计的建设性作用，促进科学重建。两年来，审计机关累计发出审计情况通报2624份，提出审计意见和建议12866

条，其中 11202 条得到整改落实，促使有关部门和地方不断完善重建规划和相关政策，加强资金统筹安排，合理调整建设内容和进度要求，保证了灾后重建的科学性和时效性。

二是坚持提前介入，积极发挥审计的预警作用，促进规范重建。通过跟踪审计，促使有关部门、地方和单位建立健全规章制度 2400 多项，帮助改进 3100 多个项目的工程质量管理。

三是关注资金使用效益和项目实施效果，促进高效重建。截至 2010 年底，根据审计意见和建议，促进 2900 多个项目加快了建设进度，节约重建资金或挽回损失 59.17 亿元。

四是严肃查处重大违法违规案件线索，积极发挥审计的威慑作用，促进廉洁重建。两年来，各级审计机关已向有关司法和纪检监察部门移送案件线索 31 起，涉案金额 2900 多万元，52 名涉案人员中已有 19 人被判刑，17 人被给予党纪政纪处分，其余人员也正在处理中。

五是及时公开审计过程和结果，积极回应社会关切，促进阳光重建。两年来，审计署发布了 4 份审计结果公告，23 个省市审计机关发布了 93 份跟踪审计结果公告，促使汶川地震灾后恢复重建向社会交上一本放心账、明白账，有效地提升了政府的公信力。

春华秋实。审计署将汶川地震灾后恢复重建跟踪审计情况报告国务院后，国务院主要领导给予充分肯定和高度评价，要求认真总结经验。看到这些，老严一颗始终悬挂着的心也放下了。

案例3 中央扩大内需促进经济平稳较快发展有关政策措施实施情况及效果跟踪审计

2009 至 2010 年，审计署先后三次整合审计力量，采取专项审计调查的形式，跟踪中央扩大内需促进经济平稳较快发展政策措施实施情况及效果，并对 2722 个投资项目建设管理和资金使用情况进行重点了检查。三次审计调查的及时跟进，从扩大内需政策执行的不同阶段，从相关措施贯彻实施的不同方面，客观评价了政策执行的效果，反映了政策运行中存在的突出问题，提供了宏观决策信息，充分发挥了国家审计对国家重大宏观调控政策贯彻执行过程的预防、揭示和抵御的"免疫系统"功能。调查结果向社会公告后，引起了较大反响，进一步推动了有关政策措施实施与问题整改。

一、项目背景

（一）国际金融危机爆发

2007 年 8 月爆发于美国的次级抵押贷款危机，于 2008 年蔓延到美国金融体系的其他领域，由于经济全球化程度的不断加深和全球贸易、金融体系的长期失衡，这场金融风暴愈演愈烈，迅速波及欧洲、日本等主要金融市场，并蔓延到实体经济，造成全球经济的急剧下滑，对我国经济造成了严重影响和冲击。2008 年 10 月，我国宏观经济各项指标急剧下滑，第三季度 GDP 增长持续下滑，生产者价格指数也在第三季度达到高峰之后于 10 月份突然大幅度下降，出口下滑，投资降温，股市大跌，房市萧条，消费者信心指数、制造业采购经理指数双双回落。

（二）党中央、国务院作出重大部署

为应对国际金融危机对我国经济带来的不利影响和冲击，2008 年 12 月召开的中央经济工作会议提出，2009 年经济工作的首要任务是保持经济

平稳较快发展。自 2008 年第四季度起，中央陆续出台了包括大规模新增政府性投资（即 4 万亿投资）、大范围产业调整和振兴、大力度的科技支撑和大幅度提高社会保障水平在内的扩大内需促进经济平稳较快发展一揽子计划和政策措施。其中，《中共中央、国务院转发〈国家发展和改革委员会关于当前进一步扩大内需促进经济增长的十项措施〉的通知》（中发〔2008〕18 号）中明确的政策措施包括：一是加快建设保障性安居工程。加大对廉租住房建设支持力度，加快棚户区改造，实施游牧民定居工程，扩大农村危房改造试点。二是加快农村基础设施建设。加大农村沼气、饮水安全工程和农村公路建设力度，完善农村电网，加快南水北调等重大水利工程建设和病险水库除险加固，加强大型灌区节水改造。加大扶贫开发力度。三是加快铁路、公路和机场等重大基础设施建设。重点建设一批客运专线、煤运通道项目和西部干线铁路，完善高速公路网，安排中西部干线机场和支线机场建设，加快城市电网改造。四是加快医疗卫生、文化教育事业发展。加强基层医疗卫生服务体系建设，加快中西部农村初中校舍改造，推进中西部地区特殊教育学校和乡镇综合文化站建设。五是加强生态环境建设。加快城镇污水、垃圾处理设施建设和重点流域水污染防治，加强重点防护林和天然林资源保护工程建设，支持重点节能减排工程建设。六是加快自主创新和结构调整。支持高技术产业化建设和产业技术进步，支持服务业发展。七是加快地震灾区灾后重建各项工作。八是提高城乡居民收入。提高明年粮食最低收购价格，提高农资综合直补、良种补贴、农机具补贴等标准，增加农民收入。提高低收入群体等社保对象待遇水平，增加城市和农村低保补助，继续提高企业退休人员基本养老金水平和优抚对象生活补助标准。九是在全国所有地区、所有行业全面实施增值税转型改革，鼓励企业技术改造，减轻企业负担 1200 亿元。十是加大金融对经济增长的支持力度。取消对商业银行的信贷规模限制，合理扩大信贷规模，加大对重点工程、"三农"、中小企业和技术改造、兼并重组的信贷支持，有针对性地培育和巩固消费信贷增长点。这十项措施，纵览国内国际两个大局，体现了广大人民群众的根本利益。

（三）审计署及时跟进

国家审计作为国家治理的重要组成部分，作为国家保障经济社会健康运行的"免疫系统"，在促进各地区各部门贯彻落实中央扩大内需政策，督促各项政策措施的有效实施并取得实效等方面，担负着光荣的历史使命，肩负着义不容辞的责任。党中央、国务院出台上述扩大内需促进经济平稳较快发展政策措施后，审计署党组高度重视，于 2008 年 11 月立即下发了《审计署关于贯彻落实中央促进经济发展政策措施的通知》，要求各级审计机关把思想统一到中央对经济形势的正确判断上来，把行动统一到中央的决策部署上来，切实增强大局意识和忧患意识，以高度的政治责任和强烈的历史使命感，坚决贯彻落实中央的决策部署，全面依法履行审计监督职责。12 月，温家宝总理在听取审计工作汇报时，也要求审计机关要认真履行法定责任，把监督检查中央政策措施落实情况作为 2009 年审计工作的中心任务。2009 年年初召开的全国审计工作会议，审计署贯彻总理指示，明确提出当年的审计工作要贯穿"一条主线"，抓住"三个重点"。"一条主线"就是要促进经济平稳较快发展；"三个重点"，一是促进宏观调控政策措施落实，二是维护国家经济安全，三是积极推进体制制度创新和反腐倡廉建设。2009 年 5 月，审计署又专门制定下发《审计署关于进一步加强审计监督促进经济平稳较快发展的通知》，要求各级审计机关紧紧围绕"促进经济平稳较快发展"这条主线，突出审计工作重点，在揭示问题、加强审计监督的同时，密切关注中央有关政策措施执行中出现的新情况、新问题，加强研究，提出审计意见和建议，发挥审计的建设性作用。

二、重点审计内容

为落实总理指示精神和审计工作会议部署，审计署迅速采取行动，2009 至 2010 年，连续三次开展了对扩大内需投资及相关政策实施情况的跟踪审计：

——2008 年新增 1000 亿元中央投资的管理使用情况专项审计调查。针对国家发展改革委 2008 年 11 月下达的 1000 亿元新增中央投资，审计署同步跟进，2009 年 2 月至 3 月，组织 18 个特派办对云南、安徽等 18 个省

（自治区、直辖市）新增投资的安排、计划下达、资金拨付及部分项目执行和管理情况进行跟踪审计调查，重点关注新增投资的组织分配、资金落实、项目实施情况。本次调查重点抽查投资项目 335 个。

——2009 年中央扩大内需政策措施贯彻落实情况及效果进行专项审计调查。为进一步全面、深入检查和反映相关情况，促进中央有关政策的有效落实，审计署 2009 年 9 月至 10 月，再次集中力量，组织相关业务司、18 个特派办和部分派出局人员，对湖北、重庆等 17 个省（自治区、直辖市）以及铁道部、国家电网和南方电网公司、三家国有商业银行贯彻落实中央扩大内需政策措施情况及效果进行专项审计调查。本次调查重点抽查投资项目 1981 个。

——2010 年扩大内需投资项目建设管理和资金使用情况专项审计调查。2010 年 6 月至 9 月，审计署结合 2010 年省（市）长经济责任审计，组织 10 个特派办对吉林、湖南等 10 省（市）扩大内需投资取得成效开展专项审计调查，重点抽查扩大内需投资项目 406 个。这次审计调查最突出的特点，就是在前两次审计调查的基础上，继续揭示相关问题、跟踪问题整改的同时，更加注重对投资项目建设效果的考察与评价。

虽然三次跟踪审计开展时间不同，但对政策跟踪的内容重点基本是一致的，均包括了有关地方和部门主要政策措施、取得的总体成效、计划资金安排、项目建设管理四个方面。

（一）落实国家宏观调控政策所采取的主要政策措施

对采取贯彻落实主要措施的审计与评价重点，主要基于对当前国家宏观调控政策取向的正确把握，基于对宏观调控政策涉及的不同方面的充分理解。2008 年以来国家扩大内需宏观调控政策，主要是运用经济手段，以推出和实施积极财政政策、适度宽松货币政策和产业政策等为主，跟踪审计重点关注了这些宏观政策在有关地区、部门的贯彻情况，对照检查是否落实了有关政策，制定并执行了相关配套措施：

——审查相关地方和部门积极财政政策实施情况，调查具体采取了哪些调整政府支出、实行结构性减税和推进税费改革、减免行政事业性收费、发行地方债等有利于扩大内需、促进经济增长和增强发展后劲的政策措施。

——调查相关地方和部门投资增长带动情况，关注其合理安排政府性投资和引导各方投资采取的举措，如增加政府投资力度，引导和带动社会投资，加快项目建设进度，保持投资稳定增长等。

——检查相关地方和部门投资方向调整情况，调查是否按照中央"调结构、保民生、促增长"的政策要求和各项产业规划布局安排投资，调整投资方向，重点投向民生工程、重大基础设施、生态环境、灾后重建和产业结构调整升级等方面建设，加快推进经济战略性调整和发展方式转变。

——审查相关地方和部门建设用地管理情况，调查是否加强了对建设用地的统筹规划和计划调控，是否严格保护耕地和节约用地，保障被征地农民的合法权益，以及环境保护等。

——了解各级纪检监察和审计等部门是否及时跟进，加强对投资项目和资金的监督管理情况。

（二）落实国家宏观调控政策取得的主要成效

对于宏观调控政策贯彻落实情况及取得的阶段性成果，主要利用相关宏观经济指标，如 GDP、城镇固定资产投资总额、社会消费品零售总额、规模以上工业企业增加值等指标和相关具体成效指标，将定性分析与定量分析相结合，从总体上进行反映和评价。主要包括了以下内容：

——摸清中央和地方扩大内需投资项目总体规模及总体进展情况，对社会投资资金及全社会固定资产投资的拉动情况。

——调查被调查地区主要经济指标增长变化情况及趋势，包括 GDP 总值、社会消费品零售总额、就业人口数等。

——关注促进财政增收节支，控制经常性支出，用于扩大投资、提高居民收入和社会保障水平，促进失业人员和新增劳动力就业等情况。

——掌握改善涉及民生如居民住房、安全饮水、卫生医疗、教育等方面条件取得的成效。

——评价实施土地保护政策、加强生态建设及环境改善，促进产业振兴和结构调整方面取得的成效。

（三）相关投资计划、资金安排及项目总体进展情况

宏观调控政策的贯彻落实除了上述政策层面的传导机制、制度安排外，还有更为重要的实体层面的贯彻落实措施，那就是与该宏观政策密切相关的政府投资计划的安排与建设，关注重点包括了：

1. 有关地区和部门投资总体情况

包括投资计划总体规模，资金计划来源及结构。分清中央投资项目计划安排总体情况、地方投资项目计划安排总体情况，以及中央、地方投资项目的数量、计划投资总规模，资金计划来源及结构，包括中央、省、市、县各级政府财政投资，通过政府融资平台或由政府担保、建设单位或其他方式获得的银行贷款，建设单位自有资金和其他社会资金等各项投资资金规模及比例，分析政府性投资对社会投资的带动效应。关注地方在转批、分解中央投资计划中，有无随意调整中央投资项目计划规模，减少地方配套资金，或计划分解不到位等问题。

2. 投资项目的具体投向及分布情况

按照大类投向及项目类别进行归类汇总，做出总体分析。关注有无随意调整中央投资项目计划投向，地方投资项目安排不符合中央政策规定投向和国家相关产业调整规划等要求，投入"两高一剩"、低水平重复建设项目，或投资建设形象工程、楼堂馆所等问题。

3. 项目落实及资金保障情况

调查了解已落实项目的数量及投资规模，掌握具体项目的资金包括中央、省、市、县等各级财政资金，各种渠道的银行贷款，建设单位自筹资金及其他社会资金的实际到位情况，项目开工建设及总体进展情况，分析未开工项目、已开工项目、已完工项目个数及总体情况。关注项目出资主体不明确、配套责任悬空；上级政府向下级政府或企业、金融机构转移投资及配套责任；超出地方财力安排项目，财政投资资金拨付不及时，导致政府性投资资金无法到位，以及大量举借银行债务对项目建设、地区经济持续发展所带来的影响。

（四）有关投资项目建设、管理情况

在摸清总体情况基础上，审计还结合各地实际，选取了部分投资额度大、有一定代表性的投资项目，对其有关情况深入剖析，关注宏观政策在具体项目建设实施中的体现与执行：

——审查项目的实际投向情况。即所选项目虽列示为某类投向，实际是否属于该类投向，有无列示为该类投向但实际属于其他类投向，如列为民生类，实际是基础设施类的问题。

——关注项目的产能过剩情况。即不符合国家产业政策，投资于产能过剩行业的情况，主要是全国、全省该行业产能已达多少、已过剩状况，现又投资该行业产能多少。

——检查项目的能耗情况。即所选项目建成后，其能耗（包括资源、能源）来源保障如何，是否符合国家产业政策、行业标准等。

——调查环境保护情况。主要是所选项目中有无高排放、高污染，不符合国家环保政策的项目，污染程度如何，其项目和投资分别占所选项目的比重多大。

——审查土地占用及审批情况。主要是所选项目占用土地、特别是耕地尤其是基本农田情况，所用土地是否经过批准，有无违背国家政策法规情况，违规用地多少，占所选项目的比重多大。

——检查资金到位及管理使用情况。调查了解项目资金实际到位情况，摸清各项资金来源结构，分析各类债务资金来源渠道、金额及所占比重，关注项目资金有无大量闲置、被挤占挪用，或将扩大内需投资资金用于偿还以前年度拖欠工程款，将政府债券资金投入非公益性项目或用于经常性支出，或将政府性投资资金用于置换建设单位自有及其他社会投资资金，甚至虚报项目、重复申报项目套取政府投资补助等问题。

对于具体项目管理情况的审计，与一般建设项目跟踪审计区别不大，主要是沿着立项审批、实施管理、竣工验收、运营效果等各个环节来开展的。

从上述内容和重点来看，跟踪审计调查不仅关注了项目建设资金及资金使用管理情况，更关注了政府绩效、政策绩效；不仅关注了微观经济效

益，更关注了宏观效益和社会效益，是一次较为典型的涉及宏观政策层面和政府总体资源配置的综合绩效审计。

三、审计组织与实施情况

三次跟踪审计调查的内容指向虽然是一致的，但组织实施方式不完全相同，第一次与第三次审计调查均是与常规审计相结合开展（第一次是与发展改革委组织分配中央财政投资审计相结合，第三次是与省市长经济责任审计相结合进行），这两次调查在组织实施方式上具备常规审计的一般特征，这里不再详细表述。第二次专项审计调查则是充分整合了相关业务司、18个特派办和部分派出局的力量，组织方式上具有明显的"大兵团"作战特点，是审计署"大格局"财政审计工作模式的一次重要尝试。

（一）完善领导机制，提高重视程度

作为国家治理大系统的组成部分，作为一个重要的子系统，国家审计理应围绕中心、服务大局，主动承担并更好地履行保障系统健康运行的法定职责。因此，扩大内需政策措施实施情况及效果专项审计调查项目意义重大，使命光荣，署党组及署机关有关综合部门和业务司局、各特派办和派出局都给予了高度重视。

一是署领导高度重视。在工作方案草拟和审前准备过程中，刘家义审计长多次听取协调领导小组工作汇报，做出明确具体指示，并亲自审定审计调查工作方案。董大胜副审计长作为专项审计调查协调领导小组组长，多次听取行政事业审计司汇报，提出明确要求，并三次组织有关司局进行集体研究，不断完善工作方案。两位署领导还在审计调查培训班上做了重要动员讲话，有力保证大家把思想和行动及时地统一到开展专项审计调查工作上来。

二是各单位高度重视。审计调查协调领导小组各成员单位大都是一把手亲自参加工作方案及有关组织工作的议定；各特派办都是一把手亲自担任审计调查组组长，亲临现场，靠前指挥。

（二）确定工作思路，明确目标定位

这次专项审计调查工作主要目标是通过审计调查，客观评价各有关地区、部门在贯彻落实中央扩大内需政策措施方面所做的主要工作及取得的主要成效，揭示存在的普遍性、苗头性、典型性问题，分析原因，提出建议，推进中央扩大内需、促进经济平稳较快发展有关政策措施的贯彻落实，并为中央经济决策提供有价值的参考意见和建议。因此，这次审计调查目标层次高，更加注重对政策、体制、机制等宏观层面的分析研究。

根据上述总体目标，调查进一步明确了三个层面的具体目标：一是调查有关地区和部门贯彻中央扩大内需促进经济平稳较快发展政策情况、所采取的主要措施及取得的主要成效，研究实施相关政策措施中出现的新情况和新问题，促进相关措施进一步完善；二是调查有关地区和部门扩大内需政府性投资项目的总体安排和主要投向、项目的总体进展情况，促进各项投资符合国家政策投向，投资资金用于扩大内需建设项目；三是调查部分扩大内需投资项目的立项审批、资金使用、建设管理情况，反映项目前期工作和实施中存在的主要问题，促进投资项目顺利实施和规范管理。这三个层面的具体目标层层递进，相辅相成。

（三）围绕对象特点，设定调查范围

第一，在调查地区范围上，此次审计调查充分考虑并兼顾了东、中、西部地区，并将中央投资项目、地方投资项目（包括地方政府审批和核准的两类投资项目）同时纳入审计调查范围，使调查具备了较强的代表性。

第二，在调查单位范围上，此次审计调查除安排对17个省（自治区、直辖市）进行调查外，还安排对铁道部、国家电网公司和中国南方电网公司组织实施的扩大内需投资铁路项目建设情况、电网改造项目情况进行专项审计调查，既有地方政府和部门，也有中央部门和企业。

第三，在调查项目范围上，统筹关注了农村民生及基础建设、教育卫生等社会事业、铁路公路等重大基础设施、自主创新和结构调整等六大投资领域的政府性投资项目建设管理和资金使用情况、政府核准或备案的社会投资项目投向情况等，并沿着国债资金、信贷资金、融资平台融资资金流向，追踪到资金使用的最终环节。

第四，在调查政策范围上，此次审计调查除关注资金及项目建设管理等传统审计领域，还涉及财政政策、投资政策、产业政策、信贷政策、土地政策、环境保护和节能减排等多项政策情况，而且是作为这次审计调查的主要内容予以关注。

（四）充分整合资源，创新组织方式

扩大内需政策措施实施情况及效果专项审计调查涉及的政策多、领域宽、投资广、规模大、专业性强，做好这项工作，需要集中力量，整合审计资源，创新组织方式。

一是从组织协调层面，署机关专门成立了专项审计调查领导小组，负责专项审计调查的全面工作，并对口进行业务及政策咨询，同时派人参加相关审计组的现场调查工作。领导小组下设工作组，负责草拟审计调查工作方案和审计调查报告参考框架，开展审前培训，提供业务、政策咨询及工作指导，编写工作动态，编发重要审计信息，汇总审计调查报告。

二是从操作层面，各特派办打破处室界限，统一整合和调配资源，有的办甚至动员了十几个处室的力量，分别组成了 40 至 80 余人的审计组，相关业务司、派出局还抽调近 40 名骨干充实一线审计力量，使此项调查投入现场的审计力量达到 1000 余人，形成了多司局协调、多处室整合、多专业融合的有机整体。有的办还在全办范围内进行了项目招投标活动，通过竞标评标确定项目牵头处室，在此基础上确定各小组组长及各组成员，优化了人力资源结构，确保了此次审计调查的人力资源需要。

（五）细化过程指导，强化成果控制

为确保调查顺利进行，除进行了较为充分的审前准备外，过程中的服务和指导必须细致、及时、到位。审计署在过程指导方面，一方面建立多种平台，加强沟通指导；另一方面，注重问题研究，强化成果控制。主要做了以下几个方面的工作：

一是编发工作动态，组织中期交流。整个调查工作实施过程中，审计署先后编发多期工作动态，及时沟通各组情况，传达署领导指示要求，解答有关问题和政策，提出具体指导意见。同时，及时召开中期交流会，刘家义审计长亲自到会听取审计组汇报并做重要讲话，为进一步做好专项审计调查指明方向。

二是深入现场调研，坚持靠前指导。审计调查期间，行政事业审计司会同办公厅等部门，先后到深圳、广州、浙江、北京、安徽等审计调查现场进行调研，掌握第一手资料，结合工作实际，进行深入研究，开展现场指导。

三是加强外部协调，提供服务保障。针对本次审计调查政策性强的特点，就有关政策及实施中遇到的难点问题，先后到发展改革委、财政部、统计局等部门进行调研和协商，及时进行研究和解决，为审计组现场调查提供服务与保障。

四是制定报告框架，强化成果控制。在调查研究的基础上，结合工作方案和审计调查实际，审计署及时制定印发了审计调查报告参考框架，对有关宏观政策及指标、成效等进行梳理和细化，对各类问题包括总体问题和抽查项目问题进行合理归类并做到数据化、指标化，进一步突出重点，增强指导性和可操作性。

四、主要审计工作成果

中央扩大内需促进经济平稳较快发展有关政策措施实施情况及效果的系列专项审计调查，是审计工作坚持科学发展观和践行科学审计理念的集中体现，是跟踪审计实践的大胆创新和成功范例，既丰富了审计内容，拓展了审计空间，又提升了审计层次，扩大了审计成果及社会影响。

2008 年，新增 1000 亿元中央投资的管理使用情况专项审计调查，揭示了扩大内需地方配套资金不到位影响项目开工和建设进度等问题，为中央了解政策执行实际状况和有关部门出台后续措施提供依据。发展改革委、财政部等部门针对审计反映的部分投资项目审核把关不严，项目建设管理薄弱，地方配套资金总体到位率低下，项目建设滞后等问题，紧急研究下发了《关于进一步加强扩大内需中央投资项目管理有关问题的紧急通知》《关于进一步落实新增中央投资项目地方配套投资有关问题的紧急通知》，及时纠正建设管理中存在的突出问题，确保扩大内需政策落到实处。

调查结果纳入审计署就第一季度中央政策措施贯彻落实情况发布的审计结果公告，得到积极反响。

2009 年，中央扩大内需政策措施情况及效果专项审计调查的结果，客观评价了各地区各部门贯彻落实中央有关政策所采取的主要措施及取得的初步成效，揭示和反映了地方配套或投资资金未落实到位，部分地方债券资金使用不合规定，执行国家产业政策不够严格，有的项目不符合国家环保政策和土地政策，部分单位套取挪用政府投资资金，有的地方政府通过融资平台大力举借债务进行建设存在较大债务风险等一系列普遍性、倾向性和典型性问题。审计调查结果引起了国务院领导的高度重视，国务院办公厅将审计调查结果报告全文转发各地政府、各中央部门，并提出了整改要求。各地政府、各部门高度重视，按照中央要求采取措施进行整改，并完善了相关制度和措施，强化了管理。同时，审计署对 1981 个扩大内需投资项目建设管理及资金使用情况审计调查的结果公告，在社会上引起广泛关注和较大反响。温家宝总理在听取审计署工作汇报时，对包括这次审计调查在内的审计工作给予了高度评价。

2010 年，扩大内需投资项目建设管理和资金使用情况专项审计调查，调查结果客观评价了 10 省（市）政府扩大内需投资的安排和项目实施，有力拉动了经济增长，各地企业经营形势不断好转，城乡居民收入增加，扩大内需项目总体建设较为顺利等政策效果；同时也揭示出重点抽查的 102 个项目以已完工工程申请、使用虚假资料申报、多头申报等方式获取中央投资、执行国家土地和环境保护政策不够严格等问题。调查结果专题报送国务院，国务院领导作出重要批示。审计署还就其中存在问题项目的情况以列表形式向社会进行了详细公告，一方面探索了审计署审计结果公告的新形式，大大强化了审计工作的透明度；另一方面，通过这种更加细化的公告形式反映出的问题，也进一步引起主管部门、地方政府和项目单位的高度重视，迅速部署、明确责任，采取切实措施对问题进行整改。发展改革委作为主管部门也及时部署检查并对应公告了这些项目的整改情况，跟踪审计长效机制的理念得到进一步强化，审计"免疫系统"功能得到进一步发挥，社会反响很好。

案例4　湖北省南水北调中线工程丹江口库区移民资金跟踪审计

一、项目概况

南水北调工程是世界上最大的跨流域调水工程，也是缓解我国北方地区水资源短缺、优化水资源配置的重大战略性工程。南水北调工程分为东线、中线和西线工程。其中，中线工程从加坝扩容后的丹江口水库陶岔渠首闸引水，全线自流到北京、天津，可供水给黄淮海平原大部分地区，输水干线全长1421公里。丹江口水库大坝加高工程将正常蓄水位157米提高到170米，相应的移民迁移水位为172米。加高后水库淹没影响涉及河南、湖北两省，共需搬迁34.5万人，其中，湖北省十堰市所辖丹江口市、郧县、郧西县、张湾区和武当山特区5个县（市、区）有21个乡镇、150个村约18万移民需要动迁。全省规划出县外迁7.38万人，安置在全省21个县（市、区）的194个安置点；其余10万移民将在库区所在地十堰市境内实行后靠安置。

移民搬迁安置工作是南水北调中线工程成败的关键，党中央、国务院和湖北省委、省政府高度重视丹江口库区移民工作。为此，湖北省政府专门成立了南水北调中线工程丹江口水库移民工作领导小组，负责移民工作的组织领导、协调和检查督导。库区和安置区市、县也成立了相应的领导小组。县级政府是丹江口库区移民搬迁安置的实施主体、工作主体和责任主体。依据国家有关规定，湖北省制定了丹江口水库移民安置补偿的具体政策，主要包括移民个人补偿、外迁移民生产安置费、外迁移民基础设施费、外迁移民奖励费。库区县级政府将移民个人实物指标和补偿标准予以公示后，制定移民个人补偿明白卡，并将资金明白卡发给移民，移民通过资金明白卡领取各类补偿。

为确保实现2014年供水目标，湖北省政府要求2012年6月底前全面完成丹江口库区移民搬迁安置任务，并制定了"四二三"计划，即四年任务两年基本完成，三年彻底扫尾。整个移民搬迁安置工作分为试点工作和全面推进两个阶段。2008 年 11 月至 2009 年 12 月，湖北省实施并完成了移民试点工作，移民试点阶段总投资 15.5 亿元，试点范围以农村移民为主，包括移民搬迁的控制性项目和大坝加高施工需要搬迁安置的移民项目，涉及丹江口市六里坪、均县、习家店和郧县安阳等 4 个乡镇 10180 人的移民外迁安置。2010 年 2 月，湖北省开始全面推进南水北调中线工程丹江口水库移民工作，全面推进阶段计划总投资 200 亿元，2010 年 8 月底前完成 6.36 万人外迁安置任务，2011 年 12 月底前完成 10 万人后靠移民搬迁安置任务，2012 年 6 月底前完成集镇、工业企业和专业项目的搬迁复建任务。

考虑到南水北调移民资金投入数额大、涉及范围广、运行环节多，管理不好容易发生系统性风险，作为严格监管移民资金的一项重要措施，湖北省政府要求各级审计部门关口前移，全过程跟踪审计监督南水北调移民资金的管理使用情况，并督促相关地方和单位及时整改，对违反规定的各种行为，要严肃处理；涉嫌犯罪的，要依法移送司法机关查处，确保移民资金安全和有效使用。

根据南水北调移民搬迁安置工作部署的阶段性特征和要求，2009 年以来，湖北省审计厅采取阶段性跟踪审计的方式，先后三次组织全省各级审计机关对南水北调移民资金进行了跟踪审计，做到各阶段审计工作目标与移民工作目标保持总体一致，并相应地确定各阶段跟踪审计的内容和重点，及时发现和纠正移民资金管理使用中存在的倾向性、苗头性问题，严肃查处严重违纪违规案件典型，从完善规章制度、资金监管等方面提出切实可行的审计建议，较好地发挥了审计的"免疫系统"功能和建设性作用。

二、重点审计内容

在要求各地审计机关全面掌握南水北调移民资金管理使用总体动态情况的基础上，针对各阶段移民搬迁安置工作的不同内容特点，湖北省审计厅明确提出了每次跟踪审计应重点关注的内容。在 2009 年 4 月的首次跟踪审计中，突出对各地移民资金是否实行专户存储、专账核算，是否按规定用途和范围使用的审计，促进建立完善规章制度，规范移民资金核算管理等基础性工作。在 2009 年 11 月至 12 月的第二次跟踪审计中，突出对套取、贪污、侵吞、截留、挪用移民资金以及移民工程招投标领域违规问题的审计，加大对严重违纪违规典型的揭示力度，通过严肃查处带有苗头性、倾向性的问题以及相关责任人员，对管理使用移民资金的单位和人员产生强烈的审计威慑力，促进移民资金的安全有效使用。在 2011 年 10 月至 11 月的第三次跟踪审计中，引导各地审计机关在继续关注移民资金和工程建设管理是否合规合法的同时，注重审计查处"乱收费"等损害移民群众利益的问题，注重审计调查移民生产生活安置中存在的困难，提出完善移民安置政策措施的审计建议，促进库区、安置区的经济发展和社会稳定。

三、审计组织实施情况

（一）全面构建"纵向到底、横向到边"的全覆盖式跟踪审计体系

湖北省审计厅整合全省各级审计机关的力量，从三个方面构建起"纵向到底、横向到边"的南水北调移民资金跟踪审计监督体系，以南水北调移民资金流向为主线进行跟踪审计，坚持"资金流向哪里，审计就跟进到哪里"，做到"三个全覆盖"：对全部移民资金和移民工程项目审计监督全覆盖；对资金分配、拨付、使用、管理各环节审计监督全覆盖；对与移民资金拨付使用和移民工程建设相关的部门单位审计监督全覆盖。同时，按照"省审计厅统一组织、各地分级负责"的原则，整合全省审计力量，搞好"上审下""联合审"与"同级审"的结合，打好"总体战"，充分发挥审计监督整体效能。如 2009 年第一次和第二次跟踪审计，就是由省审计厅抽调精干力量，直接对省移民局和十堰市、丹江口市等 8 个市、县（市、区）进行审计。2011 年的第三次跟踪审计，则由省审计厅牵头组织对六个市、县进行"联合审"，其余 25 个县（市、区）由所在市级审计机关组织进行"联合审"或"同级审"。

（二）树立辩证审计执法理念，找准审计工作着力点

一是在抓重点上下功夫，突出"四个关注"，即关注移民政策执行、

移民任务完成、移民资金管理使用、移民工程建设四个方面的情况。二是在处理好监督与服务的关系上下功夫，辩证对待和处理审计发现的各类问题。对审计发现的严重违法乱纪问题和经济犯罪案件线索，敢于坚持原则，及时移送查处；对各地有利于移民政策落实、有利于移民资金有效使用、有利于移民工程建设的做法给予大力支持；对移民资金管理和项目实施中出现的新情况、新问题，进行全面辩证分析，积极向党委、政府和相关部门反映，提出改进建议，充分发挥审计建设性作用。三是在服务宏观决策、促进整改上下功夫。把揭示问题、处理问题与分析问题、提出建议、促进整改结合起来，对审计发现的问题和案件线索，在查实查透的基础上，深入分析产生问题的原因，提出解决的办法和建议，为党委、政府决策提供及时有用的信息，督促被审计单位从完善制度机制上解决问题。四是在积极主动协作、增强监管工作合力上下功夫。各级审计机关在认真履行审计监督职责的同时，主动与监察、移民等相关部门加强沟通，密切协作，充分发挥移民资金监管工作的合力。

（三）采取灵活多样的审计方法

按照审计内容，南水北调移民资金跟踪审计的方法大致可分为三类：财务收支审计方法、移民工程审计方法、移民政策执行审计方法。

1. 财务收支审计方法

财务收支审计就是按照"项目跟着规划走，计划跟着项目走，资金跟着计划走"的移民项目资金管理原则，沿着移民资金的流向，对各级移民资金管理使用单位的会计资料和业务资料进行审核。其主要方法有：

（1）确定重点详查和一般抽查的审计对象。从移民管理机构收集移民资金拨付使用的总体情况资料，进行分析筛选，将掌管或使用移民资金数额较大的各级移民管理机构、重点乡镇、重点工矿企业、重点迁建和复建项目作为重点进行详细审计，对其余资金数额较小的项目或单位按一定比例进行抽查。

（2）沿着资金流向进行认真审计核实。主要是以银行存款、现金明细账和日记账为基础，采取突击现金监盘、逐笔勾对银行存款对账单的方法，审查移民资金的完整、准确性，以及移民资金拨付使用的真实、合规性。

（3）根据具体情况采取其他针对性的审计方法。如对发放到户的农村移民生产、生活安置补偿资金的审计，可以采取在乡镇移民站或村组的协助下，向移民户发放问卷调查表等方式进行审计调查，并随机入户抽查，以核实移民安置补偿资金的发放兑现情况。

2. 移民工程审计方法

主要是审查移民工程建设管理程序的履行情况，其主要方法有：

（1）查阅《南水北调中线工程移民安置规划大纲》及各年度移民资金计划，判断某个具体项目是否属于移民项目，有无非移民项目纳入移民迁建计划、虚列项目套取移民资金等问题。

（2）收集移民工程的立项审批资料，审查项目前期准备工作是否按照立项→可行性研究→初步设计→开工报告的顺序进行，是否存在边勘察、边设计、边施工的"三边工程"。

（3）对移民工程的概算执行情况进行审计，审查有无擅自提高投资标准、扩大建设规模、变更建设内容等原因，导致项目进度缓慢等问题。

（4）收集招标文件、合同文书、监理日记、设计变更等资料，审查项目设计、施工、监理等招投标手续是否符合法律规定，中标单位的资质是否符合要求，工程有无分包、转包，概算调整、设计变更等是否按照规定程序报有权部门审查批准。

（5）收集设计文件、施工图纸、变更资料、监理资料、财务资料、验收资料、竣工决算等文件资料，审查项目结算、竣工验收、工程和财务决算是否合规。

（6）结合财务收支审计和项目实施管理情况，审查有无因前期论证不充分、方案不完善等原因造成的项目资金损失浪费等问题。

3. 移民政策执行审计方法

移民政策执行审计方法应与财务收支审计、移民工程审计方法有机结合起来，以揭示相关移民政策执行中存在的普遍性问题。其主要方法有：

（1）采取座谈会等方式，听取相关部门单位实行的相关移民政策及采取的相应措施情况介绍，收集各级政府、移民资金管理使用部门和单位制定的相关政策、制度及规范性文件，判断是否与国家相关要求符合。

（2）收集农村移民安置、城镇集镇迁建、工矿企业迁建、专业项目复建等各项移民搬迁安置任务的完成验收资料，以上级批复的移民安置规划、移民任务和资金"双包干"投资分解报告等为依据，综合判断相关移民政策的执行情况和效果。

（3）在财务收支和移民工程审计过程中，注意发现违反相关移民政策刚性规定的问题，调查掌握移民生产生活中比较突出的困难和问题，促进相关移民政策措施的进一步完善。如农村移民生产安置的耕地面积是否达标；就地后靠移民是否有足量的耕地保障生活；耕地开发成本是否造成生态环境破坏等问题。

（4）通过抽查、走访、发放问卷等方式，调查农村移民、城镇移民搬迁后的就业和生活状况、农村基础设施建设情况；调查移民安置质量不高的主要原因，提出解决问题的合理建议。

（四）依法公开披露，认真督促整改

1. 依法适时披露审计情况

2010 年 7 月 27 日，在湖北省十一届人大常委会第十七次会议上，省审计厅厅长张永祥同志受省政府的委托，作了《关于 2009 年省级预算执行和其他财政收支的审计工作报告》，其中披露了南水北调工程移民试点挤占挪用、套取转移移民资金××万元，××个工程项目未经招投标、涉及金额××万元，J 市 Q 区移民局等×个单位欠付移民补偿资金×××万元等问题。7 月 28 日，省内《湖北日报》《楚天都市报》等主流媒体和国内主要网站对此均做了较大篇幅的报道。

2. 将审计整改工作贯穿于审计全过程

在南水北调移民资金审计中，湖北省审计机关不仅注重揭示违规违法问题，而且高度重视审计指出问题的整改落实。在审计实施过程中，各级审计机关一边审计，一边督促被审计单位整改审计发现的问题。审计机关在出具的审计报告和审计决定中，不仅列明审计期间的整改情况，而且强调"应继续认真严格整改审计查出的违规使用移民资金等问题""及时将整改情况报我厅（局）"等要求。审计报告、审计决定下达后，审计机关除了跟踪督促被审计单位抓好整改落实外，还将审计整改情况作为下一次跟踪审计的重要内容。通过督促被审计单位整改工作，有力地促进了审计决定和审计意见的落实到位，增强了各地移民资金管理使用单位管好用好移民资金的法纪意识和责任意识，巩固了移民资金审计的成果。

四、主要审计成果

（一）2009 年 4 月，首次跟踪审计取得的主要成果

2009 年 4 月，湖北省审计厅组织专门力量，对省移民局以及十堰市、丹江口市等 8 个市、县（市、区）到位拨付使用的 8.8 亿元南水北调移民试点资金进行了首次跟踪审计。审计情况表明，省移民局对移民资金严格实行计划管理，按照年度投资计划核拨移民资金。库区及安置区的有关市、县均成立了专门的移民管理机构，配备了专职工作人员，明确了工作任务和职责。从总体上看，移民试点资金拨付比较及时，管理使用比较规范，但也存在一些苗头性和倾向性问题，主要表现在：一是有的地方会计核算不规范。如某县移民局对南水北调移民试点资金一直未建账核算，会计资料处于"包包账"状态，资金在多个银行账户上存储管理。二是某市蔬菜办公室将上级移民管理机构预拨的××万元新菜地开发基金，挪用于归还某公司的改扩建项目借款。三是移民管理机构普遍将移民试点规划费、移民初步设计规划费、移民规划费和移民初步设计修订工作规划配合费用于列支人员工资、办公费、招待费等管理费用。四是少数地方存在着"白条"入账、违规收费、扩大范围开支等现象。

2009 年 5 月，湖北省审计厅以《审计情况专报》"南水北调丹江口库区移民试点资金管理使用总体较好，一些苗头性问题应引起重视"，向省政府反映了首次跟踪审计的结果，并针对性地提出了三条审计建议：一是进一步完善前期费管理制度。财政和移民主管部门应参照国家和省类似项目的前期费管理规定，进一步明确初步设计规划费、规划配合费等各类前期费的使用范围标准、审批程序和权限。二是财政和移民主管部门要认真研究统一的核算口径，及时修订、补充和完善会计核算制度，确保移民资金会计信息的真实、准确和完整。三是相关主管部门要加强日常检查，确保国家相关政策落实到位。

分管南水北调移民工作的省政府领导当即批示要求省移民局会同省审计厅认真抓好整改工作。根据省领导的批示要求，省移民局及时组织库区及安置区移民管理机构财务人员培训学习《南水北调工程会计基础工作指南》，提高财务人员素质，规范移民资金会计核算。并结合各地移民工作的实际，制定了《湖北省南水北调移民实施管理费使用管理办法》等规章制度，确定了移民资金管理原则，明确了移民资金使用范围和用途，建立了移民资金监督检查和责任追究制度。通过首次跟踪审计，省移民局及库区、安置区移民管理机构进一步强化了移民资金"高压线"意识，完善了内部控制制度，规范了移民资金使用审批程序，并从上至下建立起全省南水北调移民资金封闭运行管理的机制，为确保移民资金的安全有效使用提供了有力的制度保障。

（二）2009 年 11 月至 12 月，第二次跟踪审计取得的主要成果

2009 年 11 月至 12 月，湖北省审计厅组织专门力量，对省移民局以及十堰市、丹江口市等 8 个市、县（市、区）到位拨付使用的 15.5 亿元南水北调移民试点资金进行了第二次跟踪审计。审计发现违规问题占资金来源总额的比例呈现上升态势，并重点反映了移民资金管理使用和移民工程建设中较突出的一些违纪违规问题：一是部分地方移民资金管理部门滞留欠拨外迁移民安置补偿款。二是部分市县乡移民管理机构存在套取、挪用移民试点资金的问题。如 T 县移民局、镇政府与当地村民合伙套取"鱼池电杆拆迁补偿款"后，在账外存放使用；一些部门单位将移民资金挪用于建房购车、请客送礼等支出。三是少数移民管理机构无计划或超计划拨付使用移民试点资金，其主要原因是移民项目勘测、设计、审批等前期准备工作比较粗糙，致使移民资金年度计划没有得到严格执行，或者在执行过程中被随意调整变更。四是少数地方移民资金核算管理仍不够规范。有的未实行专账统一核算管理，有的多头开户存储移民资金，有的出借移民资金账户，有的公款私存等。五是部分移民工程建设管理不规范。有的勘察设计、监理、施工未按规定实行招投标，有的在未签订合同的情况下就支付工程款，有的未经批准擅自增加概算外投资项目。

2010 年元月，湖北省审计厅以《审计情况专报》"南水北调移民资金

违规问题增加，建议加大资金监管力度"，及时向省政府反映了第二次跟踪审计的结果，指出产生问题的原因主要是一些地方和单位财经法纪观念不强，对相关管理制度执行不力，并建议：一是责成有关地方和单位认真整改滞留欠拨、挤占挪用、套取转移移民资金、移民工程招投标不规范等问题。二是对严重违规的问题典型，应实行严格的责任追究，严肃查处相关责任人员，达到以儆效尤、严明纪律的效果。三是考虑到南水北调移民工作全面铺开在即，应借鉴三峡工程移民资金监管的经验做法，建立由监察、审计、检察、移民等部门组成的南水北调移民资金监督网，确保移民资金管理制度严格执行、移民资金使用安全有效、移民工作顺利推进。

分管南水北调移民工作的省政府领导在《审计情况专报》上作出重要批示，并向省政府主要领导建议由省监察厅与省审计厅结合，严肃查处问题，对少数干部依法、依规、依纪进行严肃处理。随后，省政府专门召开全省南水北调移民资金监管工作会议，全面通报了审计发现的五个方面问题，深入分析了产生问题的原因，逐一提出了具体的整改措施，要求各级移民管理机构和工作人员必须牢固树立移民资金是"高压线"的观念，从政治的高度，以对党和人民高度负责的精神，切实管好用好移民资金。

2010 年 3 月，省移民局召开全省南水北调移民资金审计整改工作会议，传达贯彻省政府领导的重要批示，研究落实审计问题整改的具体措施。会后，省移民局迅速下发了《关于做好南水北调中线工程丹江口库区移民试点资金审计整改的通知》，按照"分级负责，互相配合，归口办理，限期整改"的原则，将整改任务以一览表的形式分解到各相关地方和单位，要求端正态度，提高对审计整改工作的认识；落实措施，逐项限期整改到位；强化责任，切实做好审计整改工作。同时，制定出台了"十个不准"的严肃纪律，即：不准挤占挪用移民资金，将移民资金用于非移民项目；不准随意改变项目计划及随意进行项目调整；不准对无计划和超计划的项目拨款；不准用移民资金抵偿债务；不准在项目资金中超比例、层层提取管理费；不准领导干部和移民工作者在使用管理移民资金的过程中贪污受贿，或在移民工程项目招标、投标及施工过程中从事中介活动、拿回扣；不准用移民资金参与融资、购买股票（债券）、为他人担保和经商办企业；不准用移民资金建设办公楼、住宅楼或违反规定购置车辆等；不准多头开户存款；不准以考察学习为名用移民资金外出旅游、请客送礼、挥霍浪费。

2010 年 5 月至 6 月，省监察厅、省审计厅、省移民局、建设银行湖北省分行组成联合调查组，深入到相关地方对审计反映的十个重点问题进行了认真调查核实，并逐一提出了相关处理建议。常务副省长、省纪委书记、分管移民工作的副省长分别在联合调查结果及处理建议的报告上作出重要批示，同意对重点问题和相关责任人员的处理意见，并要求省移民局认真阅研，举一反三，拿出有针对性的措施，强化监督，防止类似问题的发生。

2010 年 7 月，在湖北省十一届人大常委会第 17 次会议上，省审计厅作了《关于 2009 年省级预算执行和其他财政收支的审计工作报告》，全面披露了南水北调移民试点资金被滞留欠拨、挤占挪用、套取转移和移民工程项目未经招投标等问题。2010 年 8 月至 9 月，各地按照省移民局的统一部署，认真开展移民资金审计整改和自查自纠活动，吸取教训，举一反三，完善制度，健全机制，落实措施，强化监管，切实提高移民资金管理水平。同时，有审计整改任务的县（市、区）向省移民局提交专题报告，其他县（市、区）自查自纠情况由市（州）移民局汇总后向省移民局提交总结报告。2010 年 10 月，省移民局向省委、省人大、省政府提交了关于移民资金审计整改情况的专题报告。

2010 年 12 月，省纪委监察厅召开新闻发布会，通报了南水北调中线工程试点移民资金违纪违规问题的查处情况，指出审计部门发现的 42 个问题已全部整改到位，相关人员受到了责任追究，其中 A 县移民局局长郑某受到党内严重警告、行政记过处分，某镇政府镇委书记王某被通报批评，B 县县长助理兼移民局局长杜某受到诫勉谈话处理。

（三）2011 年 10 月至 11 月，第三次跟踪审计取得的主要成果

2011 年 10 月至 11 月，湖北省审计厅采取省、市、县三级审计机关"上下联动审计"的方式，对省移民局以及十堰市、丹江口市等 31 个市、县（市、区）的 109.54 亿元南水北调移民资金进行了第三次跟踪审计。此次审计跟踪检查了前两次审计发现问题的整改落实情况，并着重揭示了

南水北调移民工作全面推进阶段各地移民资金和移民工程建设管理中存在的一些新情况和新问题：一是少数地方的征地补偿费未及时兑付。二是有的地方使用不合规收据列支移民资金或者以拨作支，个别地方仍存在挤占挪用移民资金的问题。三是一些移民工程建设单位未依法进行公开招标，违规使用大额现金支付移民补偿款、建房工程款等。此外，审计调查发现，少数外迁移民安置区存在房屋质量较差、生产生活基础设施有待改善等问题。

针对审计指出的新情况、新问题，相关地方和部门单位高度重视，坚持"边审计、边整改"，截至 2011 年 11 月底，已先后三次召集安置区、库区各县市区移民管理机构负责人、财务负责人开会，研究制定整改措施，迅速开展移民规划、移民资金计划、资金使用、项目管理"四项清理"活动，搞好"五查五看"，即：查规划，看是否需要调整与完善；查计划，看资金项目是否按计划管理；查拨付，看是否按项目和工程进度拨付移民资金；查流向，看资金支付与工程款性质是否相符；查效果，看移民资金是否安全运行和有效使用。省移民局组织内部审计专班，对乡镇、村组、建设单位等资金使用末端开展深入检查，防止移民资金以拨代管或拨后不管的问题。

案例 5　中央部门预算执行跟踪审计

一、项目概况

A 部是国务院组成部门，年度部门预算资金超过 100 亿元，所属二级预算单位 28 个（京内 16 个，京外 12 个）。

农林水利审计局按照审计署的工作分工，负责对 A 部年度预算执行审计，同时负责其他五个中央一级预算单位的审计。在人员较少、管辖部门较多、资金量较大的情况下，农林水利审计局为了更好地履行审计职责，在中央部门预算执行审计中充分发挥"免疫系统"功能，在对 A 部进行充分调研的基础上，经过多次沟通和磋商，最终决定以联网审计为平台，对 A 部开展预算执行跟踪审计。

二、重点审计内容

——部门预算管理情况。主要对部门管理本级及所属单位预算执行和财政财务收支总体情况进行审查，主要内容包括：部门预算编制制度，部门预算管理体制，部门预算管理制度，部门银行账户管理等情况。

——计划管理情况。主要审查计划是否与规划相符合，计划编制是否科学，下达是否及时，是否按工程进度下达投资计划。

——部门向所属单位分配预算资金和拨付资金情况。主要审查部门根据预算管理权限，分配、批复、调整预算和拨付资金情况。

——部门基本支出情况。重点审计基本支出预算的真实性，执行预算的情况，执行国家标准的情况和效益情况。

——部门项目支出情况。重点审计项目立项申报情况，项目审核情况，项目库建设和管理情况，项目实施情况，部门项目预算执行和资金使用情况，项目实施和资金使用效果情况。

——部门征缴国家非税收入执行"收支两条线"规定的情况。重点审计非税收入征收的合法性，执行收缴分离制度情况，执行"收支两条线"

规定的情况。

——部门执行政府采购制度的情况。重点审计部门编报政府采购预算和计划的情况，部门执行集中采购的情况，部门自行采购方式和程序的执行情况。

——部门执行国库集中收付制度的情况。重点审计部门编制用款计划情况，申请财政直接支付情况，办理财政授权支付情况，支付对账和核算情况。

——部门国有资产管理情况。重点审计国有资产的取得情况，使用情况，处置情况和管理情况。

——其他财务管理情况。主要审计部门及所属单位结余情况，负债管理情况，对外投资情况，部门内部控制制度情况。

三、审计组织实施情况

(一) 搭建平台

把 A 部的财务管理系统、计划管理系统和国库集中支付管理系统一并纳入联网审计范围，同时将 A 部下属的某科学研究院、某局、某信息中心等京内 15 个二级预算单位、11 个三级预算单位作为联网审计的重点单位，形成 "3＋N" 联网审计模式。突破了以往只联网财务系统和中央部门本级财务的做法，"3＋N" 新的联网审计平台能把审计的 "免疫" 功能延伸到中央部门经济运行的各个职能部门和财务管理的各个环节。

(二) 定期网上审计

自 2009 年 7 月开始，农林水利审计局安排审计人员两到三人于每月最后一周对三大系统、京内重点单位进行网上审查，一经发现问题或疑点，立即向被审计单位发出经过处、局领导审核签发的审计询问函。被审计单位在收到询问函后 10 个工作日内给予书面答复，并附财务资料等相关依据。审计人员对被审计单位的书面答复进行研究，并开展审计调查。根据调查结果做出不同的处理：经核实，凡不属于问题的，将有关资料进行归档；属于一般问题的，让被审计单位立即纠正、整改；属于机制制度原因造成的问题，审计和被审计双方共同研究整改措施或向有关部门提出建议；属于重大问题线索的，纳入审计程序依法开展专项审计或审计调查。

（三）预算执行跟踪审计纳入预算执行审计的法定轨道

实施联网跟踪审计，做到两个结合：一是结合预算执行审计的要求，把联网审计定位于预算执行联网跟踪审计，在实施审计时，要对照预算批复、预算科目、计划安排来监督检查；二是结合预算执行审计报告要求，做到将平时联网跟踪审计的成果写入预算执行审计报告，该公告的公告，使联网审计成果有法定载体。在此基础上，探索了预算执行联网跟踪审计的程序：定期上网审计（发现问题和疑点）→向被审计单位发出审计询问函→被审计单位回复询问函（财会资料证明）→审计人员查证复函的真实性→审计整改建议→整改反馈→联网审计结果汇集写入预算执行审计报告→审计公告。

（四）建立长效沟通机制

在审计中，农林水利审计局除及时通知 A 部纠正有关问题外，同时还及时提醒 A 部预防和抵御一些带有普遍性、倾向性或苗头性的问题，切实做到审计关口前移。以联网为载体，审计与被审计之间开展多层次的沟通，A 部党组成员和审计署党组成员之间、两个部门司局之间就审计涉及的重大事项、重点问题进行沟通，就整改审计查出的问题、健全相关制度进行了研究，达成了许多共识。

（五）联网跟踪审计被审计单位的内控情况

在对 A 部的财务、计划和国库集中支付三大系统联网审计中，适时检查这些系统的内控情况。如在我们审计的基础上，A 部国库集中支付系统自身开展了在线监控，并取得了自查自纠的良好效果。

四、主要审计成果

（一）A 部预算执行联网跟踪审计取得明显成效

截至 2011 年 10 月，农林水利审计局共对 A 部 2009、2010、2011 年度的预算执行情况发出询问函 66 份（2009 年 16 份、2010 年 25 份、2011 年 25 份），内容涉及预算管理、基本建设、国库支付、财务收支、项目结余等方面，涉及资金 70 多亿元（其中违规和管理不规范资金近 16 亿元）。2011 年，在审计报告中反映了问题资金 2600 多万元。

（二）预算执行联网跟踪推动了中央部门预算管理体制、机制的完善

审计中，农林水利审计局发现了财政部在预算管理方面存在的一些问题，比如 2009 年在安排某项建设基金预算时，财政部在"二下"预算时仅下达了基金预算总规模 5.9 亿元，直到 2009 年 7 月 10 日，才以调整预算的形式批复 A 部预算细化方案。在此之后，A 部才能请款，而相关工程维修养护在汛期不能进行，资金下达严重滞后，无法保证预算执行进度和资金使用效果，反映出预算调整时间不适应 A 行业建设特点需要的问题。农林水利审计局通过联网跟踪审计发现这一问题后及时反映，为此 A 部与财政部很快进行沟通协商使这一问题得到解决。2010 年，预算安排该项建设基金时，都细化到具体项目和实施单位，从而在制度安排上保证了资金使用效益。又如，2011 年联网审计中发现，A 部在 2010 年底突击拨款近 5000 万元。农林水利审计局发出审计询问函，得知 A 部之所以这样做，是为了提高财政部要求的预算执行率。为此，审计发现主要原因是财政预算和发改委计划投资安排不配套的体制问题。一方面，着手研究解决这一预算管理体制问题；另一方面，提醒 A 部要加强对突击拨款资金的安全防控。A 部立即组织了检查，控制了风险，并将逐项检查的情况反馈农林水利审计局。

（三）联网跟踪审计调动了 A 部规范管理的积极性，主动加强自身"免疫力"

A 部有关业务司除口头与农林水利审计局沟通外，还以财务司信函形式主动报送 A 部 2009 年预算管理情况，反映个别中央部门通过 A 部向非预算单位拨款共计 400 多万元，都被 A 部拒绝，主动退回资金，避免违规问题的发生。2009 年，A 部主动开展会议费自查，并开展预算执行管理整改提高年活动，及时发现问题及时纠正；2010 年，开展了信息系统运行维护经费、水文测报业务经费等定额项目和公益性行业科研专项检查等；2011 年，在农林水利审计局提醒 A 部注意为提高预算执行率而突击拨款的风险后，A 部开展了财政资金支付"回头看"工作，采取了逐项检查、发布《关于进一步加强财政资金使用管理工作的通知》、签订《财政资金使用管理承诺书》等多项措施，纠正了问题，防范了风险。

A 部为进一步强化自身"免疫力"，在审计联网的基础上，自身又开展了国库集中支付在线监控，安排专人进行疑点自查，2009 至 2010 年，发现疑点并及时纠正 380 余笔，涉及资金 1 亿多元，退库资金数百万元。年末，A 部一方面将该单位自查情况向农林水利审计局报告，同时也将农林水利审计局预算执行跟踪审计情况向 A 部所属单位通报，以引起各单位的重视。由此可见，A 部在预算执行过程中，能够通过联网审计的渠道与农林水利审计局适时沟通，主动去预防问题、揭示问题和纠正问题，依法理财意识大大增强，预算管理水平不断提高。

（四）行业建设资金的运行和管理出现了安全和效益的良好势头

从最近农林水利审计局对 A 部进行的预算执行审计情况看，近年 A 部的联网跟踪审计起到了对该部门预算资金的事前事中发现问题及时纠正的效果，A 部资金的安全性大大加强，尤其在财政投入加大的背景下，A 部在用足财政投入的同时，能通过行业工程专项资金检查、国库集中支付在线自查、拨款使用"回头"看等一系列措施，有效地防范了行业建设资金使用和管理中的风险。A 部本级审计结果也反映了这种财政资金管理规范、有效的好的趋势。

（五）A 部的"免疫系统"联网审计产生了良好的影响和示范作用

实践证明，农林水利审计局对 A 部的预算执行联网跟踪审计是对科学审计理念的一种实践，在实践中实现审计的"免疫功能"，既可行，又取得一定成果。这对其他中央部门加强预算管理，依法理财也起到了导向作用。2010 年 3 月，B 部副部长专门带队到 A 部调研审计"免疫系统"建设和国库动态监控有关工作。在 2010 年中央部门财务负责人座谈会上，A 部财经司司长做主题发言，介绍 A 部"免疫系统"联网审计情况，在中央部门引起了很大的反响。《中国审计报》也两次报道了农林水利审计局开展预算执行联网跟踪审计的思路、做法和取得的成效。

参考文献

[1] 刘家义. 紧紧围绕主题主线, 切实履行审计职责, 为经济社会科学发展做出积极贡献——刘家义审计长在全国审计工作会议上的讲话. 审计研究, 2011 (1).

[2] 刘家义. 加大跟踪审计力度 确保中央政策落到实处. 搜狐网, http://stock.sohu.com.

[3] 刘家义. 中国特色社会主义审计理论研究. 北京: 中国时代经济出版社, 2013.

[4] 董大胜. 中国政府审计. 北京: 中国时代经济出版社, 2009.

[5] 石爱中, 孙俭. 初释数据式审计模式. 审计研究, 2005 (4).

[6] 孙宝厚. 审计监督: 为救灾重建提供有力保障. 求是, 2008 (4).

[7] 陈尘肇. 国家审计如何发展建设性作用. 审计研究, 2008 (4).

[8] 王秀明, 王长友, 等. 跟踪审计研究. 审计署审计科研所审计研究报告, 2010 (9).

[9] 宋依佳. 政策执行情况跟踪审计若干问题探讨. 审计研究, 2012 (6).

[10] 谢立群, 王小龙, 等. 关于跟踪审计的几点思考. 审计署审计科研所审计研究简报, 2009 (10).

[11] 王智玉. 审计信息化与审计组织方式. 审计研究, 2011 (4).

[12] 刘英来. 中国审计学会审计管理研讨会综述. 审计研究, 2004 (5).

[13] 黎仁化, 李齐辉, 等. 跟踪审计的机理与方法研究——基于汶川特大地震灾后恢复重建审计经验. 审计研究, 2011 (6).

[14] 谭志武. 政策执行情况跟踪审计若干问题的认识——基于汶川地震灾后恢复重建跟踪审计的实践. 审计研究, 2012 (6).

[15] 白日玲. 审计机关强化跟踪审计的若干思考. 审计研究, 2009 (6).

[16] 王莹. 审计法新实施条例颁布前后的跟踪审计研究. 技术经济与管理研究, 2011 (5).

[17] 刘明辉. 高级审计理论与实务. 大连: 东北财经大学出版社, 2006.

[18] 耿建新, 宋常. 审计学. 北京: 中国人民大学出版社, 2007.

[19] 耿道乾. 西气东输二线工程跟踪审计研究. 兰州大学 MBA 学位论文, 2010 年.

[20] 李俊. 关于开展跟踪审计有关情况的调研报告. 审计署审计科研所审计研究简报, 2009 (9).

[21] 曹慧明. 建设项目跟踪审计若干问题研究. 审计研究, 2009 (5).

[22] 柴严. 中国审计学会跟踪审计理论与实务研讨会综述. 审计研究, 2009 (6).

[23] 王中信. 重大突发性公共事件全过程跟踪审计方式探讨. 审计研究, 2009 (6).

[24] 唐振达. 基于审计"免疫系统"理论的建设项目跟踪审计研究. 中南财经政法大学

学报，2009（5）.

［25］薛能资. 基于跟踪审计的建设工程全过程造价控制探析. 中央财经大学学报，2008（6）.

［26］王雪荣，申月红，等. 基于工程分解的政府投资项目即时跟踪审计模式框架研究. 科技进步与对策，2010（19）.

［27］李冬，王要武，等. 基于协同理论的政府投资项目跟踪审计模式. 系统工程理论与实践，2013（2）.

［28］王彪华. 政策执行情况跟踪审计研讨会综述. 审计研究，2012（6）.

［29］王平波. 我国政策执行跟踪审计基本问题研究. 财政研究，2013（2）.

［30］时现，朱尧平，等. 建设项目跟踪审计路径选择. 审计与经济研究，2006（5）.

［31］马曙光. 政府审计人员素质影响审计成果的实证研究. 审计研究，2007（3）.

［32］严鸿章. 论审计成果转化运用. 财经界：学术版，2011（12）.

［33］刘铮，王威. 信息化条件下国家审计组织方式创新研究. 创新，2013（2）.

［34］王会金. 协同视角下的政府审计. 管理研究，2013（6）.

［35］韩晓梅. 论审计的社会责任观——关于审计目标的思考. 审计研究，2006（2）.

［36］谢盛纹. 国家治理视角下的政府审计目标与对象. 当代财经，2012（4）.

［37］程新生. 论审计环境与审计目标. 审计研究，2001（2）.

［38］谢岳山. 对四川灾后跟踪审计的几点思考. 中国审计，2009（19）.

［39］中华人民共和国审计法（中华人民共和国主席令第48号）.

［40］中华人民共和国审计法实施条例（中华人民共和国国务院令第571号）.

［41］中华人民共和国国家审计准则（中华人民共和国审计署令第8号）.

［42］汶川地震灾后恢复重建2011年度跟踪审计结果（第5号）. 中华人民共和国审计署网站，http：//www. audit. gov. cn.

［43］审计署关于汶川地震抗震救灾"特殊党费"跟踪审计结果（第6号）. 中华人民共和国审计署网站，http：//www. audit. gov. cn.

［44］汶川地震灾后恢复重建跟踪审计结果（第4号）. 中华人民共和国审计署网站，http：//www. audit. gov. cn.

［45］汶川地震灾后恢复重建跟踪审计结果（第3号）. 中华人民共和国审计署网站，http：//www. audit. gov. cn.

［46］汶川地震灾后恢复重建跟踪审计结果（第2号）. 中华人民共和国审计署网站，http：//www. audit. gov. cn.

［47］汶川地震灾后恢复重建跟踪审计结果（第1号）. 中华人民共和国审计署网站，http：//www. audit. gov. cn.

图书在版编目（CIP）数据

跟踪审计／崔振龙，王长友主编．—北京：中国
时代经济出版社，2014.1（2016.6 重印）
ISBN 978 - 7 - 5119 - 0768 - 4

Ⅰ.①跟…　Ⅱ.①崔…　②王…　Ⅲ.①审计方法
Ⅳ.①F239.1

中国版本图书馆 CIP 数据核字（2014）第 017699 号

书　　　名：跟踪审计

作　　　者：崔振龙　　王长友

出版发行：中国时代经济出版社

社　　　址：北京市丰台区玉林里 25 号楼

邮政编码：100069

发行热线：（010）63508271　63508273

传　　　真：（010）63508274　63508284

网　　　址：www. cmepub. com. cn

电子邮箱：sdjj1116@163. com

经　　　销：各地新华书店

印　　　刷：北京市荣海印刷厂

开　　　本：787×1092　1/16

字　　　数：237 千字

印　　　张：15.75

版　　　次：2014 年 1 月第 1 版

印　　　次：2016 年 6 月第 3 次印刷

书　　　号：ISBN 978 - 7 - 5119 - 0768 - 4

定　　　价：46.00 元